표본조사설계

김수택 저

자유아카데미

머리말

현대사회에서는 다양한 정보를 빠르게 얻을 수 있어야 한다. 이러한 요구에 부응하기 위해서는 관심대상 집단을 대표하는 표본을 조사하여 전체 집단을 추론할 수 있어야 한다. 이에 따라 현대사회에서 일상생활화 되다시피 한 표본조사를 이해하고 적절히 활용할 수 있어야 한다.

이 책에서는 통계조사의 기초가 되는 표본조사설계에 다루고 있는데, 학부 통계학과의 표본조사론 과목에 대한 한 학기용 교재로 사용할 수 있도록 엮어져 있다. 그러나 표본조사가 여러 분야에서 다양하게 활용되고 있음을 고려하여 표본조사의 실제 활용 측면을 강조하였다. 특히, 다소 상식적인 수준에서 설명할 수밖에 없는 이론적인 내용 전개 후에는 필자가 설계한 표본조사설계의 실제 예를 제시하고 상세히 설명하여 독자들이 활용 측면에서 표본조사를 이해하고 실제로 표본설계가 가능할 수 있도록 하였다.

사실 국내에는 표본조사에 관한 여러 권의 번역서 및 저서들이 출판되어 사용되고 있지만 책을 읽은 독자들이 표본조사를 쉽게 이해하고 활용하기에는 무엇인가 아쉬움을 느끼게 되고 또, 실제로 표본설계에 선뜻 다가갈 수 있을 것인지는 의문이다. 이런 측면에서 우선 강의용 책을 저술하게 되었으며 처음의 목적을 잃지 않으려고 노력하였고 복잡한 수식의 유도나 증명으로 흥미를 잃지 않도록 주어진 식의 유도나 증명은 각 장의 뒤에 배치하여 필요한 사람만 읽을 수 있도록 하였다. 앞으로 많은 내용을 보완하여 표본조사설계의 실무에 활용될 수 있도록 하고자 한다.

어려운 현실 속에서 기꺼이 이 책을 출간해 주신 자유아카데미사에 심심한 사의를 표한다.

2010년 6월

진주에서 溫堂 김 수택

차 례

제3장 단순랜덤표집법 121

제4장 층화랜덤표집법 121

제5장 비추정과 회귀추정 127

제6장 계통표집법 169

제 1 장

표본조사 개관

1.1 통계조사

국가 경영에 필수적인 징병 및 조세를 위한 기초 자료는 통치 집단의 인구에 관한 것이라 할 수 있다. 이런 측면에서 볼 때 가장 오래된 통계조사는 아마도 인구조사일 것이다. 우리나라 통계청에서도 우리나라 인구 및 주택 실태에 관한 정보를 얻기 위해서 엄청난 비용을 들여 매 5년마다 인구 및 주택 총조사를 실시하고 있다. 관심의 대상으로 정보를 얻고자 하는 전체 집단에 속하는 개체를 모두 조사하여 자료를 수집하는 통계조사의 한 방법을 **센서스**(census, 전수조사)라 한다. 우리나라 통계청에서 실시하고 있는 센서스로는 인구 및 주택 총조사 이외에도 농업 총조사, 광공업 총조사, 사업체 총조사 등 여러 가지가 있다. 이러한 센서스에는 막대한 비용과 시간이 소요되지만 국가 경영에 필요한 기본적인 정보를 얻기 위해서는 센서스를 실시할 수밖에 없다. 그런데, 쌀 80kg 한 가마에 들어 있는 낟알의 개수를 알기 위하여 한 가마에 들어 있는 낟알의 수를 일일이 세는 전수조사를 한다고 하자. 생각만 해도 끔찍하다. 다른 방법은 없을까? 1.6ℓ들이 직육면체 용기를 '되'라고 한다. 쌀 한 가마는 50되이고 1되는 10홉이다. 한 홉에 들어 있는 쌀 알갱이를 일일이 세는 일은 비교적 간단하고 같은 일을 10번 정도 반복하는 것은 감당할 만하다. 이제, 한 홉에 들어 있는 쌀 알갱이의 수를 세어서 얻은 10개의 수치를 가공하여 한 홉에 들어가는 낟알의 개수를 구하면 한 가마에 들어가는 낟알의 개수를 거의 정확하게 계산해낼 수 있다. 한 가마에 들어 있는 낟알의 수를 일일이 세는 것이 센서스라면 후자는 표본조사에 해당된다.

관심의 대상이 되는 전체 집단의 일부만을 뽑아서 조사한 자료를 이용하여 전체 집단의 특성을 추측하려는 통계조사의 또 다른 방법이 표본조사이다. 앞의 예에서 짐작할 수 있듯이 센서스는 개인이 할 수 있는 일이 아니기 때문에 대부분의 통계조사는 표본조사를 통해서 이루어진다. 우리가 매일 같이 신문, 잡지, TV 등에서 보게 되는 실업률, 소비자 물가지수, 입후보자 지지율, 정부정책에 대한 찬성률, TV 시청률, 특정제품의 시장 점유율 등과 같은 통계는 모두 표본조사를 통해 얻어진 것들이다. 표본조사라는 통계조사 방법이 개발되지 않았다면 오늘날처럼 다양한 통계를 생산하여 활용하는 것은 거의 불가능하였을 것이다. 상식적으로 알 수 있는 것이기는 하지만 거의 모든 통계조사에서 전수조사 대신 표본조사를 이용하는 이유를 정리해 보면 다음과 같다.

첫째, 조사비용을 절감할 수 있다. 전수조사에서는 모집단을 구성하고 있는 모든 개체(사람 또는 가구 등)를 조사해야 하기 때문에 실제 조사에 드는 비용뿐만 아니라 조사관리 및 자료처리 등에 엄청난 인적·물적 비용이 소요된다. 실제로 우리나라 2005년도 인구 및 주택 총조사에 소요된 비용은 약 1,250억원 정도이다. 반면에 표본조사에서는 적은 비용으로 조사가 가능하기 때문에 다양한 통계조사에서 표본조사를 이용한다. 실제로 우리나라 대통령 선거 여론조사를 보면 전체 유권자 중에서 대략 1500여 명을 표본으로 추출하여 조사하고 있다. 이렇게 적은 수의 표본을 조사하여도 조사 결과의 신뢰도는 상당히 높지만 비용은 전수조사에 비해 아주 작은 대단히 효율적인 방법이 표본조사이다.

둘째, 신속한 조사결과를 얻을 수 있다. 필요한 시기에 제공되지 못하는 통계는 통계로서의 가치를 상실한다. 예컨대, 내년도 미곡수급정책을 수립하기 위해서는 올해의 미곡 총생산량에 대한 정보가 필요하다. 그런데, 쌀 수확기에 전국 농가를 모두 조사하여 최종 통계를 산출하는 데에 적어도 5~6개월이 소요된다면 이런 통계는 시기적으로 볼 때 정부의 쌀 수급정책 수립에 필요한 정보가 될 수 없다. 그러나 표본조사에서는 신속하게 조사결과를 얻을 수 있어 필요한 시기에 정보를 제공할 수 있다. 또한, 선거 전략을 수립하기 위한 여론조사에서도 유권자의 동향에 따른 적절한 선거 전략을 수립하려면 신속한 조사결과가 필요하기 때문에 표본조사를 할 수 밖에 없다.

셋째, 조사결과에 대한 정확성 및 신뢰도를 평가할 수 있다. 일반적으로 전수조사를 하면 표본조사에 비해 정확한 결과를 얻을 수 있을 것으로 생각하기 쉬우나 그렇지 않다. 조사 과정에서는 다양한 형태의 오차가 발생하는데 그러한 오차는 **표본오차**(標本誤差, sampling error)와 **비표본오차**(non-sampling error)로 구분할 수 있다. 표본오차란 모집단의 일부분인 표본에서 얻어진 결과를 일반화하는 과정에서 발생하는 오차를 의미한다. 따라서 표본조사에서는 필연적으로 표본오차가 발생한다. 그러나 표본오차의 크기는 조절할 수 있으며 정교한 확률구조에 따라 표본을 추출하면 조사결과에 대한 신뢰도를 평가할 수 있게 된다. 실제로 조사를 진행할 때는 무응답, 적절치 않은 추출틀의 사용, 조사원의 미숙, 응답자의 거짓말 등으로 인한 오차, 자료의 입력 및 처리 과정에서 발생하는 오차 등과 같이 다양한 원인에 의해 오차가 발생하게 되는 데 이런 오차를 총체적으로 비표본오차라고 한다. 전수조사의 경우 대규모 집단을 대상으로 조사가 진행되기 때문에 전반적인 조사과정이 그만큼 어렵고 복잡해질 수밖에 없다. 따라서 표본조사보다 전수조사에서 비표본오차가 많이 발생하게 되며 조사결과가 얼마나 믿을만한 것인가를 평가할 수 없다. 실제로 표본오차와 비표본오차를 동시에 고려하면 전수조사보다는 과학적으로 설계된 표본조사를 통해서 신뢰도 높은 조사결과를 얻을 수 있다.

넷째, 심도 있는 조사를 통해 다양한 정보를 얻을 수 있다. 전수조사에서는 막대한 인력 및 경비가 필요하고 아울러 조사관리 등이 어렵기 때문에 모집단을 구성하는 모든 개체를 상대로 세밀한 조사가 쉽지 않고 따라서 많은 정보를 얻는 것은 현실적으로 힘들다. 하지만 표본조사의 경우 조사대상 개체의 수가 많지 않기 때문에 심도 있는 조사가 현실적으로 가능하다. 우리나라 통계청에서 실시하는 인구 및 주택 총조사의 경우 실제로는 전수조사와 표본조사가 동시에 이루어지고 있다. 우리나라 모든 가구 및 가구 구성원을 대상으로 조사하는 전수조사에서는 나이, 혼인상태, 교육정도 등과 같은 아주 간단한 질문만으로 구성된 전수조사표를 사용한다. 그러나 전체 가구의 10%에 해당하는 표본 가구를 대상으로 실시되는 표본조사에서는 전수조사표에 수록된 문항 외에 일년전 거주지, 컴퓨터 및 인터넷 활용상태, 이용교통수단 등과 같이 상당히 심도 있는 질문을 추가적으로 수록한 표본조사표를 사용하여 다양한 정보를 얻고 있다.

다섯째, 파괴검사가 가능하다. 관측값을 얻기 위하여 조사 개체를 파괴해야만 하는 경우에는 전수조사가 현실적으로 불가능하다. 예컨대, 전구 제조업체에서 생산하는 전구의 수명에 관심이 있다고 할 때, 전수조사에서는 전구의 수명시간을 측정하기 위하여 이 업체에서 생산된 모든 전구를 사용해야 하는데 이것은 불가능한 일이다. 즉, 파괴검사에서는 표본조사만 가능하다.

이상에서 전수조사와 비교한 표본조사의 장점들을 살펴보았는데 표본조사만이 가능한 통계조사 방법이라는 것은 아니다. 성공적인 표본조사를 위해서는 모집단을 잘 대표할 수 있는 표본을 추출하고 이에 따른 효율적인 추정방법을 찾는 것이 대단히 중요하다. 그러한 작업을 **표본조사설계**(標本調査設計, sampling design)라 하는데 다음 절에서 표본조사설계와 관련된 용어 및 개념에 대해 살펴본다.

1.2 표본조사 용어

1.2.1 기본단위와 모집단

관심의 대상이 되는 집단과 관련된 정보를 얻기 위한 통계조사에서 조사대상이 되는 최소의 단위 또는 개체를 **기본단위**(基本單位, elementary unit)라고 한다. 예컨대, 가구의 월 평균소득에 대한 통계조사에서는 각 가구가 조사대상이고, 대학생을 상대로 삶의 만족도를 조사한다면 대학생 개개인이 조사대상인데, 이와 같이 조사대상이 되는 가구 또는 학생을 기본단위라 한다. 조사의 목적 또는 내용에 따라 사람, 가구, 농가, 사업체, 학교, 병원 등이 기본단위가 될 수 있다. 실제로 이런 기본단위를 상대로 필요한 정보를 조사하거나 관측하기 때문에 경우에 따라 기본단위를 **조사단위**(調査單位, survey unit) 또는 **관찰단위**(觀察單位, observational unit)라고도 부른다.

조사대상이 되는 모든 기본단위들의 집합을 **모집단**(母集團, population)이라 하는데,

이 모집단이 바로 표본조사를 통해 특성을 파악하고자 하는 연구대상 집단이 된다. 그런데, 표본조사 결과는 오직 표본을 뽑기 위해 설정한 모집단에 대한 정보만 제공하기 때문에 통계조사의 목적에 적합한 표본을 추출하려면 우선 조사대상이 되는 모집단을 명확히 정의하여야 한다. 따라서 모집단을 정의할 때는 특히 공간적 또는 시간적 개념 등을 포함한 모든 사항들을 정확하고 세밀하게 설정해야 한다. 다시 말하면, 어떤 개체가 통계조사 대상 모집단에 속하는지의 여부가 명확해야 한다는 것이다. 예컨대, 수도권에 거주하는 고등학생 학부모들을 대상으로 새로운 교육정책에 대한 의견을 조사한다고 할 때,

- 수도권이라 하면 어떤 지역들을 포함하는가?
- 어떤 시점을 기준으로 학부모 여부를 판정할 것인가?
- 조사기간 중 수도권으로 전학 온 학생의 학부모는 모집단에 속하는가?
- 외국인 학교에 다니는 학생의 학부모는 조사대상인가?
- 수도권 학교에 다니는 학생의 타 지역 거주 부모는 조사대상에 포함되는가?

와 같은 질문에 대해 명확히 답할 수 있도록 모집단은 세밀하게 정의되어야 한다.

실제로 조사를 위한 모집단을 설정할 때는 우선 통계조사의 목적에 따라 개념적이고 이론적인 모집단을 정의하고 그런 모집단을 **목표모집단**(目標母集團, target population)이라 한다. 그러나 실제 조사를 위한 모집단은 정확히 파악할 수 있으며 접촉하여 실사가 가능한 조사단위들로만 구성되어야 한다. 따라서 개념상 정의된 모집단은 현실적으로 수정이 불가피한 경우가 대부분이다. 조사과정에서 발생할 수 있는 현실적인 제약조건을 반영하여 실제로 조사가 가능한 기본단위들로만 구성된 모집단을 **조사모집단**(調査母集團, survey population) 또는 조사가능 모집단(accessible population)이라고 한다. 예를 들어, 언론매체에서 발표하고 있는 우리나라 성인들을 대상으로 한 여론조사 결과들을 보면, 도서지방을 제외한 지역의 성인만을 조사대상으로 하고 있으며 아울러 군인이나 병원에 입원한 환자들은 조사대상에서 제외하고 있다. 이런 경우 목표모집단은 전국의 성인들이지만 조사모집단은 실제 조사가 곤란한 사람들을 제외한 성인들의 집단이란 것을 알 수 있다. 대부분의 표본조사에서 개념상 규정된 목표모집단과 실제 조사대상이 되는 조사모집단은 일치하지 않는다. 이런 경우에 목표모집단과 조사모집단은 상당히 유사해서 조사모집단에서 얻은 결과를 목표모집단으로 확대 해석하는데 무리가 없

어야 한다.

우리나라 성인들을 목표모집단으로 하는 대부분의 여론조사는 전화번호부에 등재된 전화번호를 활용하여 표본가구를 추출하고 추출된 가구에 전화를 걸어 가구 구성원 중의 성인들을 대상으로 조사를 하고 있다. 이런 경우 실제 표본조사를 통해 접촉이 가능한 성인들은 전화를 보유하고 있는 가구 내의 성인들로 제한되고 이들이 실제 조사모집단이 된다. 따라서 만약 전화번호부에 등재된 전화를 보유하고 있는 성인들과 그렇지 않는 성인들이 특성상 상당한 차이가 있고 그런 사람들의 비율을 무시할 수 없다면 이와 같은 조사를 통해 얻은 결과는 편향될 수밖에 없다. 실제로 우리나라에서도 전화번호부에 등재되지 않은 가구가 점차 증가하는 추세에 있기 때문에 전화조사를 통한 여론조사는 상당히 심각한 문제를 야기할 수 있다고 지적되고 있다. 이러한 문제점을 해결하기 위한 방안으로 **임의번호 전화걸기**(random digit dialing)라는 방법이 사용되기도 한다. 임의번호 전화걸기란 전화번호부를 근거로 표본을 선정하지 않고 **난수**(亂數, random number)를 이용하여 만든 전화번호에 의해 전화조사를 하는 방법을 말한다. 무작위 전화걸기에 대한 자세한 내용은 Lohr(2000) 등을 참고하기 바란다.

[사례] 축산물 생산비 조사를 위한 표본설계에서의 조사모집단

축산물 생산비 조사는 우리나라에서 생산되는 7가지 축산물(한우 송아지, 한우 비육우, 육우, 우유, 비육돈, 계란, 육계)의 생산비 추정을 위한 조사이다. 필자 등이 설계한 2007년도 표본설계에서 목표모집단은 한우(번식우, 비육우), 육우, 젖소, 돼지, 닭(산란계, 육계)을 사육하는 전국의 축산농가로 구성된다. 그러나 설계 시점에서의 축산농가 모집단을 정확하게 파악하는 것은 현실적으로 불가능하므로 2005년 12월 1일을 기준 시점으로 통계청에서 조사한 농업 총조사 자료에서 구한 축산농가 목록을 목표모집단으로 삼는다. 그런데, <표 1.1>-<표 1.4>에 제시된 축종별 사육 농가수와 마리수 분포에

[표 1.1] 한우 사육규모별 농가수

총조사년도	한우 농가당 사육 규모(단위:두)								합계
	1~2	3~4	5~9	10~19	20~29	30~49	50~99	100~	
2005	77,658 (41.68)	36,084 (19.36)	32,032 (17.19)	19,861 (10.66)	7,695 (4.13)	6,807 (3.65)	4,665 (2.50)	1,516 (0.82)	186,318 (100.00)
2000	154,912 (60.36)	40,448 (15.76)	28,178 (10.98)	16,412 (6.39)	6,437 (2.51)	5,579 (2.17)	3,588 (1.40)	1,096 (0.43)	256,650 (100.00)

[표 1.2] 젖소 사육규모별 농가수

총조사 년도	젖소 농가당 사육 규모(단위:두)								합계
	1~2	3~4	5~9	10~19	20~29	30~49	50~99	100~	
2005	223 (1.20)	286 (3.13)	333 (3.65)	626 (6.85)	911 (9.97)	2,326 (25.69)	3,747 (41.02)	681 (7.46)	9,133 (100.00)
2000	1,782 (11.82)	517 (3.43)	772 (5.12)	1,678 (11.13)	2,175 (14.42)	4,178 (27.70)	3,581 (23.74)	399 (2.65)	15,082 (100.00)

[표 1.3] 돼지 사육규모별 농가수

총조사 년도	돼지 농가당 사육 규모(단위:두)								합계
	1~19	20~99	100~299	300~499	500~999	1000~1999	2000~4999	5000~	
2005	4,097 (34.74)	1,256 (10.66)	1,058 (8.97)	756 (6.41)	1,657 (14.05)	1,892 (16.05)	922 (7.82)	155 (1.31)	11,793 (100.00)
2000	12.373 (51.29)	3,111 (12.89)	2,416 (10.01)	1,384 (5.74)	2,466 (10.22)	1,715 (7.11)	584 (2.42)	77 (0.32)	24,126 (100.00)

[표 1.4] 닭 사육규모별 농가수

총조사 년도		양계 농가당 사육 규모(단위:수)						합계
		1~999	1000~4999	5000~9999	10000~19999	20000~29999	30000~	
2005	산란계	43,759 (95.44)	329 (0.72)	328 (0.72)	561 (1.22)	332 (0.72)	535 (1.17)	45,884 (100.00)
	육 계	34,823 (92.47)	298 (0.79)	85 (0.23)	264 (0.70)	434 (1.15)	1,756 (4.66)	37,660 (100.00)
	합	78,582 (94.1)	627 (0.75)	413 (0.49)	825 (0.99)	766 (0.92)	2,291 (2.74)	83,544 (100.00)
2000	합	131,950 (93.36)	745 (0.54)	603 (0.44)	1,103 (0.81)	888 (0.65)	1,651 (1.21)	136,940 (100.00)

서 나타난 바와 같이 농업 총조사 자료에 의하면 축산농가 중에는 사육규모가 매우 작은 축산농가들이 상당수 포함되어 있다. 각 축종별로 보면 소규모 사육농가 수는 매우 많지만 이들 농가에서 사육하고 있는 축산물 사육두수는 매우 미미하다. 그런데, 이들 소규모 사육농가는 축산물 생산을 목적으로 하는 축산농가로 보기 어렵고, 이들 농가를 표본으로 선정하게 되면 계속되는 조사과정 중에서 양축 포기로 인한 과다한 표본 교체가 예상된다. 따라서 본 표본설계에서는 이와 같은 문제점을 고려하여 각 축종별로 일정 사육규모 이상인 축산 농가들의 집단으로 실제 표본추출을 위한 조사모집단을 구성한다. 이들 소규모 사육농가들은 비록 농업조사구를 구성하고 조사구를 추출하는 과정에

[표 1.5] 소규모 사육농가 제외 조사모집단 현황

축종	제외 기준	구분	전체모집단	제외대상	조사모집단	포함비율 (%)
한우	4두 이하	농가수	186,318	113,742	72,576	38.70
		마리수	1,630,056	237,287	1,392,769	85.44
		사육평균	8.7	2.1	19.2	
육우	4두 이하	농가수	6,786	2,042	4,744	69.91
		마리수	181,948	4,342	177,606	97.61
		사육평균	26.8	2.1	37.4	
젖소	9두 이하	농가수	9,133	842	8,291	91.78
		마리수	467,252	3,476	463,776	99.26
		사육평균	51.2	4.1	55.9	
돼지	49두 이하	농가수	11,793	4,800	6,993	59.30
		마리수	7,887,915	35,740	7,852,175	99.55
		사육평균	668.9	7.4	1122.9	
산란계	999두 이하	농가수	45,844	43,759	2.085	4.54
		마리수	50,001,252	644,129	49,357,123	98.71
		사육평균	1090.7	14.7	23672.5	
육계	999두 이하	농가수	37,660	34,823	2,837	7.53
		마리수	129,991,258	630,638	129,360,620	99.51
		사육평균	3451.7	18.1	45597.7	

서는 논외로 하고 있지만 표본 농업조사구에 대한 현장 실사를 통하여 실제 축산농가를 확인한 후에 필요에 따라 최종 표본으로 선정하는 것은 가능하다. 조사모집단을 구성하기 위한 축종별 사육규모 기준은 축산농가 대규모화 추세와 현행 축산물 생산비 조사에서 사용하고 있는 축종별 1규모 수준을 참고로 하여 관계 부처와 협의 하에 한우와 육우의 경우는 5두 이상, 젖소 10두 이상, 돼지 50두 이상, 그리고 산란계와 육계는 1,000수 이상 사육하고 있는 축산농가로 우선 조사모집단을 구성한다. 전체 축산농가 중에서 이상과 같은 기준에 따라 축종별로 제외되는 축산농가 및 조사모집단 현황은 [표 1.5]와 같다.

일정 사육규모 이하인 사육 농가를 제외한 조사모집단에서 농업조사구당 농가수에 따른 조사구 현황을 나타내고 있는 [표 1.6]을 살펴보면 축산농가가 포함된 조사모집단

[표 1.6] 조사모집단 조사구 크기별 축산농가수 분포

조사구당 농가수	1호	2호	3호	4호 이상	합계
조사구수 (%)	7,120 (29.11)	4,593 (18.78)	3,140 (12.84)	9,610 (39.28)	24,463 (100.00)

의 농업조사구수는 전체 모집단의 32,221개 조사구에 비하여 24,463개 조사구로 감소하였지만 47.89%에 해당하는 11,713개의 조사구에는 조사구당 2호 이하의 축산 농가만이 포함되어 있음을 알 수 있다. 표본설계에서 소수의 축산 농가만이 포함되어 있는 농업조사구가 많이 포함된 조사모집단에서 표본 조사구를 추출하게 되면 표본 조사구수가 상대적으로 많아져서 최종 표본 농가가 넓은 지역에 산재하게 되어 조사에 어려움이 커지게 된다. 따라서 농가수 및 마리수 기준으로 포함범위에 있어서 큰 문제가 발생하지 않도록 적절한 기준을 정하여 소수의 축산농가를 포함하는 농업조사구를 제외하여 최종 조사모집단을 구성하는 것이 바람직하다.

[표 1.7] 축종별 조사모집단 조사구 크기별 축산농가 분포

축종	조사구당 농가수	1호	2호	3호	4호 이상	합계
한우	농가수 (%)	5,054 (6.96)	6,700 (9.23)	6,997 (9.64)	53,825 (74.16)	72,576 (100.00)
	마리수 (%)	112,011 (8.04)	127,552 (9.16)	128,359 (9.22)	1,024,847 (73.58)	1,392,769 (100.00)
	평균 마리수	22.16	19.04	18.34	19.04	19.19
육우	농가수 (%)	213 (4.49)	408 (8.60)	408 (8.60)	3,715 (78.31)	4,744 (100.00)
	마리수 (%)	9,105 (5.13)	13,598 (7.66)	14,676 (8.26)	140,227 (78.95)	177,606 (100.00)
	평균 마리수	42.75	33.33	35.97	37.75	37.44
젖소	농가수 (%)	519 (6.26)	741 (8.94)	796 (9.60)	6,235 (75.20)	8,291 (100.00)
	마리수 (%)	27,655 (5.96)	50,535 (10.90)	41,930 (9.04)	343,656 (74.10)	463,776 (100.00)
	평균 마리수	53.29	68.20	52.68	55.12	55.94
돼지	농가수 (%)	728 (10.41)	725 (10.37)	674 (9.64)	4,866 (69.58)	6,993 (100.00)
	마리수 (%)	910,762 (11.60)	779,518 (9.93)	733,644 (9.34)	5,428,251 (69.13)	7,852,175 (100.00)
	평균 마리수	1251.05	1075.20	1088.49	1115.55	1122.86
산란계	농가수 (%)	233 (11.18)	214 (10.26)	159 (7.63)	1,479 (70.94)	2,085 (100.00)
	마리수 (%)	5,975,700 (12.11)	6,197,034 (12.56)	3,141,290 (6.36)	34,043,099 (68.97)	49,357,123 (100.00)
	평균 마리수	25,646.78	28,958.10	19,756.54	23,017.65	23,672.48
육계	농가수 (%)	373 (13.15)	398 (14.03)	386 (13.61)	1,680 (59.22)	2,837 (100.00)
	마리수 (%)	13,197,300 (10.20)	17,220,500 (13.31)	18,511,800 (14.31)	80,431,020 (62.18)	129,360,620 (100.00)
	평균 마리수	35,381.50	43,267.59	47,958.03	47,875.61	45,597.68

전체 24,463개 조사구에서 소규모 농업조사구를 제외함에 따라 발생하는 축종별 조사모집단의 포함범위를 파악하기 위해 먼저 전체 조사구를 대상으로 분석한 앞 쪽의 [표 1.7]을 살펴보면 크기가 2호 이하인 농업조사구를 조사모집단에서 제외하는 경우 모든 축종에서 농가수 기준으로 20% 내외의 농가가 조사모집단에서 제외되게 되어 포함범위 측면에서 무리가 있어 보인다. 아울러 모든 축종에 있어 제외 대상 축산농가의 평균 사육 마리수가 상당히 큰 것으로 보아 이들 제외대상 조사구에 상당수의 대규모 사육농가가 포함되어 있음을 알 수 있다.

한편, 대규모 사육농가의 경우 농가비율은 작지만 조사 항목의 총합에 기여하는 비율이 크고 대규모 사육농가의 표본 확보가 용이하지 않기 때문에 각 축종별로 한우 및 육우 50두, 젖소 50두, 돼지 1,000두, 닭 20,000수 이상을 사육하는 대규모 축산 농가가 속해 있는 9,961개 조사구는 무조건 조사모집단에 포함시키고, 포함비율을 높이기 위하여 크기 2호 이하인 조사구 중에서 각 축종별로 한우 및 육우 20~49두, 젖소 30~49두, 돼지 500~999두, 닭 10000~19999수 이상을 사육하는 중규모 축산 농가가 속해 있는 조사구를 조사모집단에 포함시켜서 분석한 결과가 [표 1.8]~[표 1.13]이다.

[표 1.8] 조사구 크기별 한우 제외농가 분포

조사구당 농가수		1호	2호	3호	4호 이상	합계
조사 모집단 (A)	농가수	5,054	6,700	6,997	53,825	72,576
	(%)	(6.96)	(9.23)	(9.64)	(74.16)	(100.00)
	마리수	112,011	127,552	128,359	1,024,847	1,392,769
	(%)	(8.04)	(9.16)	(9.22)	(73.58)	(100.00)
	평균 마리수	22.16	19.04	18.34	19.04	19.19
대규모 농가 포함 조사구 (B)	농가수	524	1,449	2,116	31,534	35,623
	(%)	(0.72)	(2.00)	(2.92)	(43.45)	(49.08)
	마리수	53,583	61,817	68,451	755,615	939,466
	(%)	(3.85)	(4.44)	(4.91)	(54.25)	(67.45)
	평균 마리수	102.26	42.66	32.35	23.96	26.37
중규모 농가 포함 조사구 (C)	농가수	1,016	1,739	2,124	15,545	20,424
	(%)	(1.40)	(2.40)	(2.93)	(21.42)	(28.14)
	마리수	28,205	35,886	36,799	213,317	314,207
	(%)	(2.03)	(2.58)	(2.64)	(15.32)	(22.56)
	평균 마리수	27.76	20.64	17.33	13.72	15.38
제외 농가 (A-B-C)	누적 농가수	3,514	7,026	9,783	16,529	33,058
	(%)	(4.84)	(9.68)	(13.48)	(22.77)	(45.55)
	누적 마리수	30,223	60,072	83,181	139,096	278,192
	(%)	(2.17)	(4.31)	(5.97)	(9.99)	(19.97)
	평균 마리수	8.60	8.50	8.38	8.29	8.42

[표 1.9] 조사구 크기별 육우 제외농가 분포

조사구당 농가수		1호	2호	3호	4호 이상	합계
조사 모집단 (A)	농가수 (%)	213 (4.49)	408 (8.60)	408 (8.60)	3,715 (78.31)	4,744 (100.00)
	마리수 (%)	9,105 (5.13)	13,598 (7.66)	14,676 (8.26)	140,227 (78.95)	177,606 (100.00)
	평균 마리수	42.75	33.33	35.97	37.75	37.44
대규모 농가 포함 조사구 (B)	농가수 (%)	56 (1.18)	183 (3.86)	221 (4.66)	3,036 (64.00)	3,496 (73.69)
	마리수 (%)	6,176 (3.48)	9,834 (5.54)	11,583 (6.52)	129,067 (72.67)	156,660 (88.21)
	평균 마리수	110.29	53.74	52.41	42.51	44.81
중규모 농가 포함 조사구 (C)	농가수 (%)	70 (1.48)	128 (2.70)	118 (2.49)	571 (12.04)	887 (18.70)
	마리수 (%)	2,029 (1.14)	2,834 (1.60)	2,447 (1.38)	10,108 (5.69)	17,418 (9.81)
	평균 마리수	28.99	22.14	20.74	17.70	19.64
제외 농가 (A-B-C)	누적 농가수 (%)	87 (1.83)	184 (3.88)	253 (5.33)	361 (7.61)	722 (15.22)
	누적 마리수 (%)	900 (0.51)	1,830 (1.03)	2,476 (1.39)	3,528 (1.99)	7,056 (3.97)
	평균 마리수	10.34	9.59	9.36	9.74	9.77

[표 1.10] 조사구 크기별 젖소 제외농가 분포

조사구당 농가수		1호	2호	3호	4호 이상	합계
조사 모집단 (A)	농가수 (%)	519 (6.26)	741 (8.94)	796 (9.60)	6,235 (75.20)	8,291 (100.00)
	마리수 (%)	27,655 (5.96)	50,535 (10.90)	41,930 (9.04)	343,656 (74.10)	463,776 (100.00)
	평균 마리수	53.29	68.20	52.68	55.12	55.94
대규모 농가 포함 조사구 (B)	농가수 (%)	261 (3.15)	475 (5.73)	566 (6.83)	5,546 (66.89)	6,848 (82.60)
	마리수 (%)	19,910 (4.29)	42,558 (9.18)	35,174 (7.58)	323,718 (69.80)	421,360 (90.85)
	평균 마리수	76.28	89.60	62.14	58.37	61.53
중규모 농가 포함 조사구 (C)	농가수 (%)	74 (0.89)	120 (1.45)	126 (1.52)	546 (6.59)	866 (10.45)
	마리수 (%)	3,160 (0.68)	4,305 (0.93)	4,347 (0.94)	16,439 (3.54)	28,251 (6.09)
	평균 마리수	42.70	35.88	34.50	30.11	32.62
제외 농가 (A-B-C)	누적 농가수 (%)	184 (2.22)	330 (3.98)	434 (5.23)	577 (6.96)	1,154 (13.92)
	누적 마리수 (%)	4,585 (0.99)	8,257 (1.78)	10,666 (2.30)	14,165 (3.05)	28,330 (6.11)
	평균 마리수	24.92	25.15	23.16	24.47	24.55

[표 1.11] 조사구 크기별 돼지 제외농가 분포

조사구당 농가수		1호	2호	3호	4호 이상	합계
조사 모집단 (A)	농가수	728	725	674	4,866	6,993
	(%)	(10.41)	(10.37)	(9.64)	(69.58)	(100.00)
	마리수	910,762	779,518	733,644	5,428,251	7,852,175
	(%)	(11.60)	(9.93)	(9.34)	(69.13)	(100.00)
	평균 마리수	1251.05	1075.20	1088.49	1115.55	1122.86
대규모 농가 포함 조사구 (B)	농가수	302	396	412	4,017	5,127
	(%)	(4.32)	(5.66)	(5.89)	(57.44)	(73.32)
	마리수	749,790	673,563	632,792	5,142,515	7,198,660
	(%)	(9.55)	(8.58)	(8.06)	(65.49)	(91.68)
	평균 마리수	2482.75	1700.92	1535.90	1280.19	1404.07
중규모 농가 포함 조사구 (C)	농가수	0	73	78	433	584
	(%)	(0.00)	(1.04)	(1.12)	(6.19)	(8.35)
	마리수	0	29,435	27,710	149,711	206,856
	(%)	(0.00)	(0.37)	(0.35)	(1.91)	(2.63)
	평균 마리수	0.00	403.22	355.26	345.75	354.21
제외 농가 (A-B-C)	누적 농가수	426	682	866	1,282	2,564
	(%)	(6.09)	(9.75)	(12.38)	(18.33)	(36.67)
	누적 마리수	160,972	237,492	310,634	446,659	893,318
	(%)	(2.05)	(3.02)	(3.96)	(5.69)	(11.38)
	평균 마리수	377.87	298.91	397.51	326.98	348.41

[표 1.12] 조사구 크기별 산란계 제외농가 분포

조사구당 농가수		1호	2호	3호	4호 이상	합계
조사 모집단 (A)	농가수	233	214	159	1,479	2,085
	(%)	(11.18)	(10.26)	(7.63)	(70.94)	(100.00)
	마리수	5,975,700	6,197,034	3,141,290	34,043,099	49,357,123
	(%)	(12.11)	(12.56)	(6.36)	(68.97)	(100.00)
	평균 마리수	25,646.78	28,958.10	19,756.54	23,017.65	23,672.48
대규모 농가 포함 조사구 (B)	농가수	98	131	112	1,283	1,624
	(%)	(4.70)	(6.28)	(5.37)	(61.53)	(77.89)
	마리수	4,962,500	5,564,934	2,857,790	32,600,149	45,985,373
	(%)	(10.05)	(11.27)	(5.79)	(66.05)	(93.17)
	평균 마리수	50,637.76	42,480.41	25,515.98	25,409.31	28,316.12
중규모 농가 포함 조사구 (C)	농가수	0	11	11	91	113
	(%)	(0.00)	(0.53)	(0.53)	(4.36)	(5.42)
	마리수	0	68,000	53,100	682,400	803,500
	(%)	(0.00)	(0.14)	(0.11)	(1.38)	(1.63)
	평균 마리수	0.00	6,181.82	4,827.27	7,498.90	7,110.62
제외 농가 (A-B-C)	누적 농가수	135	207	243	348	696
	(%)	(6.47)	(9.93)	(11.65)	(16.69)	(33.38)
	누적 마리수	1,013,200	1,577,300	1,807,700	2,568,250	5,136,500
	(%)	(2.05)	(3.20)	(3.66)	(5.20)	(10.41)
	평균 마리수	7,505.19	7,834.72	6,400.00	7,243.33	7,380.03

[표 1.13] 조사구 크기별 육계 제외농가 분포

조사구당 농가수		1호	2호	3호	4호 이상	합계
조사 모집단 (A)	농가수	373	398	386	1,680	2,837
	(%)	(13.15)	(14.03)	(13.61)	(59.22)	(100.00)
	마리수	13,197,300	17,220,500	18,511,800	80,431,020	129,360,620
	(%)	(10.20)	(13.31)	(14.31)	(62.18)	(100.00)
	평균 마리수	35,381.50	43,267.59	47,958.03	47,875.61	45,597.68
대규모 농가 포함 조사구 (B)	농가수	245	334	323	1,553	2,455
	(%)	(8.64)	(11.77)	(11.39)	(54.74)	(86.54)
	마리수	12,395,100	16,774,100	18,113,800	79,540,220	126,823,220
	(%)	(9.58)	(12.97)	(14.00)	(61.49)	(98.04)
	평균 마리수	50,592.24	50,221.86	56,079.88	51,217.14	51,659.15
중규모 농가 포함 조사구 (C)	농가수	0	11	27	70	108
	(%)	(0.00)	(0.39)	(0.95)	(2.47)	(3.81)
	마리수	0	70,000	142,000	507,300	719,300
	(%)	(0.00)	(0.05)	(0.11)	(0.39)	(0.56)
	평균 마리수	0.00	6,363.64	5,259.26	7,247.14	6,660.19
제외 농가 (A-B-C)	누적 농가수	128	181	217	274	548
	(%)	(4.51)	(6.38)	(7.65)	(9.66)	(19.32)
	누적 마리수	802,200	1,178,600	1,434,600	1,818,100	3,636,200
	(%)	(0.62)	(0.91)	(1.11)	(1.41)	(2.81)
	평균 마리수	6,267.19	7,101.89	7,111.11	6,728.07	6,635.40

[표 1.8]~[표 1.13]을 보면 대규모 및 중규모 사육농가가 속하지 않는 3호 미만의 농업조사구를 제외할 경우, 농업조사구수는 24,463개에서 17,921개로 26.74%가 줄어들게 되고 축종별 농가수는 한우 9.68%, 육우 3.88%, 젖소 3.98%, 돼지 9.75%, 육계 6.38%, 산란계 9.93% 감소한다. 그러나 사육 마리수의 감소율은 한우 4.31%, 육우 1.03%, 젖소 1.78%, 돼지 3.02%, 육계 0.91%, 산란계 3.20%로 매우 적음을 알 수 있다. 이와 같은 분석과정을 거쳐 대규모 사육농가를 포함하고 있는 9,961 조사구와 대규모 사육농가가 포함되지 않은 농업조사구 중 조사구당 3호 이상의 축산 농가를 포함하고 있는 조사구 및 2호 이하인 조사구 중에서 중규모 축산농가를 포함하고 있는 7,960개 조사구를 합한 17,921개 조사구로 본 표본설계의 최종 조사모집단을 구성한다. 최종 조사모집단의 조사구 크기별, 축종별 농가수 및 사육 마리수 현황은 [표 1.14]와 같다.

[표 1.14] 최종 조사모집단 조사구 크기별 현황

조사구당 농가수		1호	2호	3호	4호 이상	합계
조사구수 (%)		2,646 (14.76)	2,525 (14.09)	3,140 (17.52)	9,610 (53.62)	17,921 (100.00)
농가수 (%)		2,646 (2.98)	5,050 (5.68)	9,420 (10.59)	71,800 (80.75)	88,916 (100.00)
평균농가수		1.00	2.00	3.00	7.47	4.96
한우	농가수 (%)	1,540 (2.35)	3,188 (4.86)	6,997 (10.67)	53,825 (82.11)	65,550 (100.00)
	마리수 (%)	81,788 (6.14)	97,703 (7.33)	128,359 (9.63)	1,024,847 (76.90)	1,332,697 (100.00)
	평균마리수	53.11	30.65	18.34	19.04	20.33
육우	농가수 (%)	126 (2.76)	311 (6.82)	408 (8.95)	3,715 (81.47)	4,560 (100.00)
	마리수 (%)	8,205 (4.67)	12,668 (7.21)	14,676 (8.35)	140,227 (79.78)	175,776 (100.00)
	평균마리수	65.12	40.73	35.97	37.75	38.55
젖소	농가수 (%)	335 (4.21)	595 (7.47)	796 (10.00)	6,235 (78.32)	7,961 (100.00)
	마리수 (%)	23,070 (5.06)	46,863 (10.29)	41,930 (9.20)	343,656 (75.44)	455,519 (100.00)
	평균마리수	68.87	78.76	52.68	55.12	57.22
돼지	농가수 (%)	302 (4.79)	469 (7.43)	674 (10.68)	4,866 (77.10)	6,311 (100.00)
	마리수 (%)	749,790 (9.85)	702,998 (9.23)	733,644 (9.63)	5,428,251 (71.29)	7,614,683 (100.00)
	평균마리수	2,482.75	1,498.93	1,088.49	1,115.55	1,206.57
산란계	농가수 (%)	98 (5.22)	142 (7.56)	159 (8.47)	1,479 (78.75)	1,878 (100.00)
	마리수 (%)	4,962,500 (10.39)	5,632,934 (11.79)	3,141,290 (6.57)	34,043,099 (71.25)	47,779,823 (100.00)
	평균마리수	50,637.76	39,668.55	19,756.54	23,017.65	25,441.87
육계	농가수 (%)	245 (9.22)	345 (12.99)	386 (14.53)	1,680 (63.25)	2,656 (100.00)
	마리수 (%)	12,395,100 (9.67)	16,844,100 (13.14)	18,511,800 (14.44)	80,431,020 (62.75)	128,182,020 (100.00)
	평균마리수	50,592.24	48,823.48	47,958.03	47,875.61	48,261.30

1.2.2 표집단위와 표집틀

모집단에서 표본을 추출하기 위해서는 실제로 추출하게 될 단위를 결정해야 한다. 표본 추출 과정에서 표본으로 추출되는 단위를 **표집단위**(標集單位, sampling unit) 또는 추출단위라 하는데 단계별로 표본을 추출할 때는 각 단계마다 표집단위가 정해져야 한다. 표집단위는 하나 이상의 기본단위들로 구성되는데 한 기본단위가 여러 추출단위에 속하지 않도록 해야 한다. 따라서 기본단위 하나만으로 표집단위가 될 수 있으며 여러 개의 기본단위가 모여서 하나의 표집단위가 될 수 있다.

예를 들어, 유권자를 대상으로 선거 여론조사를 하는 경우 유권자들 개개인이 기본단위가 된다. 이 때, 유권자를 직접 추출하여 조사하면 표집단위와 기본단위가 정확히 일치하지만 가구를 추출하고 추출된 가구내의 모든 유권자를 조사하는 경우에는 표집단위는 가구가 되고 이 표집단위는 그 가구의 유권자들, 즉, 기본단위들의 집합이다. 여기서 특정 유권자가 2개 이상의 가구에 소속되지 않도록 해야 하며 모든 유권자가 표본으로 추출될 수 있도록 가구라는 표집단위를 잘 정의해야 한다. 다시 말해서, 표집단위를 기본단위의 묶음으로 정의할 때는 기본단위들이 중복되거나 누락되지 않도록 표집단위를 구성해야 한다는 것이다.

실제로 대부분의 표본설계에서는 여러 번의 추출과정을 통해 최종적인 표본을 구성하게 된다. 예를 들어, 전국의 가구들을 대상으로 표본조사를 실시할 때, 먼저 1단계로 시·군·구를 추출하고, 2단계로 추출된 시·군·구에서 다시 읍·면·동을 추출한 다음, 마지막으로 표본으로 추출된 읍·면·동에서 일부 가구를 추출하여 최종 표본을 구성한다면 각 단계별 표집단위는 시·군·구, 읍·면·동 및 가구가 된다. 이와 같은 표본추출 방법을 **다단계 표집법**(多段階抽出法, multi-stage sampling)이라고 한다.

추출단위가 결정되면 표본을 추출하기 위해서 모든 추출단위가 나열된 목록(list)을 작성해야 한다. 이런 목록을 **표본표집틀**(sampling frame) 또는 간단히 표집틀이라고 한다. 선거여론조사에서 유권자가 추출단위일 때는 모든 유권자들의 명부가 표집틀이 되며, 가구를 추출단위로 하는 경우 인구·주택 총 조사 자료 또는 주민등록자료를 활용한 가구들의 명부가 표집틀이 된다. 추출틀에 등재된 모든 추출단위들은 명확하게 식별될 수 있어야 한다. 즉, 추출틀에는 표본으로 선정된 추출단위를 조사원이 손쉽게 확인할 수 있는 구체적인 정보를 포함하고 있어야 한다. 예를 들어, 전화조사의 경우는 정확한 전화번호, 면접조사의 경우 주소 또는 조사대상 가구의 위치를 명확히 표기한 지도 등을 준비하여 조사원이 착오 없이 추출된 조사단위를 접촉해서 조사할 수 있어야 한다.

실제 표본설계에서는 적절한 표집틀을 확보하는 작업이 쉽지 않기 때문에 현실적으로 확보할 수 있는 추출틀에 따라 구체적인 추출단위 및 표본추출방법을 결정한다. 따라서 현실적으로 확보할 수 있는, 즉, 조사가 가능한 기본단위들로 구성된 추출틀은 개념상 정의된 목표모집단과 일치하지 않는 경우가 대부분이며 표집틀로부터 추출할 수 있는 기본단위들의 집합이 사실상 조사모집단에 해당된다. 표집단위의 목록이 가장 흔한 표집틀의 형식이지만 모든 표집단위를 정확히 인지할 수만 있다면 지도나 카드와 같은 형식으로 정리된 표집틀도 사용할 수 있다. 통계청에서 실시하는 주요 표본조사를 보면 지역적으로 인접한 가구들을 묶어서 만든 **조사구**(調査區), 예컨대, 농업 조사구, 인구·주택 조사구 등을 표집단위로 사용하고 있다. 이런 조사의 경우 1단계로 거주 지역을 나타내는 조사구를 정리·나열한 조사구 목록에서 조사구를 추출하고, 2단계로 선정된 조사구에서 일부 가구를 뽑는데 추출된 조사구에서 가구를 추출할 때는 조사구 내의 가구들이 표시되어 있는 조사구 요도([그림 1.1])를 추출틀로 사용한다.

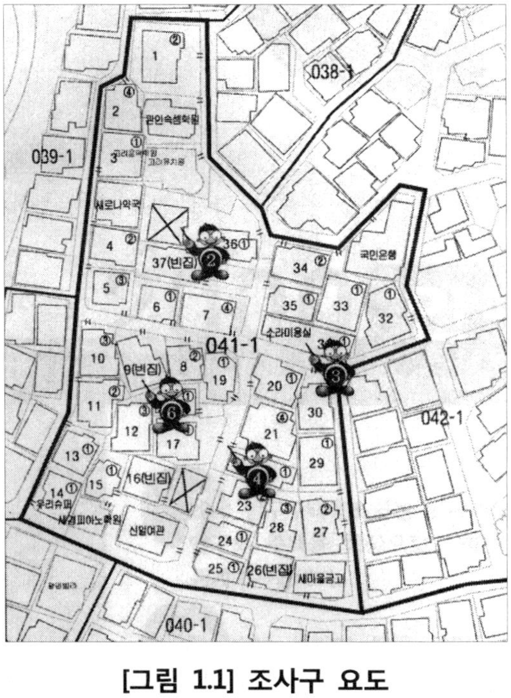

[그림 1.1] 조사구 요도

표집틀을 구성하고 있는 표집단위들 중에서 표본으로 선택된 추출단위의 비율을 **표본추출률**(sampling fraction)이라고 한다. 예를 들어, 10,000가구 중에서 표본으로 500가구를 랜덤하게 추출하였다면 추출률은 500/10,000 = 5%가 된다. 표본추출방법에 따라 모든 표집단위에 대해 동일한 추출률이 적용될 수도 있고, 그렇지 않을 수도 있다. 동일한 추출률이 적용되지 않은 경우에는 추정단계에서 각 추출단위에 대한 추출률을 반드시 반영하여야만 정확한 추정이 가능하다. 모든 표집단위에 동일한 추출률이 적용되도록 하여 추출된 표본을 **자체가중표본**(自體加重標本, self-weighted sample)이라 하며 그런 추출법을 **등확률표집법**(epsem; equal probability selection method)이라 한다.

1.2.3 모수와 추정량

관심의 대상인 모집단의 특성을 나타내는 값을 **모수**(母數, parameter)라고 한다. 모수는 고정된 상수이지만 우리는 그것을 모른다. 다음의 예를 보자.

[예제 1.1] 교육부에서는 사회 일각에서 제기되고 있는 초등학교 '보조교사제' 도입의 타당성을 검토하기로 하였다. 담당자 A는 이 제도에 대한 여론의 동향을 알아보기 위해 다음과 같이 여론조사를 실시하여 보고서를 작성하였다.

> A는 교육인적자원부의 홈페이지에 투표 란을 개설한 후 아래와 같은 질문으로 '보조교사제' 도입의 찬반 여론을 조사하였다. (한 사람에게는 한 번의 투표기회만 주어지는 것으로 가정한다.)
>
> Q. 청년 실업문제를 해소하고 교육환경 개선을 위해 초등학교에 '보조교사제'를 도입하자는 제안을 어떻게 생각하십니까?
>
> 1. 찬성 2. 반대
>
> 일주일 동안 진행된 이 여론조사에는 전부 12,414명이 참여하였고, 찬성 의견은 68%인 8,442명, 반대의견은 32%인 3,972명으로 나타났다. 이를 근거로 A는 "여론조사 결과 국민의 2/3 이상이 보조교사제 도입을 찬성하고 있다."고 보고서에 기술하였다.

[예제 1.1]에서 목표모집단은 우리나라에서 만 19세 이상인 성인들의 집합이고, 관심

있는 모집단의 특성치, 즉, 모수는 '보조교사제'에 대한 찬성률이다. 이것을 p라 하면 A는 온라인 조사를 통해 p를 0.68쯤 되는 것으로 짐작하고 보고서를 작성한 것이다. 표본조사에서 관심의 대상이 되는 모수의 형태는 후보자 지지율, TV 프로그램의 시청률, 상품의 시장 점유율 등으로 표현되는 **모비율**(母比率, population proportion)과 가구당 월 평균소득, 학생당 월 평균 사교육비 등을 나타내는 **모평균**(母平均, population mean), 그리고 특정 어종의 연간 총 어획량, 경기도 내 중소기업의 월 매출액 총계 등과 같은 **모총합**(母總合, population total) 등이 있다. 이러한 모수들은 모집단에 대한 완벽한 정보가 없으면 파악할 수 없는 고정된 값이다. 표본조사의 주요한 목적은 표본으로부터 얻은 정보를 이용하여 위와 같은 관심 있는 모수를 추정하는데 있다.

[예제 1.1]에서 A의 보고서는 신뢰할 수 있는가? 우선 보조교사제와 관련하여 '청년실업문제 해소'나 '교육환경 개선'과 같은 긍정적 측면을 제시하여 찬성을 유도하는 질문을 사용함으로써 조사결과에 왜곡이 있을 수 있다. 보다 심각한 문제는 홈페이지에 들어온 사람들만 응답을 하기 때문에 표본이 모집단의 일부만을 대표할 가능성이 매우 크다는 것이다. 온라인 조사, 뽑히기 쉬운 대상을 조사대상으로 삼는 조사 등에서 얻어진 표본은 모집단의 일부만을 대표할 가능성이 높다. 온라인 조사에서 얻어진 표본은 조사에 자발적으로 참여하는 사람들로만 구성되어 있는데 이들은 조사 주제에 특별히 관심이 있는 사람들이기 십상이다. 그런 사람들은 일반인들과는 다른 성향을 보이는 경우가 많기 때문에 표본이 편향될 가능성은 매우 높아진다. 이런 조사에서 얻어진 표본을 **편의표본**(便宜標本, convenience sample)이라 한다. 편의표본은 **선택편향**(選擇偏向, selection bias)으로 인해 모집단을 대표하기 어렵다. 길거리에 지나다니는 사람들을 대상으로 조사하는 길거리 조사에서 얻어진 표본도 편의표본이다. 어느 나라나 고학력·고소득층에 속하는 사람들이 저학력·저소득층에 속하는 사람들에 비하여 조사에 비협조적이며 응답 거절률이 상대적으로 높기 때문에 길거리 조사의 표본은 저학력·저소득층으로 편향될 가능성이 매우 높다.

길거리 조사 표본에서는 조사자에 의한 선택편향이 자발적 응답자들로 구성된 온라인 조사 표본에서는 응답자에 의한 선택편향이 발생한다. 선택편향을 막기 위해서는 모집단에 속하는 모든 조사단위가 표본에 포함될 기회를 동등하게 주어야 한다. 그러한 통계적 방법이 **단순랜덤표집법**(simple random sampling, SRS)이다. 로또에서 1등 당첨

번호를 뽑는 방법이 바로 단순랜덤표집법이다. 누군가에 의해서 특정번호가 자주 나오도록 기계를 조작하였다면 아마도 난리가 날 것이다. SRS에 의하면 모든 조사단위가 표본에 포함될 확률은 같아진다. 조사단위가 사람이라면 그 사람의 개인적 특성, 예컨대 성별, 연령, 사회적 신분, 경제적 계층 등과 관계없이 누구나 표본으로 뽑힐 수 있으며 그 가능성은 같다.

[예제 1.1]에서 A씨는 대략 30,000,000명 정도 되는 유권자 집단에서 SRS로 1,000명을 뽑아서 전화조사를 한 결과 찬성 68%를 얻었다고 하자. 이 경우에 표본 추출률은 0.003%에 불과한데 이를 근거로 A는 "여론조사 결과 국민의 2/3 이상이 보조교사제 도입을 찬성하고 있다."고 보고서에 기술할 수 있겠는가? 다시 말하자면, 100,000명 중에 3명꼴로 조사하여 얻은 결과를 믿을 수 있겠는가? 이와 같은 문제를 논의할 때는 얻어진 수치가 모집단에 대한 것인지 아니면 표본에서 얻은 수치인지를 엄격히 구분하여야 한다. 모집단의 특성을 나타내는 고정된 수를 모수라 하였는데 표본에서 얻어진 자료를 적절한 방법으로 요약하여 구한 값으로 표본의 특성을 나타내는 수치를 **통계량**(統計量, statistic)이라 한다. 통계량은 여러 가지가 있을 수 있는데 특별히 모수의 추정에 사용되는 통계량을 **추정량**(推定量, estimator)이라 한다. 다시 말하면, 모수를 추정하기 위하여 표본에서 얻은 자료를 요약하는 공식이 추정량이다. A씨의 보조교사제에 대한 여론조사에서 30,000,000명 정도 되는 유권자 집단이 모집단이고 이들 중에서 보조교사제에 찬성하는 사람의 비율이 모수 p이다. A씨는 p를 알지 못하기 때문에 크기 1,000명인 단순랜덤표본을 추출하여 조사를 하였는데 680명이 찬성하였다. 따라서 표본 구성원들의 찬성률 68%가 추정량의 한 값이다. 이것을 $\hat{p}$이라 하면 $\hat{p} = 0.68$이다.

1.3 표본추출법

표본조사의 목적은 표본에 포함된 정보를 이용해서 모집단의 특성을 기술하고자 하는 것이다. 따라서 모집단의 특성을 잘 설명할 수 있는 대표성 있는 표본을 효과적으로 추출할 수 있는 방법을 구현하는 것이 표본조사의 목적 달성에 가장 중요한 요소라고 볼 수 있다. 일반적으로 표본을 추출하는 방법은 크게 **확률표집법**(probability sampling)과

비확률표집법(non-probability sampling)으로 구분할 수 있다. 비확률표집법에서는 추출단위가 표본으로 추출될 확률을 알 수 없기 때문에 추정결과에 대한 신뢰도나 **정도**(精度, precision)를 평가할 수 없다. 따라서 모집단의 특성을 개략적으로 파악하기 위한 탐색적 수준의 조사에서 비확률표집법을 사용할 수도 있지만 정확성을 요구하는 과학적 조사를 위해서는 확률표집법에 의하여 표본을 확보해야 한다. 확률표집법으로는 단순랜덤표집법, 계통표집법, 층화표집법, 집락표집법, 크기비례확률표집법 등이 있는데 실제 표본설계에서는 필요에 따라 이런 추출법들이 복합적으로 사용된다. 비확률표집법에는 편의추출, 유의추출, 할당추출 등이 있다.

1.3.1 확률표집법

확률표집법이란 모집단을 구성하고 있는 모든 추출단위가 표본으로 추출될 확률을 사전에 계획하여 알고 있는 추출법을 말한다. 따라서 확률표집법에서는 특정한 표본이 선택될 확률을 계산할 수 있으며 이 확률을 토대로 표본에서 얻어진 추정결과에 발생하는 오차를 과학적으로 설명할 수 있다. 다음 장에서부터 논의하게 될 추출법들은 모두 확률표집법들이다.

단순랜덤표집법

단순랜덤표집법은 단순확률표집법이라고도 부르는 가장 간단한 확률표집법으로 크기 n인 가능한 모든 표본이 표본으로 추출될 확률이 동일하도록 하여 표본을 추출하는 표집법이다. 단순랜덤표집법은 다른 확률표집법의 기초가 되므로 단순랜덤표집법에 대하여 자세히 알고 있어야 한다.

랜덤(random)이란 추출단위에 동일한 확률이 부여되도록 하는 것인데 "기회 균등"의 의미로 해석할 수 있다. 단순랜덤표본을 추출하려면 모집단에 속하는 모든 추출단위들의 목록이 필요하다. 그러나 추출틀을 구하는 것이 현실적으로 쉽지 않고, 또, 추출틀을 구했더라도 추출된 조사 단위들이 지리적으로 넓게 퍼져 있다면 실사비용이 많이 들게 된다. 따라서 더 낮은 비용으로 동일한 정도를 보장하는 다른 표본추출법들이 많이 있기 때문에 실제 표본설계에서 단순랜덤추출법이 단독으로 사용되는 경우는 거의 없다.

로또복권의 당첨번호를 뽑는 방법이 전형적인 단순랜덤표집법에 해당되는데 실제로 단순랜덤표본을 추출할 때는 **난수표**(亂數表, random number table)와 같은 랜덤화 도구를 사용한다. 단순랜덤표집법을 적용하면 각 추출단위가 표본으로 추출될 확률이 동일해지기 때문에 단순랜덤표본은 자체가중표본이 된다.

계통표집법

단순랜덤추출법으로 표본을 추출하는 과정을 보면 추출틀에 속하는 모든 추출단위에 고유의 표지번호를 부여해야 하는데 실제 표본설계에서 추출단위에 번호를 부여하는 작업이 현실적으로 어려운 경우가 많이 있다. 예를 들면, 전화번호부에 등재되어 있는 각 전화번호에 일련번호를 부여하는 작업은 간단한 일이 아니다. 이와 같은 단순랜덤추출에서의 어려움을 해결하기 위한 목적으로 표본추출과정을 보다 단순하고 편리하게 변형한 추출법이 계통추출법(系統抽出法, systematic sampling)이다. 계통추출법은 실제 조사현장에서 단순랜덤추출 대신으로 매우 폭넓게 활용되고 있는 추출법이다.

간단한 예를 통해서 계통추출법의 기본적인 개념을 살펴보자. 어떤 잡지사에서 구독자의 의견을 조사하기 위하여 구독자 50,000명에서 1,000명을 추출한다고 하자. 단순랜덤표본을 추출하려면 이 잡지를 구독하는 50,000명에 대한 이름과 주소 등이 기재된 명부(추출틀)에 고유번호를 부여한 다음 난수표를 이용하여 난수 1,000개를 뽑아 이에 해당하는 구독자를 표본으로 추출해야 한다. 사실, 이러한 작업은 매우 번거롭고 쉽지 않다. 그런데, 50,000명에서 1,000명을 추출한다는 것은 결국 50명당 1명을 뽑는 것과 같은 의미이다. 따라서 구독자의 이름이 나열되어 있는 명부의 처음 50명에서 1명을 랜덤하게 선정한 다음, 매 50번째에 해당하는 구독자를 표본으로 추출하는 방법을 생각할 수 있다. 처음 출발점이 랜덤하게 선택되었다면 그 결과로 얻어지는 표본을 1/50 계통표본이라 한다. 여기서 1/50이 표본추출률이다.

층화표집법

표본조사에서 관심변수와 관련된 **보조변수**(補助變數, auxiliary variable)에 대한 자료를 쉽게 얻을 수 있다면 효율적인 표본설계를 위하여 그 보조정보를 이용하여야 한다. 보조정보는 추정의 정밀도를 높이기 위하여 비(比) 추정량, 회귀 추정량 등과 같은 모수의 추정량에 이용하거나 표본설계 및 추출단계에 이용할 수 있다. 층화표집법은 표본설계에서 보조정보를 이용하는 표본추출법이다.

층화표집법(層化抽出法, stratified sampling)이란 모집단을 보조변수의 값이 유사한 추출단위들을 묶어서 만든 층들(strata)로 분할하고 각 층에서 확률표집법으로 표본을 추출하는 방법이다. 층화추출법으로 표본을 추출하려면 우선 모집단을 서로 겹치지 않는 부분집단으로 나누어야 한다. 일반적으로, 동질적인 추출단위들의 묶음이 되도록 모집단을 분할하는데 때에 따라서는 관심을 갖고 통계를 산출해내려는 집단별로 분할하기도 한다. 이렇게 분할된 부분모집단(sub-population)을 **층**(stratum)이라고 부른다. 각 층에서 표본을 단순랜덤추출법으로 추출하면 층화랜덤추출법이라 하며 계통추출법으로 추출하면 층화계통추출법이라 한다.

집락표집법

단순랜덤표집법이나 층화표집법을 사용하기 위해서는 모집단의 조사 단위들을 모두 포함하는 표집틀을 작성해야 한다. 전국의 가구 집단과 같은 대규모 모집단을 대상으로 하는 표본설계에서는 전국 가구의 목록과 같은 표집틀을 작성하는데 엄청난 비용이 들거나 또는 현실적으로 확보가 불가능할 수도 있다. 또한 방대한 규모의 표집틀이 작성되었다고 하더라도 그 추출 틀에서 직접 가구들을 단순 확률로 추출하면 조사대상 가구들이 전국적으로 흩어져 있기 때문에 표본가구들을 실사하는 데에는 막대한 비용 및 시간이 소요된다. 이러한 문제를 극복하기 위해서 우선 전국의 가구를 지역적으로 인접한 것끼리 묶은 집단(집락)을 구성한 다음 집락들의 집합에서 일정한 수의 집락을 추출하고 선정된 집락 내의 일부 또는 모든 가구를 조사하는 방법을 사용하게 되는데 이런 추출법을 집락표집법이라고 한다.

집락표집법(集落抽出法, cluster sampling)이란 서로 인접한 조사 단위들을 묶어서 집락(cluster) 또는 조사구를 만든 다음 집락들 중에서 일부의 집락을 추출하고 추출된 집락에 속한 조사 단위들의 일부 또는 전부를 표본으로 추출하는 확률표집법이다. 즉, 집락표집법에서는 조사 단위들의 집합인 집락을 추출단위로 사용한다.

예를 들어, 서울시 고등학생들의 월평균 사교육비를 추정하고자 할 때 표본을 선정하는 방법에 대하여 생각해 보자. 단순랜덤표집법을 사용하기 위해서는 서울시의 모든 고등학생들이 포함된 학생명단이 필요한데, 이러한 추출틀을 작성하려면 많은 비용과 시간이 들게 되어 현실적으로 작성이 불가능할 수 있다. 서울시의 각 구를 층으로 한 층화확률표집법에서도 각 층에 속하는 학생들의 명단이 요구되기 때문에 이러한 문제를 피할 수가 없다. 이런 경우 조사단위에 해당하는 학생들을 직접 추출하기보다는 일단 고등학교를 추출하고 선정된 학교의 학생들 전체를 조사하거나 선정된 학교에서 일부 학생만을 다시 추출하여 조사하는 표본추출법을 사용하는 것이 효율적이다. 이 경우 각 고등학교가 추출단위, 즉, 집락에 해당되며, 이 추출법에서 필요한 추출틀인 서울시 전체 고등학교 명단은 확보가 용이하게 된다. 여기서 표본으로 선정된 고등학교의 전체 학생을 조사대상으로 삼는 추출법을 일단집락표집법(single stage cluster sampling)이라 하며, 추출된 고등학교에서 일부 학생들을 추출하여 조사하는 방법은 최종 표본이 두 단계에 걸쳐 선정되기 때문에 이단집락표집법(two stage cluster sampling)이라 한다. 한편, 각 단계에서 표본을 추출하는 방법으로 단순랜덤추출법을 사용하는 집락추출법을 단순집락표집법(simple cluster sampling)이라 한다. 위의 예에서 이단집락표집법을 사용하는 경우에도 전체 고등학교가 아니라 표본으로 뽑힌 고등학교의 학생명단만이 추가적으로 필요하게 되어 추출틀의 확보가 매우 쉬워진다.

다단계 표집법 및 크기비례확률표집법

다단계 추출법은 집락추출법의 개념을 확장한 것이다. 집락 내에 너무 많은 조사 단위들이 포함되어 있어서 모든 조사 단위들을 조사할 수 없거나, 집락 내 조사 단위들의 측정값이 유사하여 단지 몇 개의 조사 단위만 조사하면 전체 집락에 관한 정보를 충분히 확보할 수 있는 경우도 있다. 이러한 때에는, 우선 집락들의 집합에서 확률표본을 추출하고, 추출된 집락 내의 조사 단위들 중에서 일부를 다시 추출하는 이단집락표집법을 사용한다. 이와 같이 최종 표본이 몇 단계에 걸쳐서 선정되는 표본추출법을 일반적으로 다단계 표집법(多段階抽出法, multi-stage cluster sampling)이라 한다.

앞에서 언급한 단순랜덤표집법이나 단순집락표집법 등은 추출틀에서 표본을 뽑을 때 랜덤하게, 다시 말해 표집틀 상의 모든 표집단위들이 표본에 포함될 확률이 동일하도록 표본을 추출하였다. 하지만 이런 방법이 항상 효과적인 것은 아니며 경우에 따라 각 추출단위들이 추출될 확률을 변화시킴으로써 보다 효율적인 추정결과를 얻을 수 있다. 예를 들면, 어느 지역의 사업체로부터 표본을 추출하여 올해 신규 사원 채용인원을 추정하고 싶다고 가정하자. 일반적으로 대다수의 사업체는 규모가 작고 소수의 종업원을 고용하고 있는 반면 일부 대규모 사업체는 훨씬 많은 종업원을 고용하고 있다. 이런 경우 단순랜덤표본은 대체로 소규모 사업체들로 이루어지게 된다. 그런데 신규 채용인원은 규모가 큰 사업체에 크게 영향을 받게 된다. 그러므로 규모가 큰 산업체가 표본에 들어가게 될 기회를 크게 해줌으로써 신규 채용인원을 보다 효율적으로 추정할 수 있다. 이런 경우 사업체가 표본으로 뽑힐 확률이 사업체의 규모(예를 들어, 현재 종업원 수)에 비례하도록 하여 사업체를 추출하는 방법을 적용할 수 있는데, 이런 표본추출법을 **크기비례확률표집법**(sampling with probabilities proportional to size) 또는 **pps추출**이라고 한다. 이와 같은 크기비례확률표집법을 사용하는 경우에는 추정 공식이 단순랜덤표집에서 사용하는 것과 상당히 다르다는 점에 유의하여야 한다. 크기비례확률표집법을 적절히 이용하면 다단계 추출에서 모든 기본단위가 표본으로 뽑힐 확률을 동일하게 해 주는 자체가중표본을 얻을 수도 있다.

1.3.2 비확률표집법

비확률표집법이란 각 추출단위가 표본에 포함될 확률을 알 수 없는 표본추출법을 말한다. 확률표집법에서는 각 추출단위가 표본으로 추출될 확률을 알 수 있기 때문에 추정량의 정도 및 신뢰도를 설명할 수 있다. 그러나 비확률표집법에서는 조사 결과에 대한 정도나 신뢰도를 객관적으로 설명할 수 없다. 즉, 비확률 추출에 의한 조사 결과의 정확성은 오직 주관적인 평가를 통해서만 가능하다. 따라서 경험적으로 비확률 추출법에 의해 매우 만족스런 조사 결과를 얻었던 경우가 있었다고 하여 앞으로도 계속 좋은 결과를 얻을 수 있다는 보장이 전혀 없다. 비록 비확률 추출법이 이런 문제점을 갖고 있지만 간편하고 비용이 적게 든다는 이유로 실제 사회조사에서는 다양한 형태의 비확률 추출법이 사용되고 있는 것이 현실이다. 특별히 확률추출이 현실적으로 불가능한 경우, 표본오차가 크게 문제되지 않는 경우, 본 조사에 앞서 개략적인 현황을 파악하기 위한 시험조사(pilot survey) 등에서는 비확률추출법이 사용될 수 있다.

편의추출법

편의추출법(便宜抽出法, convenience sampling)이란 조사자가 손쉽게 접촉할 수 있는 대상들을 표본으로 추출하는 방법인데, 우연 추출(accidental sampling)이나 무계획 추출(haphazard sampling)이라고도 부른다. 예를 들어, 대형 상가를 이용하는 고객들을 대상으로 표본조사를 실시한다고 할 때, 확률 추출법을 적용하기 위해서는 이곳을 이용하는 모든 고객들이 포함된 추출틀을 확보하여야 한다. 그러나 그런 추출틀을 작성하는 것이 현실적으로 불가능하여 어느 날 조사원이 이 상가에 나가 우연히 그곳에 온 사람들 중 일부를 주관적으로 선정하여 조사를 실시하였다면 이런 추출법이 편의추출법이다. 편의추출법으로 선택된 표본은 모집단을 대표할 수 없으므로, 표본에서 얻어진 결과를 전체 모집단에 대한 결과로 일반화하여 해석하는 것은 매우 위험하다. 흔히 접할 수 있는 다음과 같은 조사가 편의추출에 해당한다.

- 자발적으로 특정 연구에 참가하기를 원하는 사람들을 대상으로 한 조사
- 조사하기 편리한 특정 학교의 학생들을 대상으로 한 조사
- 길거리 또는 백화점 앞에서 지나가는 사람들을 대상으로 한 조사
- 잡지에 설문지를 끼워서 배포하고 참여의사에 따라 우편으로 응답하게 하는 조사
- TV 프로그램 중 전화를 건 시청자들을 대상으로 한 조사
- 포털 사이트에 조사문항을 게시하고 자유롭게 응답하게 하는 인터넷 조사

한편, 추출틀을 확보할 수 없을 뿐만 아니라 일상적인 방법으로는 조사대상자를 접촉하기 어려운 경우 먼저 소수의 대상자를 찾아 조사한 후 이들의 소개로 추가적인 조사대상자를 찾아나가며 표본을 확보하는 추출방법을 사용하기도 한다. 이런 추출법은 마치 작은 눈덩이를 굴려 점점 큰 눈덩이를 만드는 것과 유사하다하여 **눈덩이 추출**(snow ball sampling)이라고 한다. 예컨대, 마약을 경험한 사람들, 폭력서클에 가입하고 있는 청소년들 또는 외국인 근로자를 대상으로 표본조사를 실시하는 경우 조사대상자들의 접촉이 쉽지 않기 때문에 눈덩이 추출법으로 표본을 추출하는 것이 효과적이다. 이런 눈덩이 추출법도 일종의 편의 추출법에 해당하므로 조사결과의 해석에 유의해야 한다.

유의추출법

조사를 실시하는 전문가가 주관적인 판단에 의해 모집단을 잘 대표할 수 있다고 생각되는 대상들을 표본으로 추출하는 방법을 유의추출법(purposive sampling)이라 한다. 유의

추출법은 **판단추출**(判斷抽出, judgement sampling) 또는 전문가 선택(expert choice)이라고도 부른다. 만약 교육학자가 어떤 대도시 학생들의 의식을 조사하기 위하여 이 지역을 잘 대표할 수 있다고 판단되는 몇 개의 학교를 선택하고 이들 학교의 재학생들을 대상으로 조사한다면, 이 때 사용된 표본을 유의표본이라 한다. 이 경우 다른 교육학자는 이 지역을 대표하는 학교로 다른 학교들을 선택하게 될 가능성이 매우 높다. 즉, 유의 추출로 얻어진 표본은 대표성을 확보할 수 없으며 따라서 얻어진 결과는 객관적일 수 없다. 더군다나 이런 경우 설명할 수 없는 편향이 크게 발생할 우려가 있다.

일반적으로 표본조사에서 발생하는 오차는 편향과 변동(variation)으로 설명할 수 있다. 확률추출법에서는 대부분 편향이 발생하지 않는 추정 방법을 사용하기 때문에 표본오차는 추정량의 분산으로 설명할 수 있다. 확률추출법에서 표본의 크기가 작아지면 추정량의 분산이 커진다. 따라서 확률추출법을 사용할 때 신뢰할 수 있는 결과를 얻기 위해서는 적절한 크기의 표본을 확보하여야 한다. 다시 말해서 표본의 크기가 아주 작으면 확률추출법의 경우 전혀 모집단을 대표할 수 없는 표본이 선택되어 엉뚱한 조사결과가 얻어질 수도 있다. 이런 경우에 유의표본을 사용하면 비록 편향은 발생하지만 이런 편향은 상대적으로 무시할 수 있고, 비록 주관적이지만 어느 정도 모집단을 대표할 수 있는 표본을 확보할 수 있다. 따라서 표본의 크기가 아주 작을 때는 유의표본이 효과적일 수 있다. 예컨대, 서울시 전체 고등학교를 대상으로 교육환경을 파악하기 위해서 3개 학교만을 표본으로 추출하여 조사한다고 하자. 이런 경우 어떤 표본을 얻게 될지 전혀 예상할 수 없는 랜덤표본을 사용하는 것보다 오히려 전문가에 의해 서울시 전체 고등학교를 잘 대표할 수 있는 3개 학교를 선택하는 것이 보다 효과적이다. 하지만 표본의 크기가 50개로 늘어난다면 이때는 비확률 표집법보다 적절한 확률표집법을 활용하는 것이 보다 신뢰성 있는 결과를 얻을 수 있을 것이다.

할당추출법

할당추출(割當抽出, quota sampling)은 조사변수에 관련이 있다고 판단되는 특성에 대한 모집단의 구성 비율이 표본에 그대로 유지되도록 하는 표본추출법이다. 예컨대, 어느 대학교 학생들의 한 달 평균 용돈을 추정하고자 하는 경우에 학생들의 용돈은 전공이나 학년에 따라 차이가 많다고 판단되면 이 대학교 전체 학생들의 전공별 학년별 구성 비율이 그대로 표본에 유지될 수 있도록 표본을 추출하는 방법이 할당추출법이다. 할당추출법에서 그룹을 형성하고 이들 그룹에 대한 구성 비율을 표본에 그대로 유지하는 이유는 최소한 그룹 구성을 위해 반영한 특성이 조사원의 선택편향에 의하여 왜곡되지 않도록 하는 것을 목적으로 한다.

할당추출법은 조사변수에 관련 있는 특성에 따라 모집단을 분할한다는 점에서 보면 층화확률표집법과 상당히 유사하다. 그러나 각 층에서 추출단위를 뽑을 때 층화확률표집법에서는 추출단위를 랜덤하게 추출하지만, 할당추출에서는 조사원의 주관적인 판단에 의해 최종 조사단위를 선정한다는 차이가 있다. 결국, 할당추출도 조사단위가 표본으로 추출될 확률을 알 수 없는 비확률 표집법이고 따라서 조사결과에 대한 신뢰도를 객관적으로 평가할 수 없다.

할당추출법은 확률표집법에 비해 비용이 적게 들고 빠르게 조사결과를 얻을 수 있기 때문에 간단한 여론조사나 마케팅조사에서 많이 사용된다. 이론적으로 문제가 있지만 할당추출을 많이 사용하는 이유는 다음과 같다.

첫째, 추출틀을 필요로 하지 않기 때문이다. 예를 들어, 어느 지역에 거주하는 조사원에게 그 지역에서 살고 있는 30대 남성 50명을 조사하도록 할당되었다면, 조사원은 조사대상자가 누구든지 상관없이 지역에 거주하는 30대 남성 50명을 무조건 조사하면 되므로 확률추출법과는 달리 추출틀이 전혀 필요하지 않다.

둘째, 무응답이 발생해도 재조사할 필요가 없다. 즉, 조사 대상이 응답을 거부하거나 전화를 건 가구에 통화가 안 되는 경우에 그대로 다음 사람이나 가구를 상대로 조사를 진행하면 된다.

위와 같은 두 가지 측면을 고려하면 할당추출법이 조사를 신속하고 손쉽게 수행할 수 있는 추출법임을 알 수 있다. 하지만 다른 한편으로는 이런 측면 때문에 할당표본에서 얻어지는 조사결과가 선택편향에 의한 문제점을 갖게 된다는 사실을 알 수 있다. 할당추출에서 발생하는 선택편향에 대한 좋은 예로 1948년 미국 대통령선거 여론조사를 들 수 있다. 1948년 이전까지 미국의 여론조사에서는 할당추출이 널리 사용되었다. 표본에서의 성별, 연령별, 소득별, 교육수준별 비율이 모집단과 일치할 경우 여론조사결과가 더 정확할 것이라는 생각 때문이었다. 그러나 1948년 선거여론조사 결과 때문에 이런 생각을 심각하게 재검토하게 되었다. 당시 여론조사결과 약세로 평가되던 트루먼(Trumen)

후보가 여론조사에서 우세를 보였던 듀이(Thomas Dewey)후보를 누르고 당선되었기 때문이었다. 당시의 주요 여론조사기관에서는 성별, 연령별, 교육수준별, 인종별, 퇴역군인별 구성 비율을 할당표본에 반영하였지만 여론조사가 실패하게 된 주요인은 최종 응답자를 선정할 때 난수표 등을 이용하는 객관적인 절차에 따르지 않고 조사원의 주관적인 판단에 따라 선택하도록 하는데 있었다. 1948년의 할당표본에서 왜 공화당후보인 듀이의 지지율이 과대 추정되었을까? 당시에는 공화당 지지자들이 민주당 지지자들에 비하여 교육수준이나 소득수준이 높은 편이었고, 여러 사람들이 모인 장소에서 접촉이 용이하고 조사에 쉽게 응하는 경향을 갖고 있었다고 한다. 따라서 의도적인 것은 아니지만 조사원들이 정해진 지침서에 따라 조사대상자를 선정할 때 자연스럽게 공화당 지지자들을 더 많이 택했을 것으로 생각된다.

할당추출이 실패한 이유를 좀 더 구체적으로 생각해 보자. 실제 대통령 선거에서 유권자의 성향에 영향을 미치는 특성들은 할당추출에서 반영한 것보다 훨씬 더 많다. 할당추출에서 그렇게 많은 요인들을 전부 고려하는 것은 불가능하다. 반면에 확률추출법에서의 랜덤화는 통제하거나 직접 측정할 수 없는 수많은 요소들이 균형을 이루도록 한다. 예를 들어, 전체 학생의 60%가 남학생인 대학교에서 학생들을 랜덤하게 추출하면 60%에 가까운 남학생이 뽑힐 것이다. 뿐만 아니라 통제하려고 의도하지 않은 다른 여러 요인들, 즉, 전공 및 학년별 비율, 동아리에 소속된 학생의 비율, 출신지별 학생비율 등에서도 어느 정도 균형을 이룬다. 그러나 남학생 60%를 강제로 표본에 할당하는 것에만 집착을 하면 다른 요인들의 균형을 깨뜨리는 결과를 초래할 수 있다.

1.4 통계조사 오차

통계조사에서 발생하는 오차는 그 특성상 우연히 나타나는 오차와 조사 과정에서 체계적으로 발생하는 오차로 구분할 수 있다. 전자는 확률변수적 특성을 지닌 오차로 확률오차 또는 우연오차(random error)라 하며 후자는 조사 과정에서의 구조적인 문제로 인하여 나타나는 비확률변수적 특성을 띠는 오차로 **편향**(偏向, bias)이라 한다. 그런데 통계조사 오차는 통상적으로 그 발생 원인에 따라 모집단의 일부인 표본만을 조사하여 모수를 추정하기 때문에 필연적으로 발생하는 표본오차(sampling error)와 표본오차를 제외한 모든 종류의 오차로 조사의 계획 과정에서부터 자료의 수집, 분석 및 보고서 작성 과정까지에서 부주의나 실수 또는 원인을 알 수 없이 발생하는 비표본오차(non-sampling error)로 구분한다. 표본오차에 대하여는 2.3절에서 논의할 것이고 여기서는 비표본오차에 대하여 설명하기로 한다.

Biemer와 Lyberg(2003)은 비표본오차를 발생 원인에 따라

- 표집틀오차(frame error)
- 무응답오차(non-response error)
- 측정오차(measure error)
- 특정화오차(specification error)
- 처리오차(processing error)

의 다섯 가지로 구분하고 있다. 표집틀 오차와 무응답 오차는 결측 자료로 인한 오차로 미관측 오차(non-observation error)에 속한다. 측정오차와 특정화오차는 관측 과정에서 발생하는 오차로 관측오차라 부른다.

1.4.1 미관측오차

통계조사에서는 언제나 미관측으로 인한 오차가 발생하는데 표본오차도 미관측오차의 일종이다. 미관측으로 인한 비표본오차는 표집틀오차와 무응답오차의 두 가지로 구분된다.

표집틀오차

표집틀오차는 **포함오차**(coverage error)라고도 하는데 조사모집단에 해당하는 표집틀과 목표모집단이 일치하지 않아서 발생하는 오차이다. 이상적인 경우는 표집틀과 목표모집단 조사 단위 사이에 일대일 대응이 되는 경우, 즉, 목표모집단에 속하는 조사 단위가 표집틀에 단 한번만 포함되어 있고 목표모집단에 속하지 않는 조사단위는 표집틀에 포함되지 않은 경우인데 실제로는 그렇지 못하다. 표집틀과 목표모집단이 일치하지 않는 경우를 살펴보면 다음과 같다.

첫째, 목표모집단의 일부 조사 단위들이 표집틀에 포함되지 않은 경우이다. 표집틀에 포함되어 있지 않은 조사 단위들은 표본으로 뽑힐 수 없기 때문에 관측도 불가능하다. 전화조사에서는 표집틀로 전화번호부를 사용하는 경우가 많은데 여기에는 몇 가지 문제

가 있다. 요즘은 개인 정보 노출을 꺼려하여 자신의 전화번호를 전화번호부에 등재하지 않는 경향이 높다. 비등재율은 사회경제적 상류층일수록 높은 것으로 알려져 있다. 따라서 등재율이 높지 않은 전화번호부를 표집틀로 사용하게 되면 랜덤표본이라 하더라도 표본이 모집단을 대표하지 못하게 되므로 표본추출오류에 의한 오차가 발생한다. 이럴 때에는 아무리 표본조사를 거듭하여도 어느 한 쪽으로 치우치는 편향이 발생할 수밖에 없다.

둘째, 표집틀에 있는 일부 조사 단위들이 목표모집단에 속하지 않은 경우이다. 목표모집단에 속하지 않는 조사 단위는 관심의 대상이 아니므로 표본을 뽑기 전에 미리 제거해야 하지만 때로는 관측을 해야만 조사대상인가를 결정할 수 있는 경우가 있다. 이럴 때는 자료수집 과정에서 조사대상 여부를 철저히 확인하여야 한다.

셋째, 표집틀에 중복된 조사 단위가 포함되어 있는 경우이다. 표집틀에 중복된 조사단위가 없도록 해야 하지만 때로는 중복을 피할 수 없는 경우도 있다. 예를 들어 휴대폰 전화번호를 랜덤하게 생성하여 가구에 대한 전화조사를 실시하는 경우에 한 가구에 둘 이상의 전화번호가 대응될 수 있다. 이때는 표본에 있는 단위가 표집틀에 등재된 횟수에 대한 정보를 자료수집 과정에서 확보하여 추정단계에서 사용하여야 한다.

넷째, 표집틀에 있는 한 조사단위에 목표모집단 내의 여러 조사 단위가 대응되는 경우이다. 이런 예로는 표집틀이 주거용 주택의 주소지로 구성되어 있는데 목표모집단이 가구인 경우를 들 수 있다. 한 주소지에 여러 가구가 있을 수 있으므로 가구를 표본으로 뽑기 위해서는 가구들의 명부를 작성하여야 한다.

때로는 조사의 효율성을 위하여 목표모집단의 일부를 제외하여 조사모집단을 구성하는데 이때에는 예상되는 편향을 추정하여 그 크기가 미미함을 확인하여야 한다.

[사례] 농업경영체 경영실태조사 표본설계의 조사모집단에 대한 편향

2002년에 필자가 설계한 '농업경영체 경영실태조사 표본설계'를 보면 표본 농가의 대체에 따른 예비 농가를 확보하기 위하여 한 조사구에 적어도 6호 이상의 농가가 속해 있어야 하기 때문에 농가호수가 5호 이하인 농업조사구를 모집단에서 제외하고자 하였다. 농가호수가 5호 이하인 농업조사구를 모집단에서 제외할 경우 조사모집단의 포함범위는 91.17%이고 조사구당 평균 농가호수는 16.08호이다. 그런데 5호 이하인 농업조사구를 모집단에서 제외할 경우 제외되는 농가들 중에서 상대적으로 농가수가 많지 않은 대규모 농가들이 차지하는 비율이 너무 크게 나타나고 있다. 이 경우 극도로 비대칭인 분포를 갖고 있는 대규모 농가 집단에서 조사 항목에 대한 편향이 크게 발생할 수 있다. 따라서 **"대규모 농가가 속하거나 농가수가 6호 이상인 농업조사구들의 집합"**으로 조사모집단을 결정하였다. 이렇게 결정된 조사모집단의 포함범위는 94.15%이고 조사구당 평균 농가호수는 14.33호이다. 대규모 농가가 속하지 않고 5호 이하인 농업조사구를 모집단에서 제외할 경우 전국적으로 조사구 수는 17,001개에서 4,320개가 제외된 12,681개로 전체 조사구의 25.41%가 감소하지만 농가호수는 193,036호에서 11,298호가 제외된 181,738호로 총 농가호수의 5.85%가 감소하여 제외율은 미미한 정도이다. 이렇게 결정된 조사모집단을 대상으로 농업경영체 경영실태조사가 진행되면 중대규모 이하인 집단들

[표 1.15] 조사모집단에 대한 작목별 상대편향(%)

구 분		모집단		조사모집단(≤5 제거)		상대편향(%)
		농가호수	평균면적	농가호수	평균면적	
논벼	중규모	49,459	2.46430	45,279	2.46635	0.084
	중대규모	29,219	3.79812	27,375	3.80283	0.124
고추	중규모	10,124	0.62576	9,430	0.62578	0.003
	중대규모	5,339	0.88748	5,042	0.88781	0.038
마늘	중규모	6,204	0.61696	5,889	0.61752	0.091
	중대규모	3,374	0.87311	3,299	0.87351	0.046
양파	중규모	3,833	0.62209	3,641	0.62231	0.036
	중대규모	2,058	0.88737	1,988	0.88715	-0.025
사과	중규모	3,859	1.26900	3,537	1.27025	0.099
	중대규모	2,866	1.89433	2,671	1.89314	-0.063
배	중규모	2,311	1.27209	2,092	1.27294	0.066
	중대규모	2,115	1.90646	1,977	1.90607	-0.021
포도	중규모	2,050	1.24580	1,781	1.25053	0.300
	중대규모	873	1.82826	781	1.83316	0.138
감귤	중규모	3,553	1.27923	3,507	1.28159	-0.007
	중대규모	3,543	1.86611	3,509	1.87529	0.019
시설채소	중규모	15,531	0.60990	14,621	0.61013	0.038
	중대규모	12,463	0.86583	12,037	0.86584	0.001
화훼	중규모	2,209	0.39381	2,063	0.39402	0.052
	중대규모	841	0.61321	776	0.61312	-0.015
한우	중규모	3,588	62.23272	2,991	62.37145	0.223
	중대규모	711	110.52883	612	111.02288	0.447
돼지	중규모	2,466	653.59854	2,115	654.84728	0.191
	중대규모	1,200	1096.25417	1,055	1098.25118	0.182

에서 조사항목에 대한 편향이 발생할 수 있다. 농업조수입, 농가부채 등의 조사항목을 농업총조사 자료에서 구할 수 없으므로 조사항목의 하나인 재배면적 위주로 조사모집단에 대한 편향을 검토하였다. 앞 쪽의 [표 1.15]는 조사모집단에 대하여 작목별, 규모별로 재배면적을 조사하여 얻은 상대편향(RB_s : relative bias)을 나타낸 표이다. 상대편향을 구하는 식은

$$RB_s = \frac{\overline{Y}_s - \overline{Y}}{\overline{Y}} \times 100(\%)$$

와 같다. 여기서 $\overline{Y}_s$는 조사모집단에 포함되는 농가의 평균 재배면적이고 $\overline{Y}$는 전체 조사대상 농가의 평균 재배면적이다. [표 1.15]를 보면 조사 모집단의 작목별, 규모별 재배면적에 대한 상대편향은 0.5% 미만으로 매우 낮은 것을 알 수 있다. 따라서 대규모 농가를 포함하지 않는 5호 이하 조사구를 모집단에서 제외하더라도 크게 오류를 범하지 않을 것으로 생각된다.

무응답오차

무응답은 표본으로 뽑힌 조사단위로부터 자료를 수집할 수 없을 때 발생한다. 예컨대, 전화조사에서는 전화연결 실패로 인하여 무응답이 발생한다. 조사단위의 모든 조사항목에 대하여 어떤 자료도 수집하지 못한 경우를 **단위 무응답**(unit non-response)이라 하고 일부 조사항목에 대한 자료를 얻지 못한 경우는 **항목 무응답**(item non-response)이라 부른다. 단위 무응답은 표본으로 뽑힌 조사단위와 접촉할 수 없기 때문에 발생한다. 사회조사에서 많이 이용되는 방문면접조사의 경우 조사 대상자의 부재, 응답 거부, 질병이나 장애로 인한 접촉 불능 등의 이유로 무응답이 발생한다. 우편조사에서는 조사표의 분실로 무응답이 발생하는 경우가 많이 있다. 무응답은 조사의 성패를 결정할 만큼 심각한 문제이므로 조사원에 대한 충분한 사전 교육, 재방문 등을 통하여 응답을 얻어낼 수 있도록 해야 한다. 항목 무응답은 개인의 사생활과 관련된 항목에서 많이 발생한다. 항목 무응답에 대한 대체(imputation)에 대하여는 Lohr(1999)를 참조하기 바란다.

1.4.2 관측오차

조사단위와 접촉하여 관측하는 과정에서 발생하는 오차로 조사단위가 지니고 있는 특

성에 대한 참값과 조사단위를 측정하여 얻은 관측값의 차이를 관측오차 또는 응답오차라 한다. 사회조사의 경우를 보면 잘못 정의된 개념으로 인하여 질문이 의미하는 개념과 조사에서 측정해야 하는 개념이 다르면 응답오차가 발생하는데 이런 오차를 특정화 오차라 한다. 측정오차는 측정도구의 결함으로 생길 수도 있지만 주로 조사원의 경험 미숙, 조사원에 대한 불충분한 사전 교육 및 훈련, 응답자의 의도적 또는 부정확한 정보로 인한 오류 등에 의하여 무작위적으로 발생한다. 따라서 측정오차를 통제하기 위해서는 조사원에 대한 충분한 사전 교육 및 훈련과 세밀한 감독이 요구된다.

1.4.3 처리오차

처리오차는 수집된 자료를 처리 분석하는 단계에서 발생하는 오차를 말한다. 처리오차는 기초자료에 대한 미흡한 검사로 인한 오류, 자료의 편집(editing), 코딩, 입력, 도표화 등의 자료처리 과정에서 생기는 오류, 부적합한 분석방법이나 잘못 계산된 가중치로 인한 통계적 추정 과정의 오류, 결과의 인쇄나 공표 과정에서 발생하는 오류 등으로 구분할 수 있다. 처리오차는 비교적 통제가 가능한 것으로 세심한 조치를 취하여 가능한 한 발생하지 않도록 해야 한다.

연 습 문 제

1. 표본조사와 전수조사의 근본적인 차이점을 설명하고 전수조사 대신 표본조사를 사용하는 이유를 서술하여라.

2. 慶尙대학교 전체 학생들 중에서 1,000명을 추출하여 월 평균 생활비를 조사하고자 한다. 다음 물음에 답하여라.
   (1) 기본단위와 목표 모집단을 정의하여라.
   (2) 추출단위와 조사 모집단을 정의하고 표집틀의 작성 방법에 대하여 설명하여라.

3. 서울시 전체 호텔들에 대한 월 평균 투숙객 수를 파악하기 위하여 표본조사를 실시

하고자 한다. 다음 물음에 답하여라.

(1) 기본단위, 목표 모집단, 추출단위 및 조사 모집단을 정의하여라.

(2) 이 조사에서 발생할 수 있는 비표본오차에 대하여 설명하여라.

4. 다음 각 조사에 대하여 전수조사와 표본조사 중 어느 방법을 사용하는 것이 적절하겠는가를 이유를 들어 설명하여라.

(1) 전국 미곡 생산량 조사

(2) 전국 인삼 생산량 조사

(3) 대통령 선거 후보자에 대한 유권자들의 지지도 조사

(4) 진주시 가구당 월 평균 교육문화비 조사

(5) 볼트 생산 공장에서 생산되는 제품의 불량률 조사

(6) 서울시 인문계 고등학생 1인당 평균 사교육비 조사

(7) 진주시 가구당 일일 평균 물 소비량

(8) 진주시의 특정 시간대 특정 TV 프로그램 시청률

5. 4번에 주어진 각 조사에서 표본단위, 모집단, 추출단위 및 표집틀을 정의하여라.

6. 과학적인 조사에서 비확률표집법을 기피하는 이유에 대하여 설명하여라.

7. 표본오차와 비표본오차의 특성을 비교하여 설명하여라.

8. 무응답 오차의 발생 원인에 대하여 설명하여라,

9. 편향에 대하여 정의하고 발생 원인별로 세분하여 설명하여라.

10. 출처 : Scheaffer et al.(1998)에서 인용

"왜 우리 방송사의 유명한 쇼를 허공에 날려 버리는가?" 이 질문은 A.C. Nielson사의 시청률 조사에서 시청률이 낮게 나온 것에 대한 방송담당자의 불만 토로이다. 닐슨사의 TV 시청률 조사는 미국 951만 가구 중 랜덤하게 뽑은 4,000여 가구를 대상

으로 실시하고 있다. 표본설계가 다소 복잡하지만 최종적으로는 2단계 표집의 형태를 띠는데 먼저 각 행정구역의 블록을 랜덤하게 추출한 후 추출된 블록 내에서 한 가구를 뽑아서 닐슨 조사가구로 결정한다. 어느 프로그램의 시청률은 표본가구에서 TV 수상기를 켜놓은 가구 중 해당 프로그램을 시청하는 가구의 비율로 결정된다.

(1) 1992년 4월 19일 주간에 가장 시청률이 높은 프로그램은 "60 Minutes"이었으며 시청률은 21.7% 이었다. 여기서 시청률이 뜻하는 바를 설명하여라.

(2) 닐슨사의 시청률 조사에서 표본가구를 랜덤하게 잘 선택한다 하여도 발생할 수 있는 편향에는 어떤 것이 있는가?

(3) 어느 가구에서 어떤 방송을 시청하고 있는지는 닐슨 조사가구에 관한 기록 자료를 통해서 알 수 있다. 플로리다 대학의 컴퓨터비전연구소에서는 자동으로 화상인식을 할 수 있는 피플미터(peoplemeter)를 개발하였다. 이 계기를 장착하면 각 가구에서 TV를 켰을 때 어떤 채널의 방송을 시청했는지에 관한 정보들이 자동으로 기록된다. 닐슨의 시청률 조사에서는 편향을 줄이기 위하여 전자식 계기를 사용하는데 이 경우 새로운 문제점으로 생각할 수 있는 것에는 어떤 것이 있는가?

제 2 장

기본 통계개념

표본조사와 관련된 개념 및 이론을 논의하는 데에는 기본적인 통계 개념에 대한 이해가 요구된다. 따라서 이 절에서는 그러한 기본 통계개념들을 정리하면서 동시에 유한 모집단에서 자료를 수집하여 추론하는 표본조사의 특성에 맞추어 필요한 개념들을 설명하고자 한다.

2.1 모집단의 분포와 특성값

모집단과 모집단의 분포라는 개념을 이해하기 위하여 1987년도 대통령 선거 실시 전에 어느 여론조사 기관에서 실시한 유권자 지지 성향 조사에 대하여 살펴보자. 이와 같은 여론조사의 주된 목적은 전체 유권자의 각 후보자에 대한 지지율을 파악하는 것이다. 즉, 1987년도 대선에 출마한 노태우, 김영삼, 김대중, 김종필 후보에 대한 전체 유권자의 지지율이 관심사이다. 이 때, 전체 유권자들의 집합이 모집단이고, 관심사는 유권자가 지지하는 후보가 된다. 이 관심사를 변수 X라 하면 각 유권자에 대한 변수 X의 측정값은 네 후보 중의 한 사람으로 나타난다. 이제, 측정값을 숫자화하기 위하여 지지 후보가 노태우이면 1, 김영삼이면 2, 김대중이면 3, 김종필이면 4로 나타내기로 하

자. 그러면 각 유권자에 대한 변수 X의 측정값은 1, 2, 3, 4 중의 하나가 될 것이다. 만약, 전체 유권자 N명에 대하여 변수 X를 측정한다면 관심 변수에 대한 전체 자료는

유권자	u_1	u_2	u_3	u_4	$\cdots$	u_k	$\cdots$	u_N
지지후보	김대중	김영삼	김종필	김영삼	$\cdots$	노태우	$\cdots$	김대중
X의 측정값	3	2	4	2	$\cdots$	1	$\cdots$	3

과 같은 표로 정리할 수 있을 것이다. 여기서 전체 투표자 N명의 집합

$$\mathrm{U} = \{u_1, u_2, \cdots, u_k, \cdots, u_N\},$$

또는 각 투표자에 대응되는 관심변수 X값들의 집합

$$\mathrm{U}_X = \{3, 2, 4, 2, \cdots, 1, \cdots, 3\}$$

을 모집단이라 한다. 이제, 모집단 U_X에 포함되어 있는 1, 2, 3, 4 각각의 개수를 a_1, a_2, a_3, a_4라 하고

$$p_i = \frac{a_i}{N}, \ i = 1, 2, 3, 4$$

라 하면 모집단 U_X는

X	1	2	3	4	합 계
관찰도수	a_1	a_2	a_3	a_4	N
상대도수(비율)	p_1	p_2	p_3	p_4	1.00

과 같은 표로 정리할 수 있다. 이 표에서 상대도수는 확률로 해석할 수 있다. 1987년도 대통령 선거 결과를 위와 같은 형태로 정리한 [표 2.1]을 보면서 상대도수를 음미하여 보자.

[표 2.1]에서 김대중을 지지한 사람들의 비율(상대도수)이 27.1%이므로 87년 대선 투표에 참가한 유권자들(모집단) 중에서 랜덤하게 한 사람을 뽑았을 때 그 사람이 김대중을 지지($X=3$)할 확률은 0.271이다. 이와 같이 모집단에서 한 개체를 랜덤하게 뽑아서 관심사(이 경우 대선 지지자)를 관찰한 값을 X라 할 때 X의 관찰 가능한 값(이 경우

[표 2.1] 87년 대선 결과

후보명(X)	노태우(1)	김영삼(2)	김대중(3)	김종필(4)	합 계
득표율	.367	.281	.271	.081	1.00

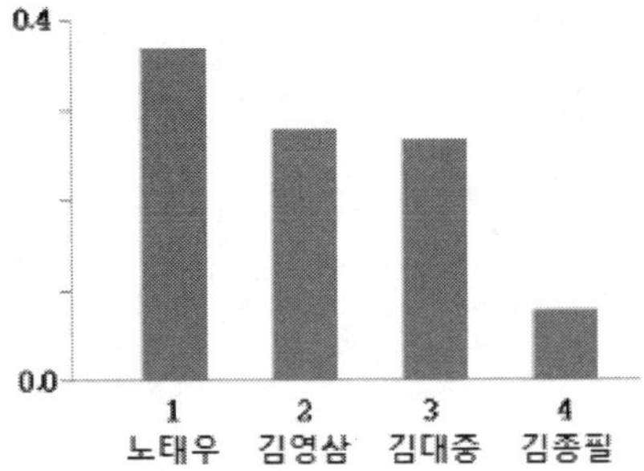

[그림 2.1] 87년 대선 결과

$\{1, 2, 3, 4\}$) 각각에 그 값이 관찰될 확률을 대응시킨 것(이 경우 [표 2.1])을 모집단의 확률분포(probability distribution) 또는 간단히 모집단의 분포라 한다. 그리고 모집단의 각 개체에서 관측할 관심거리 X를 확률변수(random variable) 또는 간단히 변수라 하며 [표 2.1]을 확률변수 X의 확률분포표라 한다. 한편, 확률변수 X의 모든 관찰 가능한 각각의 값 x에 대한 확률 $P(X=x)$가

$$P(X=x) = f(x)$$

와 같이 구해지면 함수식 $f(x)$를 확률변수 X 또는 모집단의 확률분포함수라 한다. 모집단의 분포는 [그림 2.1]과 같은 확률기둥 그래프로 나타낼 수 있다.

우리는 [표 2.1]이나 [그림 2.1]과 같은 확률분포만 있으면 87년 대선에 참여한 유권자들이 어느 후보를 지지하였는가에 대한 정보를 알 수 있다. 즉, 관심 변수에 대한 모집단의 특성을 완전히 파악할 수 있다. 그러나 [표 2.1]과 같은 정보는 투표 전에 알 수 없음으로 유권자 집단에서 표본을 추출하여 유권자들의 지지성향을 추측하려 한다.

일반적으로 확률변수 Y의 확률분포를 $f(y)$라 할 때 변수 Y의 확률분포 또는 모집단 분포의 특성을 나타내는 특성값을 모수라 부른다. 통상적으로 분포의 중심위치와 산포도를 나타내는 모수가 주된 관심의 대상이 된다. 모집단 분포의 중심위치를 나타내는 특성값으로는 Y의 기댓값(期待値, expected value)이라 부르는 $E(Y)$가 주로 사용된다. Y의 기댓값 $E(Y)$는 다음과 같이 정의한다.

$$E(Y) = \sum_{y} y f(y)$$

여기서 $\sum$은 $f(y) > 0$인 모든 y, 즉, y가 취할 수 있는 값으로 가능한 모든 경우에 대한 합을 나타낸다. 예컨대, 주사위를 던져서 나타나는 면의 눈의 수를 Y라 할 때 주사

위를 한번 던져서 눈의 수를 관측하는 것은 1, 2, 3, 4, 5, 6이 동일한 비율로 표기된 무한히 많은 구슬 중에서 랜덤하게 뽑은 하나의 구슬에 표기된 숫자를 관측하는 것과 같다. 따라서 랜덤하게 뽑은 구슬에 적힌 숫자가 y일 확률은

$$P(Y=y)=\frac{1}{6},\quad y=1,2,3,4,5,6$$

이므로 Y의 기댓값 $E(Y)$는

$$E(Y)=\sum_{y=1}^{6}yf(y)=(1)f(1)+(2)f(2)+\cdots+(6)f(6)=\frac{21}{6}$$

이 된다. 여기서 $E(Y)$는 Y의 모든 관찰 가능한 값들에 대한 평균, 즉, 모평균과 일치한다. 표본조사에서는 Y의 기댓값 $E(Y)$를 모평균이라 하고 $\overline{Y}$ 또는 μ로 표시하는데 이 책에서는 μ로 표기한다.

한편, Y의 가능한 값들이 $\mu=E(Y)$ 주변에 흩어진 정도는 편차라 부르는 $D=Y-\mu$의 제곱에 대한 기댓값으로 설명할 수 있다. Y의 산포를 나타내는 이 측도를 Y의 분산(分散, variance)이라 하고 $Var(Y)$, $V(Y)$, σ^2 등의 기호로 나타낸다. Y의 분산은

$$\sigma^2=Var(Y)=E(Y-\mu)^2=\sum_{y}(y-\mu)^2f(y)$$

와 같은 식으로 정의된다. 앞의 주사위에 관한 예에서 Y의 분산은

$$\sigma^2=\sum_{y=1}^{6}(y-\mu)^2f(y)=(1-3.5)^2\left(\frac{1}{6}\right)+\cdots+(1-3.5)^2\left(\frac{1}{6}\right)=\frac{35}{12}$$

가 된다. 그리고 분산의 제곱근 σ는 Y의 가능한 값들이 모평균 μ에서 표준(평균)적으로 얼마나 떨어져 있는가를 나타내는 값으로 표준편차(標準偏差, standard deviation)라 부른다. 주사위에 관한 예에서 Y의 표준편차는 다음과 같다.

$$\sigma=\sqrt{35/12}=1.71.$$

일반적으로 N개의 개체가 포함되어 있는 유한모집단의 각 개체 u_i에서 관찰되는 변수 Y의 값들을

$$y_i,\ i=1,2,\cdots,N$$

이라 하면

$$f(y_i)=\frac{1}{N},\ i=1,2,\cdots,N$$

이므로

$$\mu = \sum_{i=1}^{N} y_i f(y_i) = \frac{1}{N}\sum_{i=1}^{N} y_i$$

와 같이 모평균 μ를 정의하고, y의 분산은

$$\sigma^2 = \frac{1}{N}\sum_{i=1}^{N}(y_i - \mu)^2$$

으로 정의하며 모분산이라 부른다. 표본조사에서는 보통 다음과 같이 정의하는

$$S^2 = \frac{1}{N-1}\sum_{i=1}^{N}(y_i - \mu)^2$$

을 모분산으로 사용한다. 앞으로 특별한 언급이 없는 한 모분산은 S^2으로 표기한다.

Y의 가능한 값들이 모평균 μ에서 얼마나 떨어져 있는가를 나타내는 절대적인 S의 크기보다 모평균 μ에 대한 상대적인 크기가 더 유용할 수 있다. 예를 들어, 모평균 μ가 50인 모집단에서 관측한 하나의 값 $y_i = 60$은 모평균에서 10만큼 떨어져 있는 값이다. 그런데 모평균의 언급 없이 $y_i = 60$이 모평균에서 10만큼 떨어져 있다고 하면 그 값이 모평균으로부터 어느 정도나 떨어진 것인가를 판단하기는 쉽지 않다. 그러나

$$\frac{y_i - \mu}{\mu} = \frac{60-50}{50} = 0.2$$

이므로 $y_i = 60$은 모평균에서 모평균의 20% 만큼 떨어져 있다고 하면 그 관측값이 모평균에서 얼마나 떨어져 있는가를 보다 쉽게 이해할 수 있을 것이다. 따라서

$$C^2 = \frac{1}{N-1}\sum_{i=1}^{N}\left(\frac{y_i - \mu}{\mu}\right)^2 = \frac{S^2}{\mu^2}$$

의 제곱근

$$C = \frac{S}{\mu} \times 100(\%)$$

를 모집단 산포에 대한 측도로 사용할 수 있다. C는 **변동계수**(coefficient of variation)라 부르는데, 임의의 확률변수 Y의 변동계수 $C(Y)$는 다음과 같이 정의한다.

$$C(Y) = \frac{\sqrt{Var(Y)}}{E(Y)}.$$

주사위에 관한 예에서 Y의 변동계수는 다음과 같다.

$$C = \sigma/\mu = 1.71/3.5 = 48.86(\%).$$

2.2 표본정보의 요약과 표본분포

통계조사의 대상이 되는 모집단의 모평균, 모분산과 같은 특성값은 알 수 없다. 또한, 관심 변수가 취할 수 있는 값들에 대한 분포도 전혀 알 수 없다. 따라서 모집단에 대한 정보를 얻기 위하여 표본을 추출하고 표본에 내재된 정보를 요약하여 모집단의 특성을 추측하게 된다.

n개의 조사단위로 이루어진 랜덤표본에서 얻은 관측값을 $y_1, y_2, \cdots, y_n$이라 할 때 이 관측값들을 요약하여 모평균 μ와 모분산 σ^2의 추정에 통상적으로 사용되는 통계량은 표본평균(sample mean) $\bar{y}$와 표본분산(sample varince) s^2이다. 표본에 내재된 정보를 요약하는 공식인 표본평균과 표본분산은 다음과 같이 정의된다.

$$\bar{y} = \frac{1}{n}\sum_{i=1}^{n} y_i, \qquad s^2 = \frac{1}{n-1}\sum_{i=1}^{n}\left(y_i - \bar{y}\right)^2.$$

[예제 2.1] 주사위를 6번 던져서 관찰된 눈의 수가 다음과 같았다. 표본평균과 표본분산을 구하여라.

2 3 5 2 4 4 6 1 3

이 표본자료의 표본평균과 표본분산을 구하여라.

(풀이) 표본평균은

$$\bar{y} = \frac{1}{n}\sum_{i=1}^{n} y_i = \frac{1}{9}(2+3+5+2+4+4+6+1+3) = \frac{10}{3}$$

이고, 표본분산을 구한 결과는 다음과 같다.

$$\begin{aligned} s^2 &= \frac{1}{n-1}\sum_{i=1}^{n}\left(y_i - \bar{y}\right)^2 \\ &= \frac{1}{9-1}\left\{\left(2-\frac{10}{3}\right)^2 + \left(3-\frac{10}{3}\right)^2 + \cdots + \left(3-\frac{10}{3}\right)^2\right\} = 2.500 \end{aligned}$$

관측값들이 0 또는 1이면 표본평균 $\bar{y}$는 n개의 관측값 중에서 1인 것들의 비율이므로 이 경우에는 $\bar{y}$를 $\hat{p}$으로 표기하고 표본비율(sample proportion)이라 한다. [예제 1.1]에서 12,414명 각각에 대한 관측값이 찬성이면 $y_i = 1$, 반대이면 $y_i = 0$일 때

$$\bar{y} = \frac{1}{n}\sum_{i=1}^{n} y_i = \frac{8442}{12414} = 0.68 = \hat{p}$$

가 된다.

[예제 1.1]에서 A씨는 대략 삼천만명 정도 되는 유권자 집단에서 SRS로 1,000명을 뽑아서 전화조사를 한 결과 무응답 없이 찬성 68%를 얻었다고 하자. 즉, A씨가 뽑은 단순랜덤표본에서 얻은 자료를 이용하여 구한 모비율 p의 추정량 $\hat{p}$의 한 값이

$$\hat{p} = \frac{680}{1000} = 0.68$$

이다. A씨의 결과를 믿지 못한 B씨가 다시 1,600명의 단순랜덤표본을 추출하여 조사하였더니 645명이 찬성하였다고 할 때 추정량 $\hat{p}$의 값은

$$\hat{p} = \frac{645}{1000} = 0.645$$

즉, 64.5%로 계산된다. 그런데, A씨와 B씨의 결과를 신뢰할 수 없다며 C씨가 다시 1,000명의 단순랜덤표본을 추출하여 조사한 결과는 찬성 487명이었다고 한다. 이 때, 추정량 $\hat{p}$의 값은

$$\hat{p} = \frac{487}{1000} = 0.487$$

로 49%이다. 여기서 A, B, C 세 사람이 사용한 조사방법, 표본추출법, 표본의 크기, 찬성률의 계산법 등은 모두 동일하지만 표본 구성원이 다르기 때문에 세 사람이 구한 $\hat{p}$의 값이 서로 다른 것이다. 즉, 통계량(추정량)의 값은 표본에 따라 그 값이 변한다. 그렇다면 A씨가 뽑은 특정한 표본 자료로부터 계산한 값 $\hat{p}=0.68$을 가지고 모비율을 추정하려는 것은 의미 있는 일인가? 이 문제에 대한 답은 표본에 따라 변하는 통계량의 값들은 어떤 값들이 주류를 이루고 있는가에 달려 있다. 예컨대, 1,000명이 각각 SRS로 크기가 1,000인 단순랜덤표본을 추출하여 표본의 찬성률 $\hat{p}$을 계산하였을 때 1,000개의 $\hat{p}$값들은 어떤 분포 모습을 보일까? 이들의 분포 모습은 컴퓨터를 이용한 모의실험(模擬實驗, simulation)으로 확인할 수 있다. 모비율의 참값이 $p=0.65$라 할 때 모의실험 절차는 다음과 같다.

① 구간 [0, 1]에서 생성된 1,000개의 균등난수에 포함된 0.65이하인 난수의 비율을 구하여 저장한다.

② ①의 과정을 1,000번 반복한다.

③ 얻어진 1,000개의 표본비율 값으로 히스토그램을 작성한다.

위와 같은 모의실험을 수행하기 위한 다음과 같은 SAS 프로그램

```
DATA simulation (KEEP=phat);
     DO k=1 to 1000;
        sn=0
        DO j=1 to 1000;
           rn=RANUNI(0);
           IF rn <= 0.65 then sn=sn+1;
        END;
        phat=sn/1600; OUTPUT;
     END;
RUN;
PROC GCHART DATA=simulation;
     VBAR phat / LEVELS=30
                 FRAME
                 SPACE=0
                 TYPE=FREQ;
RUN;
```

을 수행한 결과가 [그림 2.2]이다. [그림 2.2]를 보면 표본비율 $\hat{p}$의 값들은 $p=0.65$

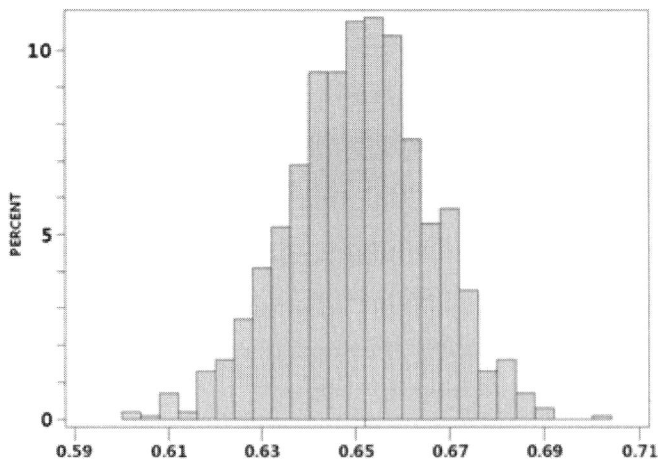

[그림 2.2] $p=0.65$인 모집단에서 추출한 크기 1,000인 단순랜덤표본으로부터 구한 1,000개의 $\hat{p}$들의 분포

근방에서 가장 높은 도수를 보이고 이 값에서 멀어질수록 도수가 낮아지는 분포 모습임을 알 수 있다. 따라서 $\hat{p} = \bar{y}$의 값은 표본이 바뀜에 따라 매번 달라지지만 거의 대부분의 값들이 0.62~0.68 사이에 분포하고 있음을 볼 수 있다. 그러므로 A씨가 뽑은 특정한 표본 자료로부터 계산한 값 $\hat{p} = 0.68$을 가지고 모비율을 추정하는 것은 의미가 있음을 알 수 있다. 불행하게도 C씨는 단순랜덤표집법으로 뽑을 수 있는 가능한 표본들 중에서 선택될 가능성이 거의 없는 최악의 표본을 뽑은 것이다.

일반적으로 크기 N인 모집단에서 크기 n인 표본을 랜덤하게 추출할 때 추출 가능한 모든 표본의 수는 $_N\mathrm{C}_n$가지이다. 따라서 각각의 표본에서 계산되는 $\bar{y}(=\hat{p})$의 개수 역시 $_N\mathrm{C}_n$가지이고 이 $\bar{y}(=\hat{p})$값들의 분포는 [그림 2.2]와 아주 흡사한 분포를 따르게 된다. 즉, 통계량은 표본에 따라 그 값이 변하는 확률변수이고 그 분포가 존재하는데 그러한 통계량의 분포를 통계량의 **표본분포**(sampling distribution) 또는 표집분포라고 한다. [그림 2.2]는 표본비율 $\hat{p}$의 표본분포에 대한 근사 분포로 볼 수 있다. 추정량의 표본분포가 구해지면 추정량에 대한 표본오차를 추정할 수 있다.

중심극한정리에 의하면 무한모집단에서 추출한 크기 n인 확률표본의 표본평균을 $\bar{y}$라 할 때 n이 충분히 크면 $\bar{y}$의 표본분포는 평균이 μ, 표준편차가 $\sigma/\sqrt{n}$인 정규분포를 따른다. 유한모집단에서 추출한 확률표본인 경우에는 n이 충분히 크고 표본추출률이 20% 이내일 때 $\bar{y}$의 표본분포는 근사적으로 정규분포를 따른다는 사실이 알려져 있다.

2.3 추정과 표본오차

표본조사의 궁극적인 목적은 관심 모집단을 가장 잘 대표하는 표본을 추출하여 조사한 자료를 요약한 값으로 미지인 모집단의 특성값(모수)을 추측하고자 하는 것이다. 일반적으로 표본조사 자료로부터 모수를 추측하는 것을 추정이라 한다. 확률표본을 요약하는 공식을 통계량이라 하고 통계량들 중에서 추정에 사용되는 통계량을 추정량이라 하는데 통계량들은 무수히 많이 있으므로 어떤 통계량을 추정량으로 사용할 것인가를 결정해야 한다. 우리는 2.2절에서 통계량 $\hat{p}$이 표본에 따라 값이 바뀌며 그 값들은 근사적으로 정규분포를 따르는 것을 본 바가 있다. 일반적으로 미지 모수 θ의 추정에 사용할 수 있는 통계량을 T라 하면 T는 추출되는 표본에 따라 그 값이 변하는 확률변수이다. 따라서 T는 θ를 중심으로 그 주변에 밀집되어 분포하는 것이 바람직하다. 즉,

$$E(T)=\theta$$

이고 $Var(T)$가 다른 통계량들에 비하여 상대적으로 작다면 T는 θ에 근접할 가능성이 매우 높은 통계량으로 볼 수 있다. 따라서 그러한 통계량의 성질은 θ의 추정량이 지녀야 할 바람직한 성질이다. 이 성질들을 정리하면 다음과 같다.

확률표본 $X_1, X_2, \cdots, X_n$의 함수

$$T=t(X_1, X_2, \cdots, X_n)$$

을 모수 θ의 추정량이라 할 때, θ가 취할 수 있는 모든 값들에 대하여

$$E(T)=\theta$$

이면 T를 θ의 **비편향추정량**(非偏向 推定量, unbiased estimator)이라 한다. 비편향추정량이 아닌 추정량을 **편의**(偏倚) 또는 **편향추정량**(biased estimator)이라 한다. T가 θ의 편향추정량일 때

$$b(T)=E(T)-\theta$$

를 추정량의 편의 또는 편향(bias)이라 한다. 다음으로 T_1과 T_2를 모수 θ에 대한 비편향추정량이라 할 때

$$Var(T_1) < Var(T_2)$$

이면 T_1이 T_2보다 더 효율적인 추정량(more efficient estimator)이라 한다. 표본조사에서 추정량이 지녀야 할 가장 중요한 성질이 바로 비편향성과 효율성이다.

모집단의 일부인 표본을 통해서 모집단 전체의 특성을 '정확히' 알아낸다는 것은 불가능하다 할 것이다. 따라서 표본조사의 결과를 기술할 때는 그 결과가 어느 정도로 정확하며 얼마나 믿을만한가를 밝혀야 한다. [그림 2.2]로 도시된 시뮬레이션 결과를 자세히 살펴보자. 크기 1,000인 단순랜덤표본에서 구한 1,000개의 $\hat{p}$값들은

0.602, 0.703, 0.606, 0.603, 0.608

의 5개를 제외하면 모두 $p=0.65$를 중심으로 ± 0.041 사이에 널려 있으며 구간

$$0.65 \pm 0.035=[0.615,\ 0.685]$$

사이에 $\hat{p}$들이 집중적으로 분포되어 있다. [그림 2.2]에서 구간 $[0.619, 0.681]$에 속하는

$\hat{p}$의 개수는 959개인데 이 숫자는 시뮬레이션에 따라 약간의 차이를 보이지만 시뮬레이션을 시행한 전체 표본 수의 대략 95%에 해당된다. 이와 같은 사실은 다른 p값들에 대해서도 성립한다. 따라서 1,000명이 각각 크기 1,000인 단순랜덤표본을 추출하여 조사하면 대략 950명 정도(95%)가 구한 추정값 $\hat{p}$은 모비율의 참값 p를 중심으로 ± 0.031 이내의 범위 안에 있게 된다. 그렇다면, 추출 가능한 모든 표본들에서 구한 $\hat{p}$들의 95% 정도는

$$p - 0.031 < \hat{p} < p + 0.031$$

이므로 뽑힌 특정한 표본이 이를 만족하는 95% 중의 하나라면

$$\hat{p} - 0.031 < p < \hat{p} + 0.031$$

이고 100번 중의 95번 정도 되는 수준에서 이렇게 될 거라고 믿을 수 있지 않겠는가? 이런 의미에서 95%를 **신뢰수준**(信賴水準, level of confidence) 또는 **신뢰도**(信賴度)라 하고 위와 같이 구한 구간을 모비율 p에 대한 95% **신뢰구간**(confidence interval)이라 부른다. 그리고 위의 식은

$$|\hat{p} - p| \leq 0.031$$

인데 $\hat{p}-p$는 추정된 표본비율과 참 모비율의 차이로 추정치의 오차이므로 ± 0.031을 **오차의 한계**(margin of error)라 한다. 표본오차는 이와 같은 오차의 한계로 기술된다. 일반적으로 모집단 모수에 대한 참값과 표본에서 산출되는 추정치와의 차이가 일정한 값을 넘지 않을 때 그 값이 오차의 한계이고, 모든 가능한 표본들 중에서 추정오차가 오차의 한계를 넘지 않는 표본들의 %비율을 신뢰수준이라 한다. [예제 1.1]에서 크기 1,000인 단순랜덤표본을 조사하여 $\hat{p}= 0.680$을 구한 A씨는 통상적으로 조사결과를 다음과 같이 기술한다.

> "보조교사제에 대한 여론조사 결과 68.0%의 사람들이 보조교사제 도입을 찬성하는 것으로 나타났다. 신뢰도 95%에서 오차의 한계는 ±3.1%p이다."

위와 같이 신뢰수준과 오차의 한계를 표시하여 기술한 것을 신뢰문이라 하는데 신뢰문은 정확히 이해할 수 있도록 기술해야 한다. 그런데 신뢰수준 95%에서 모비율 p가 0.680 ± 0.031 사이에 있다고 하는 것이 미지의 p가 구간 (0.619, 0.681)에 속할 확률이 95%라는 말은 아니다. 1회의 표본에서 얻어진 한 구간에 p가 포함되어 있는가의 여

부는 표본자료에서 알아낼 수 있는 것이 아니다. 신뢰수준의 의미를 다시 한 번 음미하여 보기 바란다.

일반적으로 추정량의 확률분포가 주어지면 오차의 한계로 표현되는 표본오차를 구할 수 있다. 미지모수 θ의 추정량을 $\hat{\theta}$이라 할 때 $|\hat{\theta}-\theta|$가 추정오차인데 θ를 모르기 때문에 단 하나의 추정치에 대한 추정오차를 직접 구할 수는 없고 오차의 한계로 구해진다.

추정량 $\hat{\theta}$의 확률분포가 주어지면 신뢰수준이 $100(1-\alpha)\%$일 때

$$P(|\hat{\theta}-\theta| \le B) = 1-\alpha$$

가 되는 B를 구할 수 있다. 여기서 $1-\alpha$는 동일한 표본조사를 반복적으로 시행했을 때 추정오차가 B이하인 경우의 비율이므로 B가 바로 신뢰수준이 $100(1-\alpha)\%$인 오차의 한계이다. 만약 추정량 $\hat{\theta}$의 분포가 정규분포를 따른다면

$$B = z_{\alpha/2}\sqrt{Var(\hat{\theta})}$$

가 된다. 여기서 $z_{\alpha/2}$는 표준정규분포에서 우측 꼬리부분의 확률이 $\alpha/2$가 되는 z-축 상의 값으로 주어진 신뢰수준 $100(1-\alpha)\%$에 대한 신뢰계수라 부른다. 그리고 추정량 $\hat{\theta}$의 표준편차인 $\sqrt{Var(\hat{\theta})}$를 추정량 $\hat{\theta}$의 **표준오차**(standard error)라 한다.

일반적으로 미지모수 θ의 추정량 $\hat{\theta}$에 대한 오차의 한계 B는 신뢰수준 $100(1-\alpha)\%$일 때의 신뢰계수를 $\delta_{\alpha/2}$라 할 때

$$\begin{aligned} B &= \textbf{(신뢰계수)} \times \textbf{(추정량의 표준오차)} \\ &= \delta_{\alpha/2}\sqrt{Var(\hat{\theta})} \end{aligned}$$

와 같은 식으로 표현된다. 따라서 θ의에 대한 $100(1-\alpha)\%$ 신뢰구간의 상·하한은

$$\hat{\theta} \pm B = \hat{\theta} \pm \delta_{\alpha/2}\sqrt{Var(\hat{\theta})}$$

이 된다. 여기서 δ_{α}는 $\hat{\theta}$의 분포로부터 결정된다. 예컨대, $\hat{\theta}$과 관련된 분포가 정규분포이면 $\delta_{\alpha} = z_{\alpha/2}$이고, 자유도가 r인 t-분포이면 $\delta_{\alpha} = t_{\alpha/2}(r)$이다.

추정량의 표준오차는 추정량의 분산에 대한 제곱근으로 한 추정치의 오차가 평균적으로 어느 정도인가를 설명해 주는 값으로 해석할 수 있다. 한편, 표준오차는 표본을 추출할 때 발생하는 우연적인 오차이므로 표본의 크기가 커질수록 작아진다. [예제 1.1]에서 비용과 시간 때문에 크기 250인 단순랜덤표본을 추출한다면 어떤 결과가 나타날까?

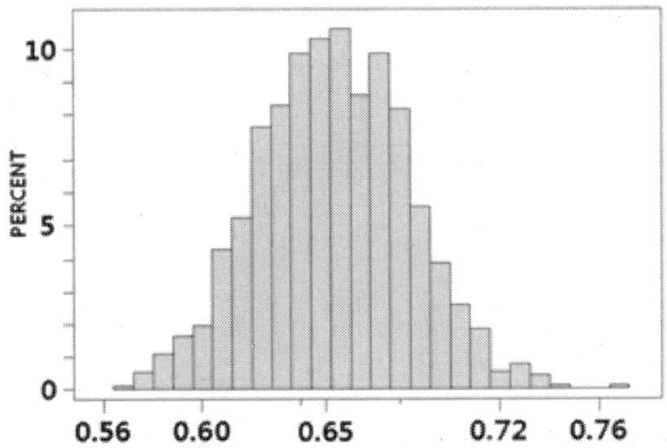

[그림 2.3] $p=0.65$**인 모집단에서 추출한 크기 250인 단순랜덤표본으로부터 구한 1,000개의** $\hat{p}$**들의 분포**

$p=0.65$인 모집단에서 추출한 크기 250인 단순랜덤표본으로부터 산출된 1,000개의 $\hat{p}$ 값들에 대한 분포를 도시한 [그림 2.3]을 보자. [그림 2.3]의 분포 모습은 [그림 2.2]와 유사하지만 $\hat{p}$값들이 편차범위(0.1)가 [그림 2.2]의 편차범위(0.05)에 비하여 두 배로 크게 확장되고 있음을 볼 수 있다. 편차범위가 커진다는 것은 표준오차가 커져서 추정치의 정밀도가 떨어짐을 의미한다. 일반적으로 표본의 크기를 $1/k$로 줄이면 표준오차는 $\sqrt{k}$배 늘어나게 되어 추정치의 정밀도가 낮아진다.

[예제 1.1]에서 모집단의 크기가 육천만 명이었다면 동일한 정밀도를 유지하기 위해서 표본의 크기도 2,000으로 늘려야 할까? 동일한 표본의 크기에서 모집단의 크기가 두 배로 늘어날 때 편차범위는 0.00000125 정도 커짐을 보일 수 있는데 이 정도는 편차범위에 영향을 미치지 못한다. 실례로 우리나라 대통령 선거의 예측조사를 보면 대부분의 여론조사기관에서 크기가 1,600인 표본을 사용하는데 이 점은 인구가 우리나라 인구의 5배인 미국도 마찬가지이다. 우리나라 국회의원 선거 예측조사는 매번 잘 맞지 않는다는 비난을 면치 못하는데 그 주된 원인은 작은 크기의 표본에 있다. 국회의원 선거예측에서 대통령 선거예측과 같은 통계적 정밀도를 유지하기 위한 표본의 크기는 각 지역구마다 대통령 선거예측조사에 사용된 표본의 크기와 같아야 한다. 18대 국회의원 총선의 지역구 수는 243개인데 1개 지역구 예측조사에 크기 1,600인 표본을 사용한다면 총 표본의 크기는 무려 388,800이나 된다. 이 정도 규모의 조사는 엄청난 인적·물적 비용이 소요되기 때문에 현실적으로 하기 어렵다. 때문에 작은 크기의 표본을 사용하는 국회의원 선거예측의 정밀도가 대통령 선거예측보다 낮아질 수밖에 없다.

2.4 공분산과 상관계수

두 변수 X와 Y의 연관관계 중에서 직선관계의 방향 및 강도를 나타내는 측도가 상관계수이다. 두 변수 X와 Y의 가능한 값 (x, y)가 평균점 (μ_X, μ_Y)에서 떨어져 있는 정도는 두 점을 맞꼭지점으로 하는 직사각형의 면적 $(x-\mu_X)(y-\mu_Y)$로 설명할 수 있다. 이런 가능한 면적들에 대한 평균(기댓값) $E[(X-\mu_X)(Y-\mu_Y)]$를 두 변수 X와 Y의 공분산(covariance)이라 하며 기호 $Cov(X, Y)$, σ_{XY} 등으로 표기한다. 그런데 두 변수의 측정 단위가 다를 수 있고 각각의 표준편차에 차이가 있을 수 있다. 따라서 표준화 변수를 이용한 면적의 평균, 즉,

$$Corr(X, Y) = E\left[\left(\frac{X-\mu_X}{\sigma_X}\right)\left(\frac{Y-\mu_Y}{\sigma_Y}\right)\right] = \frac{Cov(X, Y)}{\sigma_X \sigma_Y} = \rho_{XY}$$

가 두 변수의 직선 관계에 대한 방향과 강도를 나타내는 측도로 사용되는 상관계수이다. 공분산 $Cov(X, Y)$는 다음과 같은 식

$$Cov(X, Y) = E(XY) - E(X)E(Y)$$

으로 계산하는 것이 편리하다. 다음은 공분산과 관련된 성질들이다.

공분산의 성질

(i) $Cov(aX+bY, cY+d) = ac\,Cov(X, Y)$, a, b, c, d는 상수, $ac \neq 0$

(ii) $Cov\left(\sum_i^n X_i, \sum_j^m Y_j\right) = \sum_i^n \sum_j^m Cov(X_i, Y_j)$.

(iii) $Var\left(\sum_{i=1}^n X_i\right) = \sum_{i=1}^n Var(X_i) + \sum_{i \neq j} Cov(X_i, X_j)$.

크기가 N인 유한모집단에서 두 변수 X와 Y의 공분산과 상관계수는

$$\mu_x = \frac{1}{N}\sum_{i=1}^N x_i, \qquad \mu_y = \frac{1}{N}\sum_{i=1}^N y_i$$

$$S_x^2 = \frac{1}{N-1}\sum_{i=1}^N (x_i-\mu_x)^2, \qquad S_y^2 = \frac{1}{N-1}\sum_{i=1}^N (y_i-\mu_y)^2$$

이라 할 때

$$Cov(X, Y) = \frac{1}{N-1}\sum_{i=1}^{N}(x_i - \mu_x)(y_i - \mu_y),$$

$$R = Corr(X, Y) = \frac{Cov(X, Y)}{S_x S_y} = \frac{\sum_{i=1}^{N}(x_i - \mu_x)(y_i - \mu_y)}{\sqrt{\left[\sum_{i=1}^{N}(x_i - \mu_x)\right]\left[\sum_{i=1}^{N}(y_i - \mu_y)^2\right]}}$$

와 같이 정의된다. 따라서 크기 n인 표본으로부터의 이변량 관측치를

$$(x_1, y_1),\ (x_2, y_2),\ \cdots,\ (x_n, y_n)$$

이라 하면 표본상관계수는 다음과 같은 식으로 구한다.

$$r = \frac{\Sigma(x_i - \overline{x})(y_i - \overline{y})}{\sqrt{\Sigma(x_i - \overline{x})^2}\sqrt{\Sigma(y_i - \overline{y})^2}}.$$

다음은 상관계수에 관한 성질들이다.

1. **상관계수 R은 두 양적 변수간의 연관성을 나타내는 측도로 이해된다.** 즉, $R > 0$이면 변수 사이에 양의 연관성이 있으며 $R < 0$이면 음의 연관성이 존재한다.

2. **상관계수 R은 항상 -1과 1 사이의 값을 갖는다.** 즉, 상관계수는 측정단위가 없는 −1과 1 사이의 값으로 두 변수의 측정단위가 변하여도 상관계수는 변하지 않는다.

3. **표본 상관계수 r은 산점도에서 점들이 직선 주변에 얼마나 밀집되어 있는가를 나타내는 측도이다.** 즉, r은 직선관계의 방향 및 강도를 측정할 뿐이며 곡선관계나 일반적인 연관성을 측정하지는 않는다. 산점도에서 점들은 $r > 0$이면 기울기가 양인 직선 주변에 흩어져 있고, $r < 0$이면 기울기가 음인 직선 주변에 흩어져 있다. $r = \pm 1$이면 두 변수 사이에 완전한 직선관계가 존재함을 의미하며 관측값들은 모두 직선상에 위치한다. $r = 0$이면 변수들 사이에 직선관계가 없음을 나타낸다. 따라서 r의 절대값이 커질수록 점들이 직선 주변에 가까이 모여들고 있음을 뜻한다. 다음 쪽의 [그림 2.4]는 이러한 상관계수의 성질을 잘 나타내고 있다.

4. **상관계수 R을 이용하면 설명변수 X가 반응변수 Y의 변동을 얼마나 설명할 수 있는가를 측정할 수 있다.** 두 변수 사이에 완전한 직선 관계가 존재한다는 것은 한 변수 X의 값이 커지면 다른 변수 Y의 값이 X의 증분에 정확히 비례하여 커

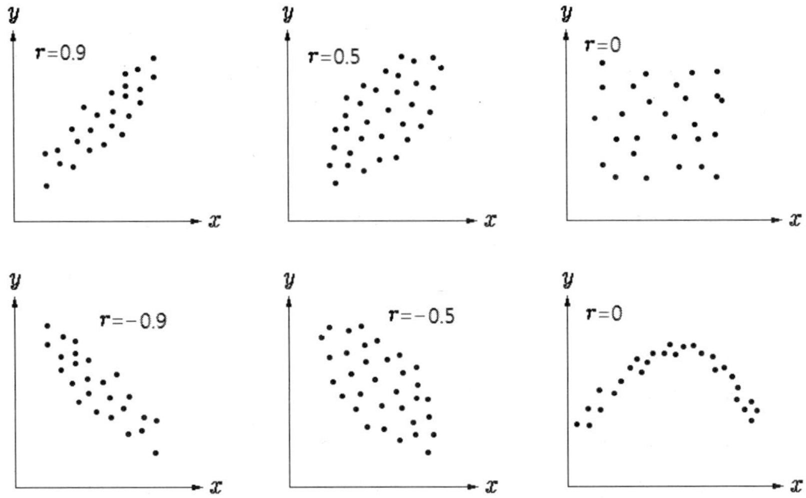

[그림 2.4] 여러 유형의 산점도와 표본상관계수 값

지거나 작아짐을 의미한다. 즉, Y의 변화는 X의 변화에 의하여 완전히(100%) 설명된다. 일반적으로 변수 Y의 변동 중에서 직선관계에 있는 변수 X로 설명할 수 있는 부분을 변수 X의 설명력이라 한다. 설명력은 상관계수의 제곱인 R^2으로 표시되는데 이 R^2을 **결정계수**(決定係數, coefficient of determination)라 부른다. R^2은 0과 1 사이의 값이므로 비율로 해석할 수 있다. 예를 들면, 반응변수 Y와 설명변수 X의 상관계수가 -0.9일 때, Y의 변동을 나타내는 분산의 81%는 Y와 직선관계에 있는 X에 의하여 설명된다. 물론 R^2은 연관성의 강도를 측정하는 것이지 그 연관성의 방향을 측정하는 것은 아니다.

두 변수 사이의 관계는 직선관계만이 전부가 아니고 다양한 형태의 관계가 있으며 그것을 측정하는 방법 또한 다양하다. 즉, 직선적 연관성만을 측정하는 상관계수가 0이라고 하여 두 변수 사이에 아무런 연관이 없다는 것은 아니다. 따라서 직선관계 이외의 연관성은 탐지해 내지 못하는 상관계수의 한계점을 유념하면서 상관계수를 이용해야 한다.

연 습 문 제

1. 다음은 조선조 27명의 왕들의 수명을 나타낸 자료이다.

73 62 45 53 38 16 51 28 37 30
56 30 33 56 66 54 40 33 59 36
82 48 44 22 32 67 52

(1) 모평균과 모표준편차를 구하여라.

(2) 변동계수를 구하고 그 의미를 설명하여라,

2. 다음은 대도시, 소도시, 농촌에서 가구당 소득조사를 한 결과이다.

대도시	230	320	330	180	160	220	250	520	430	280
	350	260	220	170	260	280	330	240	390	280
소도시	280	320	330	220	170	180	240	270	360	260
농 촌	180	200	320	240	270	230	260	120	270	300

(1) 각 지역별 표본평균과 표본표준편차를 구하여라.

(2) 통계량 $\hat{\theta}$에 대한 변동계수 $cv(\hat{\theta})$은

$$cv(\hat{\theta}) = \frac{\sqrt{Var(\hat{\theta})}}{E(\hat{\theta})}$$

로 정의한다. 모변동계수를 C라 할 때 크기 n인 표본의 표본평균 $\overline{y}$에 대한 변동계수가 다음과 같음을 보여라.

$$cv(\overline{y}) = \frac{C}{\sqrt{n}}$$

(3) 모변동계수는

$$\hat{C} = \frac{s}{\overline{y}}$$

으로 추정한다. 여기서 s는 표본표준편차이다. 각 지역별 표본평균에 대한 변동계수를 추정하고 이들의 의미를 비교하여 설명하여라.

3. 모총합 τ는 $\hat{\tau} = N\overline{y}$로 추정한다, 모총합의 추정량에 대한 변동계수는 표본평균에 대한 변동계수와 같음을 보여라.

4. 변수 X의 표준편차가 모평균 μ의 30%와 같다고 한다.
   (1) 표본평균의 표준편차가 모평균의 3%와 같도록 모평균을 추정하고자 한다. 필요한 표본의 크기를 구하여라.
   (2) 표본평균의 표준편차의 3배가 모평균의 3%와 같도록 모평균을 추정하고자 한다. 필요한 표본의 크기를 구하여라.

5. 미니탭이나 SAS를 이용해서 1번 문제에 주어진 자료에서 크기 10인 표본을 100번 추출하여 100개의 표본평균을 구하고 히스토그램을 그려라.

6. 20명 학생의 통계학 학점(X)과 경제학 학점(Y)에 대한 도수분포가 다음과 같다. 두 변수 X와 Y의 공분산과 상관계수를 구하여라.

Y \ X	$A=5$	$B=4$	$C=3$	$D=2$	$F=0$
$A=5$	2				
$B=4$	1	2			
$C=3$		2	3	1	
$D=2$			2	2	2
$F=0$				2	1

제 3 장

단순랜덤표집법

3.1 단순랜덤표본의 추출

유한 모집단에서 크기가 n으로 고정된 표본을 추출하는 가장 간단한 확률표집기법 또는 표본설계가 본 장에서 논의하려는 단순랜덤표집법이다. 크기 n인 단순랜덤표본을 추출하기 위해서는 기본적으로 모집단에 속하는 모든 추출단위에 일련번호를 부여하여 나열한 표집틀이 필요하다. 그러나 그러한 표집틀을 구하는 것이 현실적으로 쉽지 않을 수 있으며, 필요한 표집틀을 구했다 하더라도 추출된 조사 단위들이 지리적으로 넓게 퍼져 있어서 과도한 조사비용이 소요될 수 있다. 실제로 더 낮은 비용으로 동일한 정도를 보장하는 표본추출법들이 많기 때문에 실제 표본설계에서 단순랜덤표집법을 단독으로 사용하는 경우는 매우 드물다. 그러나 단순랜덤표집법은 거의 모든 표본설계에서 기초가 되는 표집법이므로 본 장에서 이 표본추출법에 대하여 자세히 다루고자 한다.

단순랜덤표본을 추출하기 위해서는 모집단에 속하는 모든 추출단위들의 목록이 필요하다. 따라서 단순랜덤추출에서는 추출단위가 모집단을 구성하는 기본단위가 된다. 이제, N개의 추출단위에서 n개의 추출단위를 랜덤하게 뽑는 방법에 대하여 생각해 보자. n개의 단위를 랜덤하게 뽑는 방법으로는 하나씩 차례로 랜덤하게 추출해 나가는 **축차추출**과 한꺼번에 n개를 랜덤하게 추출하는 **동시추출**이 있다. 축차추출에서는 뽑힌 단위를 매번 모집단에 되돌려 넣고 다시 뽑아 나가는 **복원추출**(復元抽出 : sampling with replacement)과 한번 뽑힌 단위를 모집단에 되돌려 넣지 않고 뽑는 **비복원추출**(非復元抽出 : sampling with replacement)의 두 가지가 있다. 복원추출에서는 동일한 추출단위가 두 번 이상 표본에 포함될 수 있다. 그런데 표본설계에서 고려하는 모집단은 모두 유한 모집단이고 유한 모집단에서 똑같은 개체를 두 번 이상 조사해 봐야 추가 정보를 얻을 수 없기 때문에 표본설계에서는 특별한 언급이 없는 한 비복원추출만 고려한다. 단순랜덤표집법에 대한 정의는 다음과 같다.

[정의 3.1] 단순랜덤표집법(simple random sampling)
크기 N인 모집단에서 n개의 추출단위로 구성되는 모든 가능한 부분집합이 표본으로 추출될 기회를 동일하게 부여하여 표본을 추출하는 방법을 단순랜덤표집법(simple random sampling)이라 한다. 그리고 단순랜덤표집법에 의하여 얻어진 표본을 **단순랜덤표본**(simple random sample)이라 한다.

단순랜덤표집법의 정의에 따라 표본을 추출하려면 n개의 단위를 랜덤하게 동시에 추출하여야 한다. 예를 들어, $N=5$명의 학생들로 구성된 가상 모집단에서 크기 $n=2$인 단순랜덤표본을 동시에 추출하여 보자. 각 학생의 표지(標識 : label)를 $l=1,\cdots,5$라 하면 크기 $N=5$인 모집단은

$$\mathrm{U}=\{\mathrm{u}_1, \mathrm{u}_2, \mathrm{u}_3, \mathrm{u}_4, \mathrm{u}_5\}$$

가 된다. 그런데, 학생 2명을 뽑는 모든 가능한 경우는

$$\binom{N}{n} = {}_N\mathrm{C}_n = {}_5\mathrm{C}_2 = 10$$

가지이고, 10가지 조합은

$$\begin{aligned}
&① = (\mathrm{u}_1, \mathrm{u}_2),\quad ② = (\mathrm{u}_1, \mathrm{u}_3),\quad ③ = (\mathrm{u}_1, \mathrm{u}_4),\quad ④ = (\mathrm{u}_1, \mathrm{u}_5),\\
&⑤ = (\mathrm{u}_2, \mathrm{u}_3),\quad ⑥ = (\mathrm{u}_2, \mathrm{u}_4),\quad ⑦ = (\mathrm{u}_2, \mathrm{u}_5),\\
&⑧ = (\mathrm{u}_3, \mathrm{u}_4),\quad ⑨ = (\mathrm{u}_3, \mathrm{u}_5),\\
&⑩ = (\mathrm{u}_4, \mathrm{u}_5)
\end{aligned}$$

가 된다. 따라서 이 10개의 가능한 조합 각각이 표본으로 뽑힐 확률을 1/10로 같게 하

여 추출한 표본이 단순랜덤표본이 된다. 이를 위하여 크기나 모양이 동일한 구슬 10개를 마련하고 각 구슬에 1부터 10까지의 번호를 부여한다. 다음으로 10개의 구슬을 항아리에 넣고 잘 섞은 다음 하나의 구슬을 뽑고, 뽑힌 구슬에 부여된 번호가 1이면 $(\mathrm{u}_1, \mathrm{u}_2)$를, 10이면 $(\mathrm{u}_4, \mathrm{u}_5)$를 표본으로 선정한다.

모집단의 크기가 커지면 위와 같은 방법으로 단순랜덤표본을 뽑는 것은 현실적으로 불가능하다. 일반적으로, N개에서 n개를 뽑는 모든 가능한 조합은

$$\binom{N}{n} = {}_N C_n = \frac{N!}{n!(N-n)!}$$

가지이다. 따라서 크기 $N=100$인 모집단에서 크기 $n=5$인 단순랜덤표본을 추출할 때 5개의 단위로 구성된 모든 가능한 표본은 75,287,520가지나 된다. 이렇게 많은 조합 각각에 일련번호를 부여하여 모두 나열하고 같은 수의 구슬을 준비하여 번호를 부여한 다음 잘 섞어서 랜덤하게 하나의 구슬을 뽑아낸다는 것은 현실적으로 불가능하다 할 것이다. 그러나 1부터 100까지의 번호가 붙은 동일한 구슬 100개는 비교적 쉽게 구할 수 있을 것이므로 100개의 구슬을 잘 섞어서 5개의 구슬이 뽑힐 때까지 차례대로 하나씩 랜덤하게 추출하는 축차추출법을 생각하여 보자. 즉, 각 개체의 표지가 $l=1,\cdots,100$인 모집단

$$\mathrm{U} = \{\mathrm{u}_1, \mathrm{u}_2, \cdots, \mathrm{u}_{100}\}$$

에서 크기 $n=5$인 표본을 추출할 때 축차추출에서 차례로 뽑힌 5개 구슬의 번호가 26, 72, 36, 52, 12이면

$$\mathrm{s} = \{\mathrm{u}_{12}, \mathrm{u}_{26}, \mathrm{u}_{36}, \mathrm{u}_{52}, \mathrm{u}_{72}\}$$

를 표본으로 선정하자는 것이다. 이와 같은 방법으로 뽑은 표본이 단순랜덤표본인가를 알아보자. 먼저, 주어진 번호의 구슬이 차례대로 뽑힐 확률은

$$\frac{1}{100} \cdot \frac{1}{99} \cdot \frac{1}{98} \cdot \frac{1}{97} \cdot \frac{1}{96}$$

이다. 그런데 주어진 번호의 구슬이 어떤 순서로 뽑혀도 동일한 표본이 선정되고 위와 같은 번호의 5개 구슬이 뽑히는 순서는 $5!$가지이다. 따라서 s가 표본으로 선정될 확률은

$$\begin{aligned}\frac{5 \cdot 4 \cdot 3 \cdot 2 \cdot 1}{100 \cdot 99 \cdot 98 \cdot 97 \cdot 96} &= \frac{(5 \cdot 4 \cdot 3 \cdot 2 \cdot 1)(95!)}{(100 \cdot 99 \cdot 98 \cdot 97 \cdot 96)(95!)} \\ &= \frac{5!(100-5)!}{100!} = \frac{1}{{}_{100}\mathrm{C}_5}\end{aligned}$$

로 동시추출에서 s가 표본으로 뽑힐 확률과 같다. 그리고 다른 번호가 부여된 5개 구슬의 조합이 표본으로 뽑힐 확률도 이 확률과 같게 된다. 즉, 축차추출에 의하여 뽑힌 표본은 단순랜덤표본이다. 일반적으로, 각 개체의 표지가 $l=1,2,\cdots,N$인 모집단

$$\mathrm{U}=\{\mathrm{u}_1,\ \mathrm{u}_2,\cdots,\ \mathrm{u}_N\}$$

에서 크기 n인 단순랜덤표본을 추출하는 절차는 다음과 같다.

1. 표지 번호를 하나씩 차례로 랜덤하게 뽑는 장치 또는 도구를 준비한다.
2. 준비된 도구를 이용하여 n개의 표지 번호를 축차 추출한다.
3. 추출된 n개의 표지 번호가 $l_1,\ l_2,\cdots,\ l_n,\ 1\le n\le N$이면

$$\mathrm{s}=\{\mathrm{u}_{l_1},\ \mathrm{u}_{l_2},\cdots,\ \mathrm{u}_{l_n}\}$$

을 표본으로 선정한다.

축차추출에 의해 크기 N인 모집단에서 크기 n인 표본이 추출될 확률은

$$\frac{n!}{N(N-1)\cdots(N-n+1)}=\frac{1}{{}_N\mathrm{C}_n}$$

로 [정의 3.1]과 같은 추출법에 의하여 크기 n인 표본이 추출될 확률과 같다. 그런데, 표본의 크기가 $n=1$인 경우에는 모집단에 속하는 개별 추출단위가 표본으로 추출될 확률이 $1/N$로 동일하다. 따라서 단순랜덤표집법은 한 번에 하나씩 뽑는 n번의 각 축차추출단계에서 각 추출단위가 뽑힐 확률이

$$\frac{1}{N},\ \frac{1}{N-1},\ \cdots,\ \frac{1}{N-n+1}$$

씩으로 동일한 추출법이라 할 수 있다. 그러나 모집단의 각 추출단위가 표본으로 뽑힐 확률을 동일하게 하는 추출법이 [정의 3.1]의 단순랜덤표집법을 의미하지는 않는다.

앞에서 제시한 단순랜덤표본의 축차추출 절차에서도 표지 번호의 추출장치나 도구에 대한 문제점이 남아 있다. 앞에서 표지 번호를 랜덤하게 뽑기 위하여 사용했던 구슬항아리를 생각해 보자. 동일한 구슬을 준비해야 하고 구슬을 잘 섞어서 각 구슬이 추출될 기회를 같게 하여 하나의 구슬을 뽑아야만 된다는 점에서 구슬항아리는 표지 번호의 추출도구로 적절하지 못함을 알 수 있다. 혹, 그러한 조건을 모두 충족시킬 수 있다 하더라도 모집단의 크기가 어느 정도 이상으로 커지면 구슬항아리의 무용성은 자명해진다.

표본추출에서 주로 사용하는 추출도구는 **난수표**(亂數表 : random number table)이다.

난수표를 이용하여 표본을 추출하는 방법을 설명하기 전에 다음과 같은 실험을 통하여 난수표의 성질에 대해서 살펴보자.

동일한 구슬 열 개를 준비하고 각 구슬에 0, 1, 2, 3, 4, 5, 6, 7, 8, 9 중의 한 숫자를 적어서 항아리에 넣는다. 이제 항아리 속의 구슬을 잘 섞어서 하나의 구슬을 랜덤하게 뽑고, 그 구슬에 적힌 번호를 적는다. 뽑힌 구슬을 다시 항아리에 넣고 같은 작업을 반복하면, 0부터 9까지의 숫자들로 구성된 일련의 수를 얻을 수 있다. 어떤 경우에도 뽑힌 구슬에 적힌 숫자가 열 개 숫자 중의 하나일 가능성은 똑같다. 뿐만 아니라 구슬에는 기억력이 없으므로 한 번의 추출에서 나온 결과가 다른 추출에서 나오는 결과에 아무런 영향을 미치지 않는다. 위와 같은 방법으로 얻어진 일련의 수열이 하나의 난수표이다. 즉, 난수표는 아래의 성질을 갖도록 0부터 9까지의 숫자를 늘어놓은 목록이다.

1. 목록 내의 한 위치에 있는 수가 0에서 9까지의 숫자들 중 어느 한 수가 될 가능성은 같다.

2. 어느 한 위치에 있는 수는 다른 위치에 있는 수에 어떤 영향도 미치지 않는다. 이런 의미에서 서로 다른 위치에 있는 수들은 서로 독립이다.

부록의 [표. A]가 위와 같은 성질을 가진 수들을 길게 늘어놓은 일종의 난수표인데 구슬을 이용하는 방법보다 훨씬 더 정교한 방법으로 얻어진 것이다. 그러나 이상적인 난수표를 만들기는 정말 어렵다. [표. A]에서 난수들을 5자리씩 묶어 놓은 것은 표를 사용하기 쉽게 하기 위한 것일 뿐 특별한 의미는 없다.

난수표에서 난수를 선택하는 일은 일련번호를 적어 넣은 구슬들이 잘 섞여 있는 구슬 항아리 속에서 구슬을 뽑아 구슬에 적혀 있는 번호를 선택하는 것과 유사하다. 단순랜덤표본의 추출도구로 난수표를 사용하기 위해서는 난수에 관한 다음 사실들을 알아야 한다. 이 성질들은 위의 성질 1과 2에서 나오는 부수적인 성질이다.

3. 난수표에 있는 어떤 두 자리의 수가 100개의 가능한 두 자리 수

00, 01, 02, ..., 98, 99

중의 어느 하나가 될 가능성은 동일하다.

4. 난수표에 있는 어떤 세 자리의 수가 1,000개의 가능한 세 자리 수

000, 001, 002, ..., 998, 999

중의 어느 하나가 될 가능성은 동일하다.

5. 네 자리 수 또는 그 이상의 수에 대해서도 마찬가지이다.

부록의 [표 A]와 같은 난수표를 이용하여 단순랜덤표본을 뽑는 절차를 살펴보자. 먼저 표집틀 내의 각 개체에 같은 자리수의 표지 번호를 부여한다. 모집단의 크기 N이 10이하이면 0에서 $(N-1)$까지 한 자리 번호를, 11에서 100이하이면 00에서 $(N-1)$까지 두 자리 번호를, 101에서 1000이하이면 000에서 $(N-1)$까지 세 자리 번호를 각 개체에 하나씩 붙이는 식으로 표지 번호를 부여한다. 다음으로 난수표에서 한 지점을 임의로 정하고 오른쪽, 왼쪽 또는 아래의 어느 한 방향으로 표지 번호의 자리 수만큼 계속 끊어 읽는다. 끊어 읽은 숫자가 N이상이면 그 숫자를 버리고, N보다 작으면 그 숫자를 기록한다. 기록된 숫자의 개수가 표본의 크기 n이 될 때까지 이 작업을 반복하여 얻어진 숫자들과 같은 표지 번호를 갖고 있는 개체들을 표본으로 선택한다. 난수표를 이용하여 단순랜덤표본을 뽑는 예를 들어 보자.

[예제 3.1] 300그루의 배나무가 심어져 있는 과수원에서 한 그루에 배가 몇 개나 열려 있는지를 알아보기 위하여 5그루의 배나무를 뽑아 조사하기로 하였다. 크기 5인 단순랜덤표본을 추출하여라.

(풀이) 우선 300그루의 배나무 각각에 000부터 299까지의 세 자리 숫자를 표지 번호로 부여한다. 눈을 감고 연필로 [표 1]에 한 점을 찍었더니 7행 11열의 2가 선택되었다고 가정하자. 그 지점에서 오른쪽으로 세 자리씩 끊어 읽어서 난수를 기록하면 다음과 같다.

234, 112, 259, 467, 362, 295, 931, 873,

861, 954, 657, 603, 493, 857, 228

여기서 표지번호가 300 이하인 난수 234, 112, 259, 295, 228과 같은 5그루의 배나무

$$\{u_{112},\ u_{228},\ u_{234},\ u_{259},\ u_{295}\}$$

를 표본으로 선정한다.

[예제 3.1]에서 보면 300이상인 난수는 버려야 하기 때문에 15개의 세 자리 난수로부터 필요한 5개의 난수를 뽑게 되어 난수의 소모가 많다. 그러나 표집틀 내에 있는 각 추출단위에 여러 개의 표지 번호를 붙인다면 훨씬 효율적으로 표본을 뽑을 수 있을 것

이다. 이 경우 각 추출단위에는 똑같은 개수의 표지 번호가 주어져야 한다. [예제 3.1]에서 크기 5인 단순랜덤표본을 다음과 같이 뽑을 수 있다.

(a) 표지 번호가 k인 배나무에 $k+300$과 $k+600$의 번호를 붙인다. 따라서 처음 붙인 표지 번호가

000인 배나무에는 000, 300, 600

001인 배나무에는 001, 301, 601

⋮

299인 배나무에는 299, 599, 899

와 같이 각 배나무에 세 개의 표지번호가 부여된다. 그러므로 난수 865는 865에서 600을 뺀 256과 같고 난수 337은 337에서 300을 뺀 037과 같다.

(b) [예제 3.1]에서 구한 난수를 이용하여 번호에 대응하는 배나무를 표본으로 뽑는다. 이 때, 900에서 999까지의 난수는 표지번호로 사용하지 않는 번호이므로 무시하고 900미만인 처음 5개의 세 자리 난수 234, 112, 259, 467, 362에 해당하는 배나무를 뽑는다. 즉, 처음 붙인 표지 번호가 234, 112, 259, 167, 062와 같은 다섯 그루의 배나무를 표본으로 선택한다.

요즘에는 난수를 구할 때 통상 컴퓨터를 이용한다. 컴퓨터를 이용하여 생성된 난수열도 이상적인 난수열이라고 할 수 없다. 이는 생성된 수백만 개의 숫자 열 뒤에서 그전까지의 난수열이 다시 반복되지 않을 것임을 보장할 수 없기 때문이다. 그래서 컴퓨터 프로그램을 통하여 만들어진 난수를 **유사난수**(類似亂數 : pseudo random number)라 부르기도 한다. 이제 통계 소프트웨어 **미니탭(MINITAB)**에 내장된 난수 생성기를 이용하여 단순랜덤표본을 추출하는 방법에 대하여 알아보자.

컴퓨터에 미니탭을 설치하면서 미니탭 바로가기를 실행하면 다음과 같은 아이콘

이 바탕화면에 만들어진다. 이 미니탭 실행 아이콘을 더블 클릭하여 미니탭 초기화면이 나타나면 [그림 3.1]과 같이 두 번째 행에 있는 'Calc'를 클릭하여 'Random Data'를 선택하고 다시 'Integer'를 클릭하면 [그림 3.2]와 같은 대화창이 나타난다. 대화창의 각 상

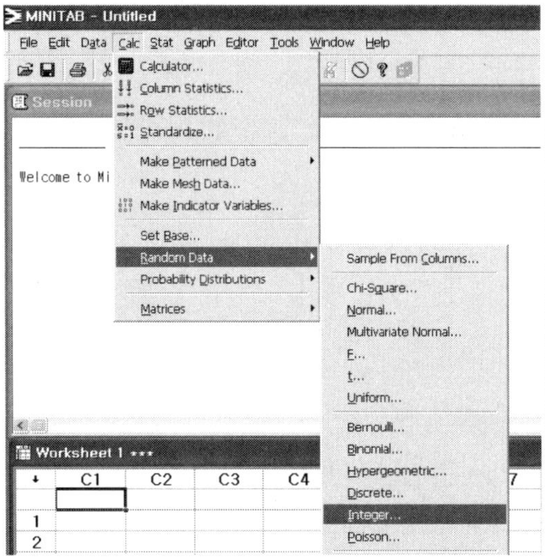

[그림 3.1] 정수형 균등난수 생성

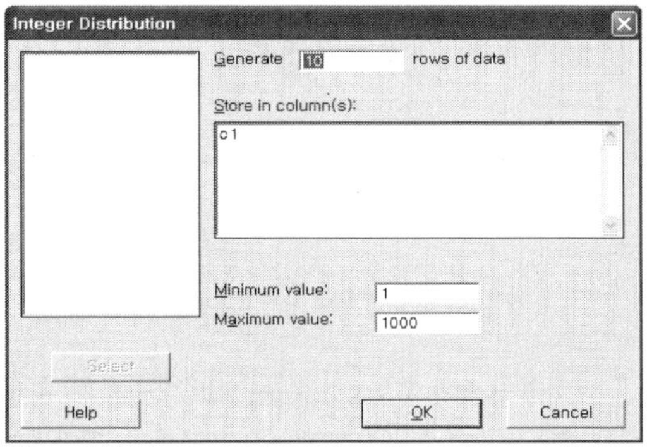

[그림 3.2] 정수형 균등난수 생성 대화창

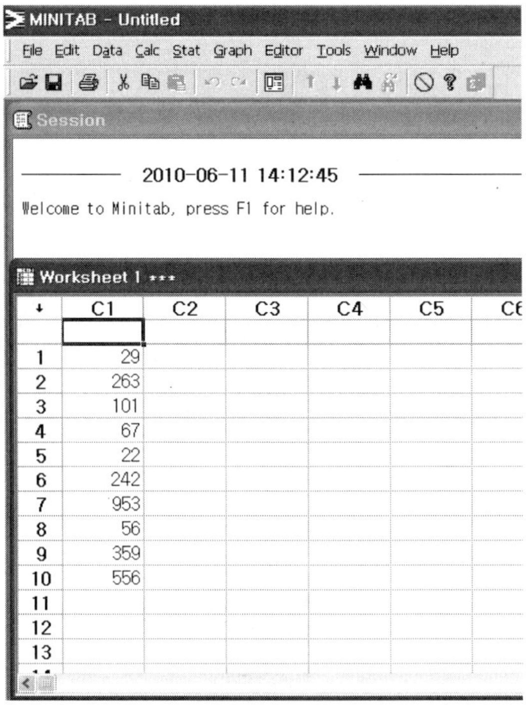

[그림 3.3] 생성된 10개의 정수형 균등난수

자에 생성할 난수의 개수와 저장할 열변수, 난수의 최소값, 최대값을 차례로 입력하고

'OK'를 클릭하면 [그림 3.3]과 같이 10개의 정수형 난수가 생성된다. 따라서 각 개체에 1부터 1000까지의 표지 번호가 붙어 있는 모집단에서 추출한 크기 10인 단순랜덤표본은 [그림 3.3]의 난수와 같은 표지 번호가 부여된 10개의 개체를 뽑으면 된다.

3.2 모수의 추정과 추정오차

표본조사의 목적은 추출한 표본에 포함되어 있는 정보를 이용하여 조사대상 모집단의 특성에 대하여 추론하고자 하는 것이다. 모집단에 대한 추론은 표본정보를 이용하여 모수를 추정하고 검정하는 것인데 통계조사에서는 통상적으로 모집단의 평균(mean) 또는 비율(proportion)과 총합(total)을 추정하고자 한다.

크기 N인 모집단 $\{\mathrm{u}_1, \mathrm{u}_2, \cdots, \mathrm{u}_N\}$에서 표지 번호가 k인 개체 u_k에 대응되는 특성값을 y_k라 하면, 모집단의 각 개체에 대응되는 특성값들의 집합은 $\mathrm{Y} = \{y_1, y_2, \cdots, y_N\}$이 된다. 표본조사에 관한 여러 문헌들에서는 위와 같은 집합 Y를 모집단으로 표기하고 있다. 여기서 모총합 τ와 모평균 μ는 다음과 같이 정의한다.

$$\text{모총합}: \tau = \sum_{k=1}^{N} y_k, \qquad \text{모평균}: \mu = \frac{\tau}{N} = \frac{1}{N}\sum_{k=1}^{N} y_k.$$

한편, 모집단을 어떤 속성(A)에 속하는 집단과 속하지 않는 집단으로 구분하고 개체 u_k가 어느 집단에 속하는가를 관심사라 하면 각 개체에 대응되는 특성값 y_k는

$$y_k = \begin{cases} 1, & u_k \in \mathrm{A} \\ 0, & u_k \notin \mathrm{A} \end{cases}$$

로 나타낼 수 있다. 이 경우에 모집단의 총합 τ는

$$\tau = \sum_{k=1}^{N} y_k = N\text{개의 개체 중에서 속성 A에 속하는 개체의 수}$$

가 되므로 τ/N은 모집단에서 속성 값이 1인(속성 A에 속하는) 개체들의 비율을 나타낸다. 따라서 이 값을 모비율이라 부르고 기호 p로 나타낸다. 즉,

$$p = \frac{\tau}{N} = \frac{1}{N}\sum_{k=1}^{N} y_k, \qquad y_k = \begin{cases} 1, & u_k \in \mathrm{A} \\ 0, & u_k \notin \mathrm{A} \end{cases}$$

이므로 모비율 p는 모평균의 일종이다. 실제로 비율이란 모집단의 각 개체에서 관찰되는 값이 0 또는 1인 경우에 대하여 구한 평균이기 때문에 모비율 p의 추정은 모평균의 추정과 동일한 문제이다.

다음으로, 모집단에서 개별 특성값 y_k들의 산포를 나타내는 측도인 모분산 σ^2은

$$\sigma^2 = \frac{1}{N}\sum_{k=1}^{N}(y_k - \mu)^2$$

으로 정의한다. 그런데, y_k의 값이 0 또는 1이면

$$\sum_{k=1}^{N} y_k = \sum_{k=1}^{N} y_k^2 = Np$$

이므로

$$\sum_{k=1}^{N}(y_k - \mu)^2 = \sum_{k=1}^{N}(y_k - p)^2 = Np(1-p)$$

가 된다. 따라서 모비율의 추정에서는 모분산을 다음과 같은 식으로 나타내고 있다.

$$\sigma^2 = p(1-p) = pq, \quad q = 1-p.$$

이제, 크기 N인 모집단 U의 표지집합을 $L = \{1, 2, \cdots, N\}$이라 할 때, 1부터 N에서 뽑은 난수가 $l_i \in L$, $i = 1, 2, \cdots, n$이면 U에서 추출한 크기 n인 단순랜덤표본 s는

$$\mathrm{s} = \left\{u_{l_1}, u_{l_2}, \cdots, u_{l_n}\right\}$$

으로 나타낼 수 있다. 여기서 표본에 속하는 개체 u_{l_i}의 관찰값을 y_i라 하면 n개의 관찰값 $y_1, y_2, \cdots, y_n$을 이용하여 모집단의 모수를 추정할 수 있다. 그런데, 모수의 추정에서는 추정량 및 추정량에 대한 추정오차를 함께 구하여 추정오차의 한계를 나타내 주어야 한다. 그래야만 제시된 추정량이 모수의 참값을 얼마나 정확하게 추정하고 있는가를 평가할 수 있다.

모평균 μ의 추정량으로는 n개의 관찰값 $y_1, y_2, \cdots, y_n$의 평균, 즉, 표본평균

$$\bar{y} = \frac{1}{n}\sum_{i=1}^{n} y_i$$

를 생각할 수 있다. 사실 모평균 μ의 추정량 $\bar{y}$는 추정량이 지녀야 할 바람직한 성질들을 지니고 있다. 특히, $\bar{y}$는 μ에 대한 비편향추정량으로 표본의 크기 n이 커지면 추정

오차가 줄어드는 성질을 가지고 있다. 즉, 크기 N인 모집단에서 비복원으로 추출한 크기 n인 단순랜덤표본의 표본평균 $\bar{y}$에 대하여 다음 식이 성립한다.

$$E(\bar{y}) = \mu \tag{3.1}$$

$$Var(\bar{y}) = \frac{N-n}{N-1}\frac{\sigma^2}{n} \tag{3.2}$$

식 (3.1)과 (3.2)에 대한 증명은 3.5절에 있다. 여기서는 특별한 예제를 통하여 위의 식들이 성립함을 보이기로 하자.

[예제 3.2] 크기 $N=4$인 모집단 $\{u_1, u_2, u_3, u_4\}$에서 각 개체의 특성값들이

$$y_1 = 30,\ y_2 = 10,\ y_3 = 40,\ y_4 = 20$$

이라고 한다. 이 모집단에서 크기 $n=2$인 단순랜덤표본을 추출하여 구한 표본평균 $\bar{y}$의 평균과 분산을 구하여 식 (3.1)과 (3.2)가 성립함을 보여라.

(풀이) 크기 $n=2$인 모든 단순랜덤표본의 표본평균 $\bar{y}$를 구하면 다음과 같다.

표지번호	랜덤표본	관찰값	표본평균
$\{l_1, l_2\}$	$\{u_{l_1}, u_{l_2}\}$	$\{y_{l_1}, y_{l_2}\}$	$\bar{y}$
{ 1, 2 }	$\{u_1, u_2\}$	{ 30, 10 }	20
{ 1, 3 }	$\{u_1, u_3\}$	{ 30, 40 }	35
{ 1, 4 }	$\{u_1, u_4\}$	{ 30, 20 }	25
{ 2, 3 }	$\{u_2, u_3\}$	{ 10, 40 }	25
{ 2, 4 }	$\{u_2, u_4\}$	{ 10, 20 }	15
{ 3, 4 }	$\{u_3, u_4\}$	{ 40, 20 }	30

따라서 표본평균 $\bar{y}$의 표본분포는

$\bar{y}$	15	20	25	30	35
$p(\bar{y})$	$\frac{1}{6}$	$\frac{1}{6}$	$\frac{2}{6}$	$\frac{1}{6}$	$\frac{1}{6}$

이고 $\bar{y}$의 평균 $E(\bar{y})$와 분산 $V(\bar{y})$는 다음과 같이 구해진다.

$$E(\bar{y}) = \sum \bar{y} \cdot p(\bar{y})$$

$$= 15 \cdot \frac{1}{6} + 20 \cdot \frac{1}{6} + 25 \cdot \frac{2}{6} + 30 \cdot \frac{1}{6} + 35 \cdot \frac{1}{6} = 25,$$

$$V(\bar{y}) = E[\bar{y} - E(\bar{y})]^2$$

$$= \sum [\bar{y} - E(\bar{y})]^2 p(\bar{y})$$

$$= (15-25)^2\frac{1}{6} + (20-25)^2\frac{1}{6} + (25-25)^2\frac{2}{6} + (30-25)^2\frac{1}{6} + (35-25)^2\frac{1}{6}$$

$$= \frac{250}{6}.$$

그런데, 모평균 μ와 모분산 σ^2은

$$\mu = \frac{1}{N}\sum_{i=1}^{N} y_i = \frac{1}{4}(30+10+40+20) = 25,$$

$$\sigma^2 = \frac{1}{N}\sum_{i=1}^{N}(y_i - \mu)^2$$

$$= \frac{1}{4}\{(30-25)^2 + (10-25)^2 + (40-25)^2 + (20-25)^2\} = \frac{500}{4}$$

이고 $N=4$, $n=2$이므로

$$V(\bar{y}) = \frac{N-n}{N-1}\frac{\sigma^2}{n} = \frac{4-2}{4-1}\frac{500}{4}\frac{1}{2} = \frac{250}{6}$$

이 된다. 따라서 식 (3.1)과 (3.2)가 성립한다.

모평균의 추정량 $\bar{y}$에 대한 분산 $V(\bar{y})$와 표준오차 s.e.$(\bar{y})$

$$\text{s.e.}(\bar{y}) = \sqrt{V(\bar{y})} = \sqrt{\frac{N-n}{N-1}\frac{\sigma^2}{n}}$$

를 계산하려면 모분산 σ^2의 값을 알아야 한다. 그러나 모분산 값이 미리 알려져 있는 경우는 거의 없기 때문에 $V(\bar{y})$와 s.e.$(\bar{y})$를 추정할 수 있는 추정식이 필요하다. 필요한 추정식을 유도하기 위하여 우선 모분산의 추정량에 대하여 알아보자. σ^2의 추정량으로는 다음과 같은 표본분산을 생각할 수 있다.

$$s^2 = \frac{1}{n-1}\sum_{i=1}^{n}(y_i - \bar{y})^2 = \frac{1}{n-1}\left[\sum_{i=1}^{n} y_i^2 - \frac{1}{n}\left(\sum_{i=1}^{n} y_i\right)^2\right]$$

그런데, 3.5절에 의하면

$$E\left(\frac{N-1}{N}s^2\right) = \sigma^2$$

이므로 $V(\bar{y})$에 대한 비편향 추정량을 다음과 같이 구할 수 있다.

$$\hat{V}(\bar{y}) = \frac{N-n}{N}\frac{s^2}{n} \tag{3.3}$$

따라서 표준오차 $\text{s.e.}(\bar{y})$의 추정량은

$$\widehat{\text{s.e.}}(\bar{y}) = \sqrt{\frac{N-n}{N}\frac{s^2}{n}}$$

이고, 모평균 μ에 대한 $(1-\alpha)100\%$ 신뢰구간은 다음과 같이 구한다.

$$\bar{y} \pm z_{\alpha/2}\widehat{\text{s.e.}}(\bar{y}) = \bar{y} \pm z_{\alpha/2}\sqrt{\frac{N-n}{N}\frac{s^2}{n}}$$

기초통계학에서는 복원추출을 고려하기 때문에 표본평균의 분산과 그 추정량이

$$V(\bar{y}) = \frac{\sigma^2}{n} \text{과 } \hat{V}(\bar{y}) = \frac{s^2}{n}$$

으로 주어진다. 그러나 표본조사에서는 유한모집단에서 비복원으로 표본을 추출하기 때문에 식 (3.2)와 (3.3)에서 보는 바와 같이 위의 식들에

$$\frac{N-n}{N-1} \text{과 } \frac{N-n}{N} = 1 - \frac{n}{N}$$

이 각각 곱해진다. 이 항을 **유한모집단 수정항**(fpc : finite population correction term)이라 부르며 n/N을 **표본추출률**(sampling fraction)이라 한다. fpc는 $N=20$인 모집단에서 추출한 크기 $n=10$인 표본에 근거한 추정값이 $N=20,000$인 모집단으로부터 추출한 $n=10$인 표본에 근거한 추정값보다 더 많은 정보를 포함하고 있음을 나타내 주는 것으로 이해할 수 있다. N이 n에 비하여 상대적으로 매우 크다면 fpc는 거의 1에 가깝게 된다. 구체적으로

$$\frac{N-n}{N} \geq .95 \text{ 또는 } \frac{n}{N} \leq .05$$

일 때는 fpc를 무시할 수 있다.

[예제 3.3] 제일화학의 생산 공장에는 1200명의 근로자가 일하고 있다. 그런데 이 회사에서 생산되는 제품의 특성상 공장 근로자들은 폐 자극요인(pulmonary stressors)에 지속적으로 노출될 수밖에 없다고 한다. 회사에서는 근로자들의 건강상태를 파악하기 위하여 공장 근로자들의 최대 폐활량(fvc: forced vital capacity)을 조사하기로 하였다. 1200명의 공장 근로자에서 40명의 근

[표 3.1] 표본으로 뽑힌 근로자 40명의 조사자료 *1

표본 근로자	노출정도 *2	fvc *3 (y_i)	y_i^2	$(y_i-\bar{y})^2$
1	1	81	6561	0.36
2	1	64	4096	268.96
3	2	85	7225	21.16
4	2	91	8281	112.36
5	1	60	3600	416.16
6	3	97	9409	275.56
7	3	82	6724	2.56
8	3	99	9801	345.96
9	1	96	9216	243.36
10	1	91	8281	112.36
11	3	71	5041	88.36
12	1	88	7744	57.76
13	2	84	7056	12.96
14	1	85	7225	21.16
15	1	77	5929	11.56
16	1	76	5776	19.36
17	1	62	3844	338.56
18	1	67	4489	179.56
19	1	91	8281	112.36
20	2	99	9801	345.96
21	2	70	4900	108.16
22	3	64	4096	268.96
23	1	72	5184	70.56
24	2	72	5184	70.56
25	1	95	9025	213.16
26	1	96	9216	243.36
27	1	62	3844	338.56
28	1	67	4489	179.56
29	1	95	9025	213.16
30	3	87	7569	43.56
31	1	84	7056	12.96
32	1	89	7921	73.96
33	1	89	7921	73.96
34	1	65	4225	237.16
35	1	67	4489	179.56
36	1	69	4761	129.96
37	1	80	6400	0.16
38	1	98	9604	309.76
39	1	65	4225	237.16
40	1	84	7056	12.96
합계		3216	264570	6003.60

*1 출처 : Levy and Lemeshow, 1991, p.58.

*2 노출정도 : 1=High, 2=Medium, 3=Low

*3 fvc : 연령, 성, 키 기준의 기댓값에 대한 백분율

로자를 단순랜덤표집법으로 추출하여 fvc를 측정한 결과가 앞 쪽의 [표 3.1]과 같았다. 이 회사 공장근로자들의 평균 fvc를 추정하고 모평균에 대한 95.4% 신뢰구간을 구하여라.

(풀이) 평균 fvc(μ)의 추정치는

$$\hat{\mu} = \bar{y} = \frac{1}{n}\sum_{i=1}^{n} y_i = \frac{1}{40}(81 + 64 + \cdots + 84) = \frac{3216}{40} = 80.4$$

이고 표준오차를 구하기 위한 표본분산은

$$s^2 = \frac{1}{n-1}\sum_{i=1}^{n}(y_i - \bar{y})^2$$

$$= \frac{1}{39}\{(81 - 80.4)^2 + \cdots + (84 - 80.4)^2\} = \frac{6003.6}{39} = 153.938$$

또는

$$s^2 = \frac{1}{n-1}\left[\sum_{i=1}^{n} y_i^2 - \frac{1}{n}\left(\sum_{i=1}^{n} y_i\right)^2\right]$$

$$= \frac{1}{39}\left[65470 - \frac{1}{40}(3216)^2\right] = \frac{6003.6}{39} = 153.938$$

로 계산된다. 따라서 $\bar{y}$에 대한 표준오차의 추정값은

$$\widehat{\text{s.e.}}(\bar{y}) = \sqrt{\frac{N-n}{N}\frac{s^2}{n}}$$

$$= \sqrt{\frac{1200-40}{1200}\frac{153.938}{40}} = \sqrt{3.72018} = 1.93$$

이므로 모평균에 대한 95.4% 신뢰구간은 다음과 같다.

$$\bar{y} \pm 2\widehat{\text{s.e.}}(\bar{y}) = 80.4 \pm 2(1.93) = 80.4 \pm 3.86.$$

때로는 모집단의 각 개체에서 측정되는 특성치들의 총합(모총합)에 대한 정보를 얻기 위하여 표본조사를 실시하는 경우도 많이 있다. [예제 3.1]에서 농장주는 $N = 300$그루의 전체 배나무로부터 얻을 수 있는 배의 총 수확량에 관심이 있을 수 있다.

크기 N인 모집단에서 모평균은 모집단에서 얻을 수 있는 모든 관측값들의 합을 모집단의 크기 N으로 나눈 것이다. 따라서 모총합 τ는 $\tau = N\mu$이고 직관적으로 τ의 추정량

은 μ에 대한 추정량의 N배임을 알 수 있다. 사실, 다음과 같은 모총합 τ의 추정량

$$\hat{\tau} = N\hat{\mu} = N\bar{y} = \frac{N}{n}\sum_{i=1}^{n} y_i \tag{3.4}$$

는 τ에 대한 비편향추정량이고 $V(\hat{\tau})$의 비편향추정량은 다음과 같다.

$$\hat{V}(\hat{\tau}) = \hat{V}(N\bar{y}) = N^2\frac{N-n}{N}\frac{s^2}{n}$$

따라서 모총합 τ에 대한 $(1-\alpha)100\%$ 신뢰구간은 다음과 같이 구한다.

$$\hat{\tau} \pm z_{\alpha/2}\widehat{\text{s.e.}}(\hat{\tau}) = N\bar{y} \pm z_{\alpha/2}\sqrt{N^2\frac{N-n}{N}\frac{s^2}{n}} \tag{3.5}$$

[예제 3.4] 제일대학교에는 900명의 교수가 강의와 연구에 열중하고 있다. 학교당국에서는 교수들이 강의나 연구 이외의 잡무에 소비하는 시간에 관심이 많다. $n=50$명의 교수를 단순랜덤표집법으로 추출하여 잡무에 소비하는 시간을 조사한 결과가 다음과 같았다.

주당 평균 잡무시간 : 10.4시간, 표본분산 : 2.58

이 대학교 전체 교수들이 잡무에 소비하는 주당 총시간을 추정하고 주당 총 잡무시간에 대한 95.4% 신뢰구간을 구하여라.

(풀이) 표본으로 뽑힌 50명의 교수들이 잡무에 소비하는 주당 평균시간은 10.4시간이므로 전체 교수들이 소비하는 주당 총 잡무시간 τ의 추정값은

$$\hat{\tau} = N\bar{y} = 900 \times 10.4 = 9,360(\text{시간})$$

이고 τ의 95.4% 신뢰구간은 식 (3.5)에 의하여 다음과 같이 구해진다.

$$N\bar{y} \pm 2\sqrt{N^2\frac{N-n}{N}\frac{s^2}{n}} = 9,360 \pm 2\sqrt{(900)^2\frac{900-50}{900}\frac{2.58}{50}}$$

$$= 9,360 \pm 2(198.7) = 9,360 \pm 397.4.$$

이제, 모집단에서 어떤 특정한 특성을 지니고 있는 개체들의 비율을 추정하는 문제에 대하여 살펴보자. 예를 들어, 화장품 회사에서는 자기 회사에서 판매하고 있는 특정 화장품의 시장 점유율을 알고 싶을 것이다. 또, TV 방송국에서는 특정 프로그램의 시청률에 관심이 있을 수 있다. 이런 예들의 특징은 모집단의 개체가 관심 범주에 속하는가의

여부만을 관찰하게 된다는 것이다. 따라서 모집단에서 관찰되는 값들의 집합은 0 또는 1로만 구성된다. 즉, 모집단 내의 k번째 개체에서 관찰되는 값 y_k는 k번째 조사단위가 지정된 특성을 지니고 있으면 1, 그렇지 않으면 0이 된다. 그러므로

$$\sum_{k=1}^{N} y_k = \textbf{크기 } N\textbf{인 모집단에서 특정한 특성을 지닌 개체들의 수}$$

이다. 이러한 이유로 모집단의 관찰값들을 구성하고 있는 N개의 0과 1들의 평균 $\overline{Y}$는 크기 N인 모집단에서 지정된 특성을 지닌 총 개체수를 N으로 나눈 값인 모비율 p와 같다. 같은 논리로 표본 관찰값들인 n개의 0과 1들의 평균, 즉, 표본평균 $\overline{y}$는 표본비율 $\hat{p}$와 같다. 따라서 모비율 p에 대한 추정식들은 모평균 μ에 관한 추정식들과 근본적으로 똑같다. 실제로

$$\hat{p} = \overline{y} = \frac{1}{n}\sum_{i=1}^{n} y_i \tag{3.6}$$

는 모비율 p에 대한 비편향 추정량이다. $\hat{p}$의 분산을 p의 식으로 나타내면

$$V(\hat{p}) = V(\overline{y}) = \frac{N-n}{N-1}\frac{\sigma^2}{n} = \frac{N-n}{N-1}\frac{p(1-p)}{n} \tag{3.7}$$

가 된다. 그런데, 표본분산 s^2은

$$\begin{aligned} s^2 &= \frac{1}{n-1}\left[\sum_{i=1}^{n} y_i^2 - \frac{1}{n}\left(\sum_{i=1}^{n} y_i\right)^2\right] \\ &= \frac{1}{n-1}\left[n\hat{p} - \frac{1}{n}(n\hat{p})^2\right] \\ &= \frac{n\hat{p}(1-\hat{p})}{n-1} \end{aligned}$$

이므로 $V(\hat{p})$의 비편향추정량은

$$\hat{V}(\hat{p}) = \frac{N-n}{N}\frac{s^2}{n} = \frac{N-n}{N}\frac{\hat{p}(1-\hat{p})}{n-1} \tag{3.8}$$

가 되고 모비율 p에 대한 $(1-\alpha)100\%$ 신뢰구간은 다음과 같다.

$$\hat{p} \pm z_{\alpha/2}\widehat{\text{s.e.}}(\hat{p}) = \hat{p} \pm z_{\alpha/2}\sqrt{\frac{N-n}{N}\frac{\hat{p}(1-\hat{p})}{n-1}} \tag{3.9}$$

[예제 3.5] [예제 3.3]에서 1,200명의 근로자들 중 노출정도가 High인 근로자들의 비

율 p를 추정하고 p에 대한 95% 신뢰구간을 구하여라.

(풀이) [표 3.1]에서 i번째 근로자의 노출정도가 1(High)이면 $z_i = 1$, 그 밖의 경우이면 $z_i = 0$이라 할 때 40명의 표본 근로자 중 노출정도가 High인 근로자의 수는 $\sum_1^{40} z_i = 28$이 된다. 따라서 노출정도가 High인 근로자들의 모비율 p에 대한 추정치는

$$\hat{p} = \frac{1}{n}\sum_{i=1}^{n} z_i = \frac{28}{40} = 0.7$$

로 구해진다. 그리고 $\hat{p}$의 분산을 추정하면

$$\begin{aligned}\hat{V}(\hat{p}) &= \frac{N-n}{N}\frac{\hat{p}(1-\hat{p})}{n-1} \\ &= \frac{1200-40}{1200}\frac{0.7(1-0.7)}{40-1} = 0.00521\end{aligned}$$

이므로 p에 대한 95% 신뢰구간은

$$\begin{aligned}\hat{p} \pm 2\widehat{s.e.}(\hat{p}) &= 0.7 \pm 2\sqrt{0.00521} \\ &= 0.7 \pm 0.144\end{aligned}$$

으로 구해진다. 즉, 1,200명의 근로자들 중 노출정도가 High인 근로자들의 비율은 신뢰도 95%인 추정오차의 한계 0.144(14.4%) 내에서 0.7(70%)로 추정된다.

3.3 표본의 크기

표본조사설계의 어느 단계에서는 모집단에서 추출할 표본의 크기를 반드시 결정하여야 한다. 지금까지 우리는 단순랜덤표본을 뽑는 절차와 표본으로부터 관찰된 자료를 이용하여 모수를 추정하는 방법을 알아보았는데, 표본에 포함될 조사단위의 수에 대해서는 언급하지 않았다. 조사단위의 실사에는 비용이 소요되므로 표본의 크기가 지나치게 크면 불필요한 시간과 인력의 낭비를 초래한다. 반대로 표본의 크기가 너무 작으면 정밀도가 낮은 추정값을 얻게 되어 결과적으로 조사비용만 낭비하게 된다. 따라서 통계조사에서 표집오차의 허용한계 또는 추정치의 정밀도를 어느 정도까지 유지할 것인가, 또,

비용은 얼마나 들일 수 있는가를 고려하여 적절한 표본의 크기를 결정하여야 한다.

추정의 정밀도는 추정하려는 모수에 대한 신뢰구간에 의하여 결정된다. 표본의 관찰값 $y_1, y_2, \cdots, y_n$에 의한 θ의 추정량을 $\hat{\theta}_y$라 할 때, θ에 대한 $100(1-\alpha)\%$ 신뢰구간은

$$P\left(\left|\hat{\theta}_y - \theta\right| \le d\right) = 1 - \alpha$$

와 같은 식에서 구해진다. 이 식은 오차의 한계가 d이하일 확률이 $1-\alpha$임을 뜻하므로 d는 최대허용오차 또는 추정의 정밀도를 의미한다. 그런데 d는 유의수준 α가 주어지면

$$\textbf{정밀도}(d) = \textbf{신뢰계수} \times \textbf{추정량의 표준오차} \tag{3.10}$$

와 같은 식으로 표현된다. 따라서 추정의 정밀도 d와 신뢰도 $100(1-\alpha)\%$가 주어지면 식 (3.10)을 이용하여 표본의 크기를 결정하게 된다.

모평균 μ의 추정에서 추정의 정밀도가

$$|\bar{y} - \mu| \le d_\mu$$

로 주어질 때 필요한 단순랜덤표본의 크기 n을 구하여 보자. μ의 추정량 $\bar{y}$의 분포는 n이 충분히 크다면 중심극한정리에 의하여 정규분포로 가정할 수 있다. 따라서 신뢰도가 $100(1-\alpha)\%$일 때의 신뢰계수를 z라 하면 식 (3.10)은

$$d_\mu = z\,\text{s.e.}(\bar{y}) = z\sqrt{\frac{N-n}{N-1}\frac{\sigma^2}{n}}$$

이 된다. 위 식의 σ^2에

$$\sigma^2 = \frac{N-1}{N}S^2, \qquad S^2 = \frac{1}{N-1}\sum_{k=1}^{N}(y_k - \mu)^2$$

을 대입한 식

$$d_\mu = z\,\text{s.e.}(\bar{y}) = z\sqrt{\frac{N-n}{N}\frac{S^2}{n}}$$

을 n에 대하여 풀면 표본의 크기에 관한 다음과 같은 식

$$n = \frac{N(zS)^2}{Nd_\mu^2 + (zS)^2} = \frac{n_0}{1 + n_0/N}, \quad n_0 = \left(\frac{zS}{d_\mu}\right)^2 \tag{3.11}$$

을 얻을 수 있다. 여기서, n_0는 복원 추출 시에 필요한 표본의 크기이다.

마찬가지 방법으로 모총합 τ의 추정에 필요한 표본의 크기 n을 결정할 수 있는 식을 구할 수 있다. 즉, 추정의 정밀도가

$$|\hat{\tau}-\tau| \le d_\tau$$

로 주어졌다면 표본의 크기 n은 다음과 같은 식으로 표현된다.

$$n = \frac{(NzS)^2}{d_\tau^2 + (NzS)^2} = \frac{n_0}{1+n_0/N}, \quad n_0 = \left(\frac{NzS}{d_\tau}\right)^2 \tag{3.12}$$

위에 제시된 공식들을 이용하여 표본의 크기를 결정하려면 모분산 S^2의 값을 알고 있어야 한다. 그러나 모분산이 미리 알려져 있는 경우는 거의 없다. 이 문제를 해결하기 위해서 본조사 전에 예비조사를 실시하여 얻은 시험표본(pilot sample) 자료에서 모분산을 추정하거나 또는 비슷한 선행 연구에서 제시된 분산값을 모분산 값으로 사용한다.

[예제 3.6] 돼지를 사육하고 있는 축산 농가에서 새로 개발된 사료로 사육하여 출하 시점에 있는 $N=2,000$마리 돼지의 마리당 평균 중량을 신뢰도 95%에서 추정오차의 한계를 $\pm 1\text{kg}$ 이하가 되도록 추정하려 한다. 과거의 자료에 의하면 돼지 중량에 대한 분산은 대략 $25(\text{kg})^2$이라고 할 때 필요한 단순랜덤표본의 크기를 결정하여라.

(풀이)

$$z_{0.025} \doteq 2,\ d_\mu = 1,\ \hat{S}^2 = 25,\ N = 2000$$

이다. 따라서 식 (3.11)에 의하면 표본의 크기는 다음과 같이 구해진다.

$$n = \frac{2000 \times 2^2 \times 25}{2000 \times 1^2 + 2^2 \times 25} = \frac{100}{1+100/2000} \ge 96.$$

때로는 모평균이나 모총합이 얼마나 큰 값인가를 예상하기 어려워 추정의 정밀도를 정하기가 곤란할 수 있다. 이런 경우에는 추정의 정밀도를 다음과 같이 나타내는 상대정밀도(relative precision)를 생각할 수 있다.

"추정오차가 참값의 $100d_0\%$ 이하이도록 모수를 추정하려 한다."

즉, 추정의 정밀도가

$$\left|\frac{\hat{\tau}-\tau}{\tau}\right| = \left|\frac{N\hat{\mu}-N\mu}{N\mu}\right| = \left|\frac{\hat{\mu}-\mu}{\mu}\right| \le d_0$$

와 같은 상대 정밀도로 주어질 때 필요한 표본의 크기를 결정하여 보자. 여기서

$$d_0 = \frac{d_\mu}{\mu} = \frac{d_\tau}{\tau}$$

이므로 식 (3.10)을 이용하면

$$d_0 = \frac{d_\mu}{\mu} = \frac{z}{\mu}\text{s.e.}(\bar{y}) = \frac{z}{\mu}\sqrt{\frac{N-n}{N}\frac{S^2}{n}}$$

이 된다. 이 식을 n에 대하여 풀면 다음과 같은 식이 얻어진다.

$$n = \frac{Nz^2(S/\mu)^2}{Nd_0^2 + z^2(S/\mu)^2} \tag{3.13}$$

그런데, 모집단 변동계수는

$$C = \frac{\sigma}{\mu} \doteq \frac{S}{\mu}$$

이므로 식 (3.13)은 다음과 같이 쓸 수 있다.

$$n = \frac{N(zC)^2}{Nd_0^2 + (zC)^2} = \frac{n_0}{1+n_0/N}, \quad n_0 = \left(\frac{zC}{d_0}\right)^2. \tag{3.14}$$

추정의 정밀도가 μ의 추정량 $\bar{y}$에 대한 변동계수(상대 표준오차) $c(\bar{y})$로 주어지면

$$[c(\bar{y})]^2 = \frac{V(\bar{y})}{[E(\bar{y})]^2} = \frac{1}{\mu^2}\frac{S^2}{n}\frac{N-n}{N}$$

$$= \frac{C^2}{n}\frac{N-n}{N}$$

을 이용하여 다음과 같은 공식을 얻을 수 있다.

$$n = \frac{NC^2}{N[c(\bar{y})]^2 + C^2} = \frac{n_0}{1+n_0/N}, \quad n_0 = \left[\frac{C}{c(\bar{y})}\right]^2. \tag{3.15}$$

[예제 3.7] 제일대학교의 재학생 총수는 12,000명이라고 한다. 이 대학의 통계학과 학생들이 인터넷 채팅에 컴퓨터를 사용하는 시간을 조사하였더니 일주일에 일인당 평균 15시간, 표준편차 5시간이었다. 전자계산소에서는 12,000명의 재학생에서 학생들을 단순랜덤표집법으로 추출하여 모든 학생들이 일주일 동안 채팅에 컴퓨터를 사용한 총시간을 추정하기로 하였다. (1) 신뢰도 95% 하에서 추정치에 대한 오차의 한계를 참값의 5%이하가 되도록 총시간을 추정하려 할 때 필요한 표본의 크기를 구하여라. (2) 추정치에 대한 표준오차가 참값의 2%이하이도록 총시간을 추정하려 할 때 필요한 표본의 크기

를 구하여라.

(풀이) (1) 주어진 추정의 정밀도가

$$\left|\frac{\hat{\tau}-\tau}{\tau}\right| \leq 0.05 = d_0$$

이므로 식 (3.14)에 의하여 표본의 크기를 결정하면 된다. 그런데 모변동계수 C를 알 수 없으므로 통계학과에서 발표한 자료로 C를 추정하면

$$\hat{C} = \frac{s}{\bar{y}} = \frac{5}{15}$$

이고 $z_{.05/2} \doteq 2$이다. 따라서 표본의 크기는 다음과 같이 구해진다.

$$n = \frac{12000 \times 2^2 \times (⅓)^2}{12000 \times (.05)^2 + 2^2 \times (⅓)^2} = \frac{178}{1+\dfrac{178}{12000}} = 176.$$

(2) 다음으로 추정값에 대한 표준오차가 참값의 2%라는 것은 총시간의 추정치에 대한 표준오차가 0.02라는 의미이다. 즉,

$$c(\hat{\tau}) = c(\hat{\mu}) = 0.02$$

이므로 식 (3.15)를 이용하면 표본의 크기는 다음과 같이 구해진다.

$$n = \frac{12000 \times (⅓)^2}{12000 \times (0.02)^2 + (⅓)^2} = \frac{278}{278+\dfrac{278}{12000}} = 272.$$

한편, 모비율 p의 추정에서 추정의 정밀도가

$$|\hat{p}-p| \leq d_p$$

로 주어질 때 표본의 크기 n을 결정하는 공식은 식 (3.11)에

$$S^2 \doteq p(1-p)$$

를 대입한 식으로

$$n = \frac{Nz^2p(1-p)}{Nd_p^2 + z^2p(1-p)} = \frac{n_0}{1+n_0/N}, \quad n_0 = \frac{z^2p(1-p)}{d_p^2} \tag{3.16}$$

이 된다. 식 (3.16)을 이용하여 모비율 p의 추정에 필요한 표본의 크기를 결정하기 위해서는 모비율의 값을 알아야 한다. 그러나 p값이 알려져 있는 경우는 없으므로 사전조사나 선행조사로부터 대략적인 p값을 구하여 표본의 크기를 결정한다. 그런데, $p=0.5$

일 때 $p(1-p)$가 최대이므로 $p=0.5$일 때 n이 최대가 된다. 예를 들면, 신뢰도 95.4%에서 $d_p \leq 0.05$이도록 모비율 p를 추정하고자 할 때 필요한 최대 표본의 크기는

$$n_0 = \frac{1}{d_p^2} = \left(\frac{1}{0.05}\right)^2 = 400$$

으로 구해진다. 실제 표본조사 설계에서는 $p=0.5$로 두고 최대 표본의 크기를 결정한 다음 비용을 고려하여 크기를 조정하는 것이 보통이다.

[예제 3.8] [예제 3.3]에서 1,200명의 근로자들 중 노출정도가 High인 근로자들의 비율 p를 신뢰도 95%에서 오차의 한계가 0.05 이내로 추정하려 한다. (1) [예제 3.5]에서 구한 p의 추정값을 이용하여 필요한 표본의 크기를 구하여라. (2) p값에 대한 사전정보가 전혀 없다고 할 때 주어진 정밀도를 만족하는데 필요한 최대 표본의 크기를 구하여라.

(풀이) (1) [예제 3.5]에서 구한 p의 추정값이 0.7이고

$$z_{.025} \doteq 2,\ d_p = 0.05$$

이므로 식 (3.16)에 의하여 필요한 표본의 크기를 구하면 다음과 같다.

$$n = \frac{1200 \times 2^2 \times 0.7 \times 0.3}{1200 \times (0.05)^2 + 2^2 \times 0.7 \times 0.3} = \frac{336}{1 + 336/1200} = 263.$$

(2) p값에 대한 사전정보가 없을 때는 $p=0.5$로 놓고 식 (3.16)을 이용하면 필요한 최대 표본의 크기가 다음과 같이 구해진다.

$$n = \frac{1200 \times 2^2 \times 0.5 \times 0.5}{1200 \times (.05)^2 + 2^2 \times 0.5 \times 0.5} = \frac{400}{1 + 400/1200} = 300.$$

[예제 3.9] 제일 광고회사에서는 보람 케이블 TV에 가입한 1500가구를 대상으로 케이블 TV 채널 프로그램의 가구당 일주일 평균 시청시간을 추정하고자 한다. 보람 케이블 TV사에 의하면 자사 케이블 TV 채널 프로그램의 가구당 일주일 시청시간은 14시간에서 46시간 사이라고 한다. 신뢰도 95%에서 추정값의 오차의 한계가 1시간 이하이도록 가구당 일주일 평균 시청시간을 추정하려 할 때 필요한 표본의 크기를 구하여라.

(풀이) 식 (3.11)을 이용하여 표본의 크기를 구하려면 모분산 σ^2에 대한 정보가

필요하다. 그런데 모분산과 관련된 정보는 시청시간의 범위 밖에 없으므로 이를 이용하여 σ를 추정하기로 한다. 시청시간이 정규분포를 따른다면 평균을 중심으로 $\pm 2\sigma$의 범위 내에 전체 자료의 약 95%가 포함된다. 따라서 모집단의 표준편차 σ를

$$\sigma \approx \frac{1}{4}(\text{범위}) = \frac{32}{4} = 8$$

로 추정하면 필요한 표본의 크기는 다음과 같이 결정된다.

$$n = \frac{1500 \times 2^2 \times 8^2}{1500 \times 1^2 + 2^2 \times 8^2} = \frac{256}{1 + 256/1500} = 219.$$

3.4 부분모집단에 대한 추정

때로는 모집단에서 관심이 있는 개체들만으로 구성된 일부 집단의 추출틀을 확보하는 일이 불가능한 경우가 있다. 예제 2.3에서 폐 자극요인에 과다하게 노출되어 있는 근로자들의 평균 최대 폐활량에 대하여 관심이 있다고 하자. 이 경우에 모집단은 심하게 노출된 근로자들의 집단과 그렇지 않은 근로자들의 집단으로 분할된다. 이와 같이 분할된 한 집단을 **부분모집단**(subpopulation)이라 부른다. 그런데, 각 근로자들의 작업환경을 조사해 보기 전에는 어떤 근로자가 어느 부분모집단에 속하는지 알 수 없기 때문에 원하는 근로자 집단의 추출틀을 작성할 수 없다. 이런 경우에는 작성 가능한 전체 모집단의 추출틀에서 뽑은 표본 중에서 관심 집단에 속하는 개체들을 조사한 자료만으로 관심 집단의 모수를 추정할 수밖에 없다.

크기 N이고 관심 있는 부분모집단의 크기가 N_1인 모집단에서 n개의 개체를 단순랜덤표집법으로 추출하여 조사하였더니 부분모집단에 속하는 개체가 n_1개 이고 이들에 대한 관찰값이 $y_{11}, y_{12}, \cdots, y_{1n_1}$이라고 하자. 단순랜덤표집에서 표본의 크기 n은 일정하지만 n_1은 뽑히는 표본에 따라 변한다. n_1은 표본을 추출하여 조사한 후에야 알 수 있지만 여기서는 문제를 간단히 하기 위하여 상수로 취급한다. 부분모집단의 평균 μ_1에 대한 추정량으로 다음과 같은 부분표본평균 $\bar{y}_1$을

$$\hat{\mu}_1 = \bar{y}_1 = \frac{1}{n_1}\sum_{j=1}^{n_1} y_{1j} \tag{3.17}$$

를 생각할 수 있다. 사실, 부분표본평균 $\bar{y}_1$은 부분모집단의 평균 μ_1에 대한 비편향추정량이며, $V(\bar{y}_1)$의 추정량은

$$\hat{V}(\bar{y}_1) = \frac{N_1 - n_1}{N_1}\frac{s_1^2}{n_1} = \frac{N_1 - n_1}{N_1}\frac{1}{n_1}\left(\frac{1}{n_1 - 1}\sum_{j=1}^{n_1}(y_{1j} - \bar{y}_1)^2\right) \tag{3.18}$$

이다. 따라서 부분모집단의 총합 $\hat{\tau}_1$에 대한 추정량과 추정량의 분산에 대한 추정량은 다음과 같이 주어진다.

$$\hat{\tau}_1 = N_1\hat{\mu}_1 = N_1\bar{y}_1 = \frac{N_1}{n_1}\sum_{j=1}^{n_1} y_{1j} \tag{3.19}$$

$$\hat{V}(\hat{\tau}_1) = N_1^2\frac{N_1 - n_1}{N_1}\frac{s_1^2}{n_1} \tag{3.20}$$

[예제 3.10] 제일의류회사에서는 지불기한이 지난 외상매출금의 총액을 추정하고자 한다. 어떤 거래처의 외상매출금은 최근에 입금되었기 때문에 과거에 작성된 지불기한이 지난 거래처 목록은 정확하지 않지만 새로 목록을 작성하기에는 너무 많은 시간이 소요되기 때문에 과거의 목록을 그대로 사용하기로 하였다. 세부 내용은 모르지만 지불기한을 넘긴 100개의 외상거래처 중 30개 거래처에서 외상매출금이 입금된 것을 알고 있다고 한다. 과거에 작성된 목록에서 20개 거래처를 단순랜덤표집법으로 추출하여 조사하였더니 16개 거래처에서 아직 입금을 시키지 않았다. 이 16개 거래처별 외상매출금은

3.85	15.98	40.00	2.98	50.00	60.50	67.55	14.43
10.20	14.58	1.88	32.60	19.80	15.98	12.20	15.00

으로 조사되었다. 지불기한이 지난 외상매출금 총액을 추정하고 표준오차를 추정하여라.

(풀이) 식 (3.19)과 (3.20)를 이용하여 외상매출금 총액의 추정값 및 추정값의 표준오차를 추정하면 다음과 같다.

$$n_1 = 16, \quad N_1 = 70,$$

$$\hat{\mu}_1 = \bar{y}_1 = \frac{1}{n_1}\sum_{j=1}^{n_1} y_{1j} = \frac{377.53}{16} = 23.595,$$

$$\hat{\tau}_1 = N_1\bar{y}_1 = 70 \times 23.595 = 1651.69,$$

$$s_1^2 = \frac{1}{n_1 - 1}\sum_{j=1}^{n_1}\left(y_{1j} - \bar{y}_1\right)^2$$

$$= \frac{1}{15}\left(15214.7 - \frac{(337.53)^2}{16}\right) = 420.442,$$

$$\widehat{\text{s.e.}}\left(\hat{\tau}_1\right) = \sqrt{N_1^2 \frac{N_1 - n_1}{N_1}\frac{s_1^2}{n_1}}$$

$$= \sqrt{70(70-16)\frac{402.442}{16}} = 308.345.$$

사전에 부분모집단의 크기 N_1이 알려져 있지 않다면 N_1을

$$\hat{N}_1 = N\frac{n_1}{n}$$

으로 추정하여 $V\left(\bar{y}_1\right)$를 추정한다.

[예제 3.11] [예제 3.3]에서 노출정도가 High인 집단의 평균 최대 폐활량을 추정하고 추정치의 표준오차를 추정하여라.

(풀이)

$$n_1 = 28, \quad n = 40, \quad N = 1200,$$

$$\hat{N}_1 = N\frac{n_1}{n} = 1200 \times \frac{28}{40} = 840,$$

$$\hat{\mu}_1 = \bar{y}_1 = \frac{1}{n_1}\sum_{j=1}^{n_1} y_{1j} = \frac{2215}{28} = 79.107,$$

$$s_1^2 = \frac{1}{n_1 - 1}\sum_{j=1}^{n}\left(y_{1j} - \bar{y}_1\right)^2$$

$$= \frac{1}{27}\left(179483 - \frac{(2215)^2}{28}\right) = 157.803,$$

$$\widehat{\text{s.e.}}(\bar{y}_1) = \sqrt{\frac{\hat{N}_1 - n_1}{\hat{N}_1}\frac{s_1^2}{n_1}}$$

$$= \sqrt{\left(1 - \frac{28}{840}\right)\frac{157.803}{28}} = 2.334.$$

일반적으로 부분모집단의 크기 N_1은 모르는 경우가 대부분이다. N_1을 모르는 경우에는 다음과 같은 식으로 τ_1에 대한 비편향추정량 및 추정량의 분산을 추정할 수 있다.

$$\hat{\tau}_1 = \frac{N}{n}\sum_{j=1}^{n_1} y_{1j} \tag{3.21}$$

$$\hat{V}(\hat{\tau}) = N^2 \frac{N-n}{N}\frac{s_n^2}{n}, \quad s_n^2 = \frac{1}{n-1}\left[\sum_{j=1}^{n_1} y_{1j}^2 - \frac{1}{n}\left(\sum_{j=1}^{n_1} y_{1j}\right)^2\right] \tag{3.22}$$

식 (3.22)에서 s_n^2은 n개의 관찰값들 중에서 부분모집단에 속하지 않은 $n-n_1$개의 개체에 대한 관찰한 값을 0으로 놓고 계산한 것이다. 이렇게 하면 결국 n개의 관찰값 모두를 이용하여 추정하는 것이 된다. 여기에 관한 자세한 내용은 Lohr(1999)의 3.3절을 참조하라. s_n^2은 s_1^2을 이용하여 다음과 같은 식으로 구할 수 있다.

$$s_n^2 = \frac{1}{n-1}\left[(n_1 - 1)s_1^2 + \frac{1}{n_1}\frac{n-n_1}{n}\left(\sum_{j=1}^{n_1} y_{1j}\right)^2\right].$$

[예제 3.12] [예제 3.10]에서 제시된 N_1값의 정확성을 신뢰할 수 없다고 한다. N_1은 미지라 가정하고 지불기한이 지난 외상매출금의 총액을 추정하여라. 또, 추정치의 표준오차를 추정하여라.

(풀이) 식 (3.21)와 (3.22)을 이용하여 계산하면 다음과 같다.

$$n = 20, \quad n_1 = 16, \quad N = 100,$$

$$\hat{\tau}_1 = \frac{N}{n}\sum_{j=1}^{n_1} y_{1j} = \frac{100}{20}(377.53) = 1887.65,$$

$$s_n^2 = \frac{1}{n-1}\left[\sum_{j=1}^{n_1} y_{1j}^2 - \frac{1}{n}\left(\sum_{j=1}^{n_1} y_{1j}\right)^2\right]$$

$$= \frac{1}{19}\left(15214.7 - \frac{(337.53)^2}{20}\right) = 425.698,$$

$$\widehat{\text{s.e.}}(\hat{\tau}_1) = \sqrt{N^2 \frac{N-n}{N} \frac{s_n^2}{n}}$$
$$= \sqrt{100(100-20)\frac{425.698}{20}} = 412.649.$$

[예제 3.12]에서 외상매출금 총액에 대한 95% 신뢰구간을 구하여 보면

$$1887.65 \pm (2)(412.649) = 1887.65 \pm 825.298$$

이다. 이 신뢰구간을 보면 추정오차의 한계가 상당히 큼을 알 수 있는데 이런 경우에는 표본의 크기를 늘려서 오차의 한계를 줄여야 한다.

[예제 3.12]에서 계산된 $\hat{\tau}_1$의 추정오차는 주어진 N_1에 대한 정보를 이용하지 않기 때문에 [예제 3.10]에서 구한 $N_1\overline{y}_1$의 추정오차에 비하여 훨씬 크다. 따라서 큰 비용을 들이지 않고도 N_1의 값을 알아낼 수 있다면 부분모집단의 총합에 대한 추정량으로 $N_1\overline{y}_1$을 사용하는 것이 바람직하다.

3.5 공식의 증명

이 절에서는 앞에서 제시된 몇 가지 중요한 공식들을 유도하고 이 절에서 보이는 수리적 전개에 대한 이해가 어렵다면 그냥 지나쳐도 무방하다.

통계적 추론에는 두 가지 접근 방법이 있다. 하나는 모집단 내 각 개체의 특성값들을 상수로 취급하고 표본을 추출할 때 사용되는 확률을 이용하여 추론하는 **설계기반 접근법**(design-based approach)이며, 다른 하나는 각 개체의 특성값을 관심 있는 확률변수의 실현치(realization)로 보고 이 확률변수에 대한 가정들, 즉, 확률모형을 추론의 기초로 삼는 **모형기반 접근법**(model-based approach)이다. 확률모형을 기초로 하는 통계적 추론은 수리통계학에서 주류를 이루고 있지만 통계조사에서는 표본추출 확률을 기초로 하는 통계적 추론이 대세를 이루고 있다. 여기에서도 설계기반 접근법 하에서 공식을 유도하고 증명하기로 한다.

유한모집단 $\{u_1, u_2, \cdots, u_N\}$의 표지집합을 $\mathrm{L} = \{1, 2, \cdots, N\}$이라 하고, 크기 n인 단

순랜덤표본 $\{u_{l_1}, u_{l_2}, \cdots, u_{l_n}\}$의 표지집합을

$$\mathrm{s} = \{l_1, l_2, \cdots, l_n\}, \quad l_i \in \mathrm{L}, \; i = 1, 2, \cdots, n$$

이라 하면 L과 s는 각각 모집단과 표본을 의미한다. 여기서 지시함수 Z_k를

$$Z_k = \begin{cases} 1, & k \in \mathrm{s} \\ 0, & k \notin \mathrm{s} \end{cases}, \quad k \in \mathrm{L}$$

이라 하고, $Z_k = 1$일 확률을 구하여 보자. $P(Z_k = 1)$은 k가 표본 s에 포함될 확률이다. 단순랜덤표집에서 추출 가능한 모든 표본은 ${}_N C_n$가지이고 이 중에서 k를 포함하고 있는 경우는 ${}_{N-1} C_{n-1}$가지이므로

$$P(Z_k = 1) = \frac{{}_{N-1} C_{n-1}}{{}_N C_n} = \frac{n}{N}$$

이다. 즉, Z_k는 성공확률이 n/N인 베르누이 확률변수이다. 그런데 k의 추출 여부에 따라 또 다른 개체 $j(\neq k)$가 추출될 확률이 달라지기 때문에 유한모집단에서 정의된 Z_k들은 서로 독립이 아니다. 따라서 다음이 성립한다.

$$E(Z_k) = E(Z_k^2) = P(Z_k = 1) = \frac{n}{N},$$

$$\begin{aligned} E(Z_k Z_j) &= P(Z_k = 1, Z_j = 1) \\ &= P(Z_j = 1) P(Z_k = 1 \mid Z_j = 1) \\ &= \left(\frac{n}{N}\right)\left(\frac{n-1}{N-1}\right), \quad k \neq j, \end{aligned}$$

$$\begin{aligned} Var(Z_k) &= E(Z_k^2) - [E(Z_k)]^2 \\ &= \frac{n}{N} - \left(\frac{n}{N}\right)^2 = \left(\frac{n}{N}\right)\left(\frac{N-n}{N}\right), \end{aligned}$$

$$\begin{aligned} Cov(Z_k, Z_j) &= E(Z_k Z_j) - E(Z_k)E(Z_j) \\ &= \left(\frac{n}{N}\right)\left(\frac{n-1}{N-1}\right) - \left(\frac{n}{N}\right)^2 \\ &= -\left(\frac{1}{N-1}\right)\left(\frac{n}{N}\right)\left(\frac{N-n}{N}\right), \quad k \neq j. \end{aligned}$$

이제, 모집단 내의 개체 $k(u_k)$의 특성치를 y_k, 표본 s 내의 개체 $l_i(u_{l_i})$의 관찰값을 y_i라 할 때, 표본평균 $\overline{y}$가 모평균 μ에 대한 비편향추정량임을 보이고, $\overline{y}$의 분산을 유도해 보자. $\overline{y}$는

$$\bar{y} = \frac{1}{n}\sum_{i=1}^{n} y_i = \sum_{l_i \in \mathrm{s}} \frac{y_i}{n} = \sum_{k \in \mathrm{L}} Z_k \frac{y_k}{n} = \sum_{k=1}^{N} Z_k \frac{y_k}{n}$$

와 같은 식으로 표현된다. 따라서 $\bar{y}$의 기댓값은

$$E(\bar{y}) = E\left(\sum_{k=1}^{N} Z_k \frac{y_k}{n}\right) = \sum_{k=1}^{N} E(Z_k)\frac{y_k}{n}$$

$$= \sum_{k=1}^{N} \frac{n}{N}\frac{y_k}{n} = \frac{1}{N}\sum_{k=1}^{N}\frac{y_k}{n} = \mu$$

가 된다. 즉, $\bar{y}$는 μ에 대한 비편향추정량이다. 또, $\bar{y}$의 분산은 다음과 같이 구해진다.

$$\begin{aligned}
Var(\bar{y}) &= Var\left(\sum_{k=1}^{N} Z_k \frac{y_k}{n}\right) \\
&= \frac{1}{n^2} Var\left(\sum_{k=1}^{N} y_k Z_k\right) \\
&= \frac{1}{n^2}\left[\sum_{k=1}^{N} y_k^2 Var(Z_k) + \sum_{k \neq j}^{N} y_k y_j Cov(Z_k, Z_j)\right] \\
&= \frac{1}{n^2}\left[\frac{n}{N}\frac{N-n}{N}\sum_{k=1}^{N} y_k^2 - \frac{1}{N-1}\frac{n}{N}\frac{N-n}{N}\sum_{k \neq j}^{N} y_k y_j\right] \\
&= \frac{1}{nN}\frac{1}{N-1}\frac{N-n}{N}\left[(N-1)\sum_{k=1}^{N} y_k^2 - \sum_{k \neq j}^{N} y_k y_j\right] \\
&= \frac{1}{nN^2}\frac{N-n}{N-1}\left[(N-1)\sum_{k=1}^{N} y_k^2 - \left\{\left(\sum_{k=1}^{N} y_k\right)^2 - \sum_{k=1}^{N} y_k^2\right\}\right] \\
&= \frac{1}{nN^2}\frac{N-n}{N-1}\left[N\sum_{k=1}^{N} y_k^2 - \left(\sum_{k=1}^{N} y_k\right)^2\right] \\
&= \frac{1}{nN^2}\frac{N-n}{N-1}N^2\frac{1}{N}\left[\sum_{k=1}^{N} y_k^2 - \frac{1}{N}\left(\sum_{k=1}^{N} y_k\right)^2\right] \\
&= \frac{N-n}{N-1}\frac{\sigma^2}{n}.
\end{aligned}$$

다음으로 식 (3.3)이 $Var(\bar{y})$에 대한 비편향추정량임을 보이기 위하여 먼저 표본분산 s^2의 기댓값을 구하자. s^2은

$$s^2 = \frac{1}{n-1}\sum_{i=1}^{n}(y_i - \bar{y})^2 = \frac{1}{n-1}\sum_{l_i \in \mathrm{s}}(y_i - \bar{y})^2$$

$$= \frac{1}{n-1}\sum_{l_i \in \mathrm{s}} \left[(y_i - \mu) - (\bar{y} - \mu) \right]^2$$

$$= \frac{1}{n-1}\sum_{k \in \mathrm{L}} Z_k (y_k - \mu)^2 - \frac{n}{n-1}(\bar{y} - \mu)^2$$

이므로 s^2의 기댓값은

$$E(s^2) = \frac{1}{n-1} E\left[\sum_{k \in \mathrm{L}} Z_k (y_k - \mu)^2 \right] - \frac{n}{n-1} E\left[(\bar{y} - \mu)^2 \right]$$

$$= \frac{1}{n-1} \sum_{k \in \mathrm{L}} (y_k - \mu)^2 E(Z_k) - \frac{n}{n-1} Var(\bar{y})$$

$$= \frac{1}{n-1} \frac{n}{N} \sum_{k=1}^{N} (y_k - \mu)^2 - \frac{n}{n-1} \frac{N-n}{N-1} \frac{\sigma^2}{n}$$

$$= \frac{1}{n-1} \left(n\sigma^2 - \frac{N-n}{N-1}\sigma^2 \right)$$

$$= \frac{N}{N-1}\sigma^2$$

이 된다. 따라서 $\hat{V}(\bar{y})$의 기댓값은

$$E[\hat{V}(\bar{y})] = E\left(\frac{N-n}{N} \frac{s^2}{n} \right)$$

$$= \frac{N-n}{N} \frac{E(s^2)}{n}$$

$$= \frac{N-n}{N} \frac{1}{n} \frac{N}{N-1} \sigma^2$$

$$= \frac{N-n}{N-1} \frac{\sigma^2}{n} = V(\bar{y})$$

이므로 $\hat{V}(\bar{y})$는 $Var(\bar{y})$의 비편향추정량이다.

연 습 문 제

1. 자연과학대학생 1,600명 중에서 30명을 단순랜덤표집법으로 추출하여 한 달에 쓰는 용돈을 조사하였더니 다음과 같았다. 자연과학대학생의 월 평균 용돈을 추정하고 모

평균에 대한 95.4% 신뢰구간을 구하여라. (단위: 만원)

30, 40, 30, 30, 45, 35, 45, 45, 55, 30
60, 33, 40, 32, 40, 25, 40, 30, 35, 40
45, 33, 35, 42, 45, 35, 20, 40, 65, 35

2. 크기 $N=5$인 모집단이 아래와 같다고 한다. 물음에 답하여라.

$$\{ 3, 5, 9, 7, 6 \}$$

(1) 모분산 S^2과 σ^2을 구하여라.

(2) 크기 $n=2$인 모든 가능한 단순랜덤표본을 비복원 추출하여 표본평균의 분산을 직접 구한 값이 분산 공식으로 구한 값과 같음을 보여라

(3) 크기 $n=2$인 모든 가능한 단순랜덤표본을 복원 추출하여 표본평균의 분산을 직접 구한 값이 식

$$\frac{\sigma^2}{n} = \frac{N-1}{N}\frac{S^2}{n}$$

을 이용하여 계산한 값과 같음을 보여라.

3. 17,921개의 농업 조사구에서 834개의 조사구를 추출하여 한우 번식우를 사육하고 있는 축산농가 호수를 조사하였더니 조사구당 평균 농가호수는 2.82호이었고 표본분산은 $s^2=2.48$이었다. 해당 축산농가의 총 호수를 추정하고 추정값에 대한 95.4% 오차의 한계를 구하여라.

4. 전국에서 성인 1,000명을 단순랜덤표집법으로 추출하여 현 대통령의 국정운영에 대한 지지여부를 전화로 조사하였더니 342명이 지지한다고 답하였다. 국민들의 대통령에 대한 지지율을 추정하고 표준오차를 추정하여라.

5. 1번에 주어진 자료가 예비조사 자료라 한다. 모평균의 추정량에 대한 표준편차가 모평균의 2%와 같도록 추정하려 한다. 필요한 표본의 크기를 구하여라.

6. 생산직 직원 5,000명의 흡연률을 95.4% 신뢰수준에서 오차의 한계를 5%로 추정하

고자 한다.

(1) 최대 표본의 크기를 구하여라.

(2) 80명을 랜덤하게 추출하여 예비조사한 결과 20명이 흡연자였다고 한다. 필요한 표본의 크기를 구하여라.

7. $N = 50,000$가구가 거주하고 있는 어떤 도시의 총 비보험 의료비 지출액을 추정하고자 한다. 95% 신뢰수준에서 오차의 한계를 모총합의 5%가 되도록 하기 위한 표본의 크기를 구하여라.

8. 자연과학대학생 1,600명 중에서 뽑은 100명의 단순랜덤표본을 조사하였더니 45명이 여학생이었고 이들의 한 달 평균 용돈은 45만원, 표본표준편차는 12만원이었다. 자연대 전체 여학생의 일인당 한 달 평균 용돈을 추정하고 추정치의 표준오차를 추정하여라.

9. $y_1, y_2, \cdots, y_n$은 모비율이 p인 모집단에서 복원 추출한 단순랜덤표본이다. 여기서 y_i는 0 또는 1의 값을 갖는다. 이 때, 모비율 p의 통상적인 추정량은

$$\hat{p} = \frac{1}{n}\sum_{i=1}^{n} y_i = \frac{y}{n}$$

이다. $\hat{p}$가 비편향추정량임을 보이고 $\hat{p}$의 표준오차와 그 추정량을 구하여라.

제 4 장

층화랜덤표집법

4.1 층화표집법

표본조사에서 관심변수 y와 강한 상관관계가 있는 다른 변수 x에 대한 정보를 쉽게 얻을 수 있다면 효율적인 통계조사를 위하여 표본설계에 그 보조정보 x를 이용해야 할 것이다. 5장에서는 보조변수에 대한 정보를 이용하여 보다 효율적인 추정량을 구해낼 수 있는 추정법을 논의할 것이다. 이 장에서는 보조변수에 관한 정보를 표본설계에 이용함으로써 보다 효율적인 추정량을 구해내고 주어진 비용 하에서 얻어낼 수 있는 정보의 양을 극대화할 수 있는 표본 추출법에 대하여 다루고자 한다. 실제로 층화표집법은 표본설계에서 보조정보를 이용하는 표본추출법이다.

층화표집법(stratified sampling)이란 모집단을 보조변수의 값이 유사한 추출단위들을 묶어서 만든 부분모집단들로 분할하고 각 부분모집단에서 독립적으로 적당한 크기의 확률표본을 추출하는 방법이다. 이 때, 각 층에서 표본을 추출하는 방법으로 단순랜덤표집법을 사용하면 **층화랜덤표집법**(stratified random sampling)이라 하고, 계통추출법을 사용하면 **층화계통표집법**(stratified systematic sampling)이라 한다. 각 층에 배당된 표본을 조사원 임의대로 추출하는 할당표집법도 일종의 층화표집법이지만 이 표집법은 비확률표집법에 해당된다.

층화표집법에 의하여 표본을 추출하기 위해서는 모집단을 **층**(層, stratum)이라 부르는 H개의 부분모집단으로 분할하여야 한다. 이 때, 각 추출단위가 정확히 하나의 층에만 속하도록 하여 층들(strata)이 서로 겹쳐지지 않도록 해야 한다. 일반적으로, 층화변수의 속성이 동질적인 추출단위들의 묶음이 되도록 층화하는데 때에 따라서는 관심을 갖고 통계를 산출하려는 집단으로 층을 만들기도 한다. 층화표집법에서 모집단을 층화하는 기준으로 사용되는 변수를 **층화변수**(stratification variable)라 한다. 층화표집법이 효율적이기 위해서는 주 관심변수와 밀접한 상관관계가 있고 전체 추출단위에 대하여 사전에 정보를 확보할 수 있는 적절한 층화변수를 선택하는 일이 대단히 중요하다.

이제, 층화추출법이 실제 표본설계에서 널리 사용되는 이유를 살펴보기로 하자.

1. 단순랜덤표집에서 발생할 수도 있는 최악의 표본이 뽑히는 경우를 피할 수 있다. 즉, 적절한 층화변수를 확보하여 모집단을 층화하고 각 층에서 표본을 추출하게 되면 단순랜덤표본보다 모집단을 더욱 잘 대표할 수 있는 표본을 확보할 수 있다. 그 결과로 동일한 조사비용 하에서 표본조사의 정도를 높일 수 있다.

[예제 4.1] 우리나라 농림부에서는 고추를 0.5ha 이상 재배하고 있는 농가를 중규모 이상인 고추재배 농가로 규정하고 있다. 중규모 이상인 고추재배 농가들의 연평균 매출액을 파악하기 위해서 500개의 고추재배 농가를 추출하여 매출액을 조사한다고 하자. 그런데, 2000년도 농업총조사 자료에 의하면 중규모 이상인 고추재배 농가들의 분포가 다음과 같다.

규모	재배면적(ha)	농가호수	백분율(%)
1	0.5 ~ 1.0	15,463	84.86
2	1.0 ~ 3.0	2,654	14.57
3	3.0 ~	104	0.57
	합 계	18,221	100.00

여기서 500개의 농가를 단순랜덤표집법으로 뽑는다면 규모 2에서는 아주 작은 수의 농가가 뽑히고 규모 3에서는 농가가 뽑히지 않는 최악의 경우가 발생할 수 있다. 그러나 각 규모를 층으로 하여 각 층에서 적절한 크기의 표본을 단순랜덤표집법으로 뽑는다면 위와 같은 최악의 상황을 항상 피할 수 있으

며 결과적으로 보다 모집단을 잘 대표할 수 있는 표본을 확보할 수 있다.

2. 층화 변수의 기준에 따라 동질적(homogeneous)인 추출단위들끼리 하나의 층으로 묶이는 층화 작업에 의하여 층내의 변동이 작아지므로 추정량의 정도가 높아진다.

[예제 4.2] 서울 지역 서점들의 연간 총 매출액을 파악하기 위해서 500개의 서점을 랜덤하게 추출하여 조사한다고 하자. 그런데, 서울에 있는 서점들은 그 규모에서 엄청난 차이를 보이고 있다. 따라서 500개로 이루어진 표본에 우연히 대형 서점이 10개 포함된 경우와 50개가 포함된 경우의 총 매출액에 대한 추정값을 비교해 보면 꽤 큰 차이가 날 수 있다. 실제로 추출되는 표본에 따라 추정값은 변하고 이 변동의 크기를 나타내는 것이 표본오차인데, 단순랜덤표집법으로 표본을 추출하면 추정량의 표준오차가 커져서 추정의 정도가 낮아질 것이므로, 단순랜덤표본은 바람직하지 않다. 사실, 표본설계의 목적은 고정된 비용 하에서 표본오차를 최소화하는데 있다. 따라서 서울에 있는 각 서점의 매장면적을 사전에 알고 있다면 서울의 전체 서점을 매장의 크기에 따라 대형, 중형, 소형으로 분할하고, 각 그룹에서 미리 배정된 수만큼의 서점들을 단순랜덤표집법으로 뽑는다면 앞에서 제기된 문제를 해결할 수 있다. 즉, 표본에 포함되는 대형서점의 수에 따른 변동을 줄일 수 있고 결과적으로 표본오차를 대폭 감소시킬 수 있다. 여기서 대형, 중형, 소형으로 분류된 각 서점 집단이 층에 해당되고 각 층에서 단순랜덤표집법으로 추출된 서점들로 이루어진 표본을 **층화랜덤표본**(stratified random sample)이라 한다.

3. 필요에 따라 집단별(층별) 추정값을 얻을 수 있다. [예제 3.2]에서 만약 서울시 전체 서점의 총매출액뿐만 아니라 서점을 매장면적에 따라 50평 이상, 20-50평, 20평 이하로 분류한 집단별 총매출액에 관심이 있는 경우에 각 층과 관심 집단이 일치하도록 층화하고 각 층에 적절한 표본의 크기를 사전에 배정하면 어느 정도 신뢰할 수 있는 각 집단별 추정값들을 얻을 수 있다. 이런 경우에는 층화변수 및 각 층의 분류기준은 조사목적에 의해 자연스럽게 결정된다. 우리나라 통계청에서 실

시되는 대부분의 조사들을 보면 전국을 광역시 및 도별로 층화하고 표본을 추출하여 전국에 대한 추정값 및 각 시·도별 추정값을 산출해내고 있다.

[예제 4.3] 300그루의 배나무가 심어져 있는 과수원에서 배의 총 수확량을 추정하기 위한 표본 추출법을 생각하여 보자. 그루 당 생산량 y는 배나무의 수령 x와 밀접한 상관이 있으며 300그루의 배나무들은 수령이 각각 9년, 6년, 3년인 100그루씩의 세 집단으로 구분된다고 가정하자. 관찰값들 사이의 변동이 작은 표본일수록 추정오차도 작아진다. 따라서 수령이 9년인 집단에 속하는 배나무들의 그루당 수확량이 비슷하다면 비교적 작은 크기의 단순랜덤표본으로 이 집단의 총 수확량에 대하여 오차가 작은 추정값을 얻을 수 있다. 수령이 6년 또는 3년인 각 집단에서도 그루당 수확량이 비슷하다면 역시 작은 크기의 단순랜덤표본으로 각 집단의 총 수확량에 대한 정밀도 높은 추정값을 얻을 수 있다. 세 집단 각각에서 얻어진 결과를 결합하면 총 수확량을 추정할 수 있는데, 이 결과는 300그루 전체로부터의 단순랜덤표본에 의한 추정값에 비하여 더 작은 추정오차를 갖는다. 또한, 수령이 9년, 6년, 3년인 각 부분집단에서 필요한 추정값을 얻을 수 있다.

4. 단순랜덤표집법에 비해 조사비용을 절감할 수 있다. 예를 들어, 조사의 실사기관이 군청이라고 할 때 군청의 조사관할구역을 층과 일치시키면, 즉, 군을 층으로 하고 층별로 조사전담반을 구성한다면 표본 관리나 조사업무관리가 용이하고 조사비용도 절감할 수 있을 것이다. 따라서 동일한 비용으로 단순랜덤표집법에서 보다 더 많은 조사단위를 표본에 포함시킬 수 있어서 결과적으로 추정의 정도를 높일 수 있다.

이상과 같은 층화표집법의 장점들은 모집단의 층화 가능성 및 층의 구성 기준으로 사용되는 층화변수와 밀접하게 연관되어 있다. 그렇지만, 지리적 위치 또는 행정구역을 층화변수로 사용하거나 과수원 배나무의 수령을 층화변수로 하여 배나무 집단을 수령이 9년, 6년, 3년인 층을 만드는 경우처럼 층화의 목적에 적합한 층화변수를 선택하고 층의 기준을 결정하는 일은 말처럼 쉽지 않다. 층화작업에 관하여는 추정량의 정밀도를 높이기 위함이 층화의 목적일 때 조사항목과 밀접한 관련이 있는 층화변수를 선택하여 층내의 개체들은 동질적, 층간의 개체들은 이질적(heterogeneous)이 되도록 층의 기준을 결정해야 한다는 원칙만을 언급할 수밖에 없다.

[사례] 2007 축산물 생산비 조사 표본설계 : 조사구 층화

축산농가의 경우 전체 축산농가 중 대규모 사육농가가 차지하는 비중은 상대적으로 매우 작기 때문에 우선 각 축종별로 대규모 사육농가의 표본 확보를 위해 축종별 대규모 층을 구성한다. 대규모 층 구성기준은 사육규모의 3규모를 참고하여 한우 50두 이상 사육농가, 젖소 50두 이상 사육농가, 돼지 1,000두 이상 사육농가, 닭 20,000수 이상 사육 농가를 포함하고 있는 9,961조사구로 구성한다. 그런데, 최종 조사모집단의 대규모 층에 대한 조사구수, 농가수 및 평균 사육두수를 정리한 다음 쪽의 [표 4.1]을 보면 크기 1호 및 2호인 조사구에 포함된 농가들의 평균 사육두수는

한우 (102두, 42두),
육우 (110두, 53두),
젖소 (76두, 89두),
돼지 (2,482두, 1,700두),
산란계 (50,637수, 42,480수),
육계 (50,592수, 50,221수)

인데 이는 여기에 해당되는 농가들이 거의 대부분 사육규모 4규모에 속하는 농가임을 의미한다. 따라서 4규모에 속하는 표본 농가를 확보하기 위한 방안으로 대규모 층에 속하는 조사구 중에서 크기 2호 이하인 2,970개 조사구들을 묶어서 대규모 1층(대1)으로 하고 나머지 6,991개 조사구를 대규모 2층(대2)으로 층을 구성한다. 한편 대규모 사육농가를 포함하지 않는 나머지 7,960개 조사구로 소규모 층(소0)을 구성한다. 이렇게 구성된 3개 층 각각은 층에 속하는 조사구들을 각 조사구에서 사육되고 있는 주요 축종에 따라 6개 축종 층으로 분리하여 최종적으로 총 18개 조사구 층을 구성하고 각 층에 적정 표본 조사구 수를 배정하여 표본 조사구를 추출한다.

대1과 대2 층을 구성하고 있는 2,970개 및 6,991개 조사구를 축종 층으로 층화하는 방법은 다음과 같은 두 가지 층화 방법을 검토한다.

[표 4.1] 최종 조사 모집단(대규모 층) 현황

조사구당 농가수		1호	2호	3호	4호 이상	합계
조사구수 (%)		1,486 (14.92)	1,484 (14.90)	1,250 (12.55)	5,741 (57.63)	9,961 (100.00)
농가수 (%)		1,486 (2.69)	2,968 (5.38)	3,750 (6.80)	46,969 (85.13)	55,173 (100.00)
평균농가수		1.00	2.00	3.00	8.18	5.54
한우	농가수 (%)	524 (1.47)	1,449 (4.07)	2,116 (5.94)	31,534 (88.52)	35,623 (100.00)
	마리수 (%)	53,583 (5.70)	61,817 (6.58)	68,451 (7.29)	755,615 (80.43)	939,466 (100.00)
	평균마리수	102.26	42.66	32.35	23.96	26.37
육우	농가수 (%)	56 (1.60)	183 (5.23)	221 (6.32)	3,036 (86.84)	3,496 (100.00)
	마리수 (%)	6,176 (3.94)	9,834 (6.28)	11,583 (7.39)	129,067 (82.39)	156,660 (100.00)
	평균마리수	110.29	53.74	52.41	42.51	44.81
젖소	농가수 (%)	261 (3.81)	475 (6.94)	566 (8.27)	5,546 (80.99)	6,848 (100.00)
	마리수 (%)	19,910 (4.73)	42,558 (10.10)	35,174 (8.35)	323,718 (76.83)	421,360 (100.00)
	평균마리수	76.28	89.60	62.14	58.37	61.53
돼지	농가수 (%)	302 (5.89)	396 (7.72)	412 (8.04)	4,017 (78.35)	5,127 (100.00)
	마리수 (%)	749,790 (10.42)	673,563 (9.36)	632,792 (8.79)	5,142,515 (71.44)	7,198,660 (100.00)
	평균마리수	2,482.75	1,700.92	1,535.90	1,280.19	1,404.07
산란계	농가수 (%)	98 (6.03)	131 (8.07)	112 (6.90)	1,283 (79.00)	1,624 (100.00)
	마리수 (%)	4,962,500 (10.79)	5,564,934 (12.10)	2,857,790 (6.21)	32,600,149 (70.89)	45,985,373 (100.00)
	평균마리수	50,637.76	42,480.41	25,515.98	25,409.31	28,316.12
육계	농가수 (%)	245 (9.98)	334 (13.60)	323 (13.16)	1,553 (63.26)	2,455 (100.00)
	마리수 (%)	12,395,100 (9.77)	16,774,100 (13.23)	18,113,800 (14.28)	79,540,220 (62.72)	126,823,220 (100.00)
	평균마리수	50,592.24	50,221.86	56,079.88	51,217.14	51,659.15

방법1: 전체 축산농가수를 기준으로 조사구내 각 축종별 축산농가 비율을 구하고, 최대 축산농가 비율에 따라 축종별로 6개 층을 구성한다.

방법2: 대규모 축산농가수를 기준으로 조사구내 축종별 축산농가 비율을 구하고, 한우농가 비율이 일정 백분율 미만인 조사구를 한우를 제외한 최대 축산 농가

비율에 따라 한우 외의 다른 해당 축종 층에 배정한다.

한편, 소규모 층을 구성하고 있는 7,960개 조사구에 대한 층화는 한우농가 비율이 일정 백분율 미만인 조사구를 한우를 제외한 최대 축산농가 비율에 따라 한우 이외의 다른 해당 축종 층에 배정하는 방법을 검토한다. 한우 층을 구성하기 위한 기준 백분율은 70~90%에 해당하는 값으로 변화시키면서 층화하여 결과를 검토한다.

농업총조사 자료에는 축산농가와 관련하여 축산물 생산비에 대한 정보는 전혀 제공되고 있지 않기 때문에 본 표본설계에서는 조사구의 동질성과 포함범위를 나타내는 다음과 같은 측도들을 기준으로 층화방법의 효율성을 검토한다.

◎ 동일 축종 농가 포함 범위 = (층내 한우 농가수) / (전체 한우 농가수)

◎ 동일 축종 마리수 포함 범위 = (층내 한우 마리수) / (전체 한우 마리수)

◎ 동일 축종 농가 비율 = (층내 한우 농가수) / (층내 축산 농가수)

(1) 대규모 층 층화 결과

제시된 층화 방법들에 대하여 포함범위(농가수, 마리수, 동일축종)를 중심으로 비교해 본 결과 대규모 층의 경우 대규모 한우농가 비율이 90% 이상인 조사구는 한우 층에 배정하고 90% 미만인 조사구는 대규모 사육농가 비율이 최대인 축종 층에 배정하는 층화 방법이 적절한 것으로 판단되었다. 그런데 이러한 층화 방법에 의하면 육우 층의 포함비율이 다른 축종 층에 비하여 현저히 떨어지는 결과를 보였기 때문에 육우 층의 포함비율을 높이기 위하여 한우농가 비율이 90% 미만이고 육우농가 비율이 20% 이상인 조사구는 무조건 육우 층에 배정하는 방법으로 층화하였다. 이상과 같은 방법으로 층화한 결과가 다음 쪽의 [표 4.2]와 [표 4.3]인데 동일축종 포함범위 및 동일축종 농가비율이 만족할 만한 수준으로 평가된다.

(2) 소규모층 층화 결과

소규모 층의 층화 방법에 있어서는 최대 축종비율에 따라 각 축종별 층을 구성하게 되면 조사구들이 한우층으로 과다하게 밀집되는 현상이 발생한다. 따라서 한우농가 비율이 90% 미만인 조사구는 한우 이외의 최대 축종비율을 갖는 축종층에 배분하는 층화 방법이 바람직한 것으로 판단된다. 소규모 층의 층화에서도 이러한 층화 방법에 의하면

[표 4.2] 대규모(대1) 층 층화 결과

축종층	조사구수	축산 농가수	축종층 동일축종		규모층 동일축종		동일 축종 포함 비율		동일축종 농가비율
			농가수	마리수	농가수	마리수	농가수	마리수	
한우	994	1,464	1,389	101,386	1,973	115,400	70.40	87.86	94.88
육우	134	212	139	14,272	239	16,010	58.16	89.14	65.57
젖소	571	881	642	56,881	736	62,468	87.23	91.06	72.87
돼지	568	834	619	1,338,653	698	1,423,353	88.68	94.05	74.22
산란계	194	290	206	9,966,434	229	10,527,434	89.96	94.67	71.03
육계	509	773	541	28,131,600	579	29,169,200	93.44	96.44	69.99

[표 4.3] 대규모(대2) 층 층화 결과

축종층	조사구수	축산 농가수	축종층 동일축종		규모층 동일축종		동일 축종 포함 비율		동일축종 농가비율
			농가수	마리수	농가수	마리수	농가수	마리수	
한우	2,306	16,548	15,505	444,377	33,650	824,066	46.08	53.92	93.70
육우	650	5,292	1,379	102,195	3,257	140,650	42.34	72.66	26.06
젖소	1,538	11,164	4,044	253,040	6,112	358,892	66.16	70.51	36.22
돼지	1,163	8,682	2,647	4,112,483	4,429	5,775,307	59.77	71.21	30.49
산란계	374	2,967	904	26,120,399	1,395	35,457,939	64.80	73.67	30.47
육계	960	6,066	1,419	82,841,940	1,876	97,654,020	75.64	84.83	23.39

[표 4.4] 소규모층(소0) 층화 결과

축종층	조사구수	축산 농가수	축종층 동일축종		규모층 동일축종		동일 축종 포함 비율		동일축종 농가비율
			농가수	마리수	농가수	마리수	농가수	마리수	
한우	5,816	24,030	23,934	313,780	29,927	393,231	79.97	79.80	99.60
육우	525	2,197	724	13,396	1,064	19,116	68.05	70.08	32.95
젖소	634	2,696	917	28,273	1,113	34,159	82.39	82.77	34.01
돼지	676	3,337	1,051	367,327	1,184	416,023	88.77	88.29	31.50
산란계	159	808	219	1,529,250	254	1,794,450	86.22	85.22	27.10
육계	150	675	168	1,106,300	201	1,358,800	83.58	81.42	24.89

육우층의 포함비율이 다른 축종층에 비하여 현저히 떨어지는 결과를 보였기 때문에 육

우층의 포함비율을 높이기 위하여 한우농가 비율이 90% 미만이고 육우농가 비율이 40% 이상인 조사구는 무조건 육우층에 배분하는 방법으로 층화하였다. 이상과 같은 방법으로 층화한 결과가 앞 쪽의 [표 4.4]인데 동일축종 포함범위 및 동일축종 농가비율이 만족할 만한 수준으로 평가된다.

4.2 모수의 추정

이제, 모집단을 층화변수의 기준에 따라 층화한 다음 각 층에서 추출한 배정된 크기의 단순랜덤표본들로 구성된 층화랜덤표본에 의하여 모수를 추정하여 보자.

크기 N인 모집단은 H개의 층으로 분할되어 있고, h번째 층에 속하는 추출단위들의 수, 즉, h번째 층의 크기를 N_h라 하면, h번째 층에 해당하는 부분모집단은

$$U_h = \{u_{h1}, u_{h2}, \cdots, u_{hN_h}\}$$

로 나타낼 수 있다. 이 때, 부분모집단 U_h의 표지집합을

$$L_h = \{h1, h2, \cdots, hN_h\}$$

라 하고 조사항목 또는 특성을 변수 y라 하면 $y_{l_{hk}}$는 표지가 $l_{hk}(\in L_h)$인 개체에서 관측되는 특성값을 나타낸다. 여기서

$$l_{hi} = hi, \quad i = 1, 2, \cdots, N_h, \quad h = 1, 2, \cdots, H$$

라 하면 부분모집단 U_h의 각 개체에 대응되는 특성값들의 집합은

$$\{y_{h1}, y_{h2}, \cdots, y_{hN_h}\}$$

이고 h번째 층의 총합 τ_h와 평균 μ_h는

$$\tau_h = \sum_{k=1}^{N_h} y_{hk},$$

$$\mu_h = \frac{\tau_h}{N_h} = \frac{1}{N_h}\sum_{k=1}^{N_h} y_{hk}$$

와 같은 식으로 정의된다. 따라서 전체 모집단

$$U = \{U_1, U_2, \cdots, U_H\}$$

에 대한 특성값들의 집합은

$$\{(y_{11}, y_{12}, \cdots, y_{1N_1}), \ \cdots \ , (y_{H1}, y_{H2}, \cdots, y_{HN_H})\}$$

이 되고, 이들의 총합 τ와 평균 μ는

$$\tau = \sum_{h=1}^{H} \tau_h = \sum_{h=1}^{H} N_h \mu_h = \sum_{h=1}^{H} \sum_{k=1}^{N_h} y_{hk},$$

$$\mu = \frac{\tau}{N} = \frac{1}{N} \sum_{h=1}^{H} \tau_h = \frac{1}{N} \sum_{h=1}^{H} \sum_{k=1}^{N_h} y_{hk}$$

와 같이 표현된다. 그리고 y_{hk}의 값이 0 또는 1일 때 h번째 층의 비율을 p_h, 모비율을 p라 하면

$$p_h = \mu_h, \quad p = \mu$$

가 된다. 다음으로 y_{hk}의 산포로는 모평균 μ 주변의 산포를 나타내는 모분산

$$\sigma^2 = \frac{1}{N} \sum_{h=1}^{H} \sum_{k=1}^{N_h} (y_{hk} - \mu)^2$$

과 h번째 층 내에서 층의 평균 μ_h 주변의 산포를 나타내는 층분산

$$\sigma_h^2 = \frac{1}{N_h} \sum_{k=1}^{N_h} (y_{hk} - \mu_h)^2$$

또는

$$S_h^2 = \frac{1}{N_h - 1} \sum_{k=1}^{N_h} (y_{hk} - \mu_h)^2$$

을 생각할 수 있다. 모분산 σ^2과 층분산 σ_h^2의 관계는

$$\begin{aligned} \sigma^2 &= \frac{1}{N} \sum_{h=1}^{H} \sum_{k=1}^{N_h} [(y_{hk} - \mu_h) + (\mu_h - \mu)]^2 \\ &= \frac{1}{N} \left[\sum_{h=1}^{H} \sum_{k=1}^{N_h} (y_{hk} - \mu_h)^2 + \sum_{h=1}^{H} N_h (\mu_h - \mu)^2 \right] \\ &= \sum_{h=1}^{H} \frac{N_h}{N} \sigma_h^2 + \sum_{h=1}^{H} \frac{N_h}{N} (\mu_h - \mu)^2 = \sigma_w^2 + \sigma_b^2 \end{aligned}$$

와 같은 식으로 표시된다. 위의 식에서

$$\sigma_w^2 = \sum_{h=1}^{H} \frac{N_h}{N} \sigma_h^2$$

는 층분산들의 가중평균으로 각 층 내의 변동에 대한 평균적인 크기를 나타내기 때문에 **층내 분산**(within variance)이라 부른다. 또,

$$\sigma_b^2 = \sum_{h=1}^{H} \frac{N_h}{N} (\mu_h - \mu)^2$$

은 층의 평균들 사이의 변동을 보여주므로 **층간 분산**(between variance)이라 한다.

이제, 크기가 N_h인 h번째 층에서 추출한 크기 n_h인 단순랜덤표본을

$$\left\{y_{h1},\ y_{h2},\ \cdots,\ y_{hn_h}\right\},\ h = 1, 2, \cdots, H$$

라 할 때 단순랜덤표본에 의한 추정 이론에 의하면 h번째 층의 평균 μ_h의 비편향추정량과 추정분산은

$$\hat{\mu}_h = \bar{y}_h = \frac{1}{n_h} \sum_{i=1}^{n_h} y_{hi},$$

$$\hat{V}(\bar{y}_h) = \frac{N_h - n_h}{N_h} \frac{s_h^2}{n_h},$$

$$s_h^2 = \frac{1}{n_h - 1} \sum_{i=1}^{n_h} (y_{hi} - \bar{y}_h)^2$$

이 된다. 따라서 모평균 μ의 비편향추정량 $\hat{\mu}$는

$$\hat{\mu} = \frac{1}{N} \sum_{h=1}^{H} N_h \hat{\mu}_h = \frac{1}{N} \sum_{h=1}^{H} N_h \bar{y}_h$$

이고, $\hat{\mu}_h,\ h = 1, 2, \cdots, H$들은 서로 독립이므로 $\hat{\mu}$의 분산에 대한 추정량은 다음과 같다.

$$\hat{V}(\hat{\mu}) = \frac{1}{N^2} \sum_{h=1}^{H} N_h^2 \frac{N_h - n_h}{N_h} \frac{s_h^2}{n_h}.$$

[예제 4.4] Siniff & Skoog(1966)는 1962년 2월에 Nelchina의 Alaska 순록 떼 크기를 추정하기 위하여 층화랜덤표집법을 사용하였다. 1월과 2월 초에 걸쳐서 여러 표집기법들을 현장에서 적용해 본 결과에 의하면 동일비행시간(equal

[정리 4.1] 층화랜덤표본에 의한 모수의 추정량과 추정량의 분산 추정

(i) 모총합 τ의 추정

$$\hat{\tau}_{st} = \sum_{h=1}^{H} N_h \bar{y}_h = \sum_{h=1}^{H} \frac{N_h}{n_h} \sum_{i=1}^{n_h} y_{hi},$$

$$\widehat{V}(\hat{\tau}_{st}) = \sum_{h=1}^{H} N_h^2 \frac{N_h - n_h}{N_h} \frac{s_h^2}{n_h}.$$

(ii) 모평균 μ의 추정

$$\hat{\mu} = \bar{y}_{st} = \sum_{h=1}^{H} \frac{N_h}{N} \bar{y}_h,$$

$$\widehat{V}(\bar{y}_{st}) = \sum_{h=1}^{H} \left(\frac{N_h}{N}\right)^2 \frac{N_h - n_h}{N_h} \frac{s_h^2}{n_h}.$$

(iii) 모비율 p의 추정

$$\hat{p}_{st} = \bar{y}_{st} = \sum_{h=1}^{H} \frac{N_h}{N} \hat{p}_h,$$

$$\widehat{V}(\hat{p}_{st}) = \sum_{h=1}^{H} \left(\frac{N_h}{N}\right)^2 \frac{N_h - n_h}{N_h} \frac{\hat{p}_h(1-\hat{p}_h)}{n_h - 1}.$$

-flying-time) 추출단위 등의 몇 가지 제안된 추출단위들은 조사원들이 현장에서 자료를 수집하는 데에 적합하지 않았고, 면적이 4제곱마일(mi^2)로 동일한 추출단위가 조사업무 수행에 가장 적합한 것으로 나타났다. 사전에 추정된 순록의 밀도를 이용하여 관심지역을 여섯 개의 층으로 층화하고 각 층은 $4mi^2$ 크기의 격자(格子:grid) 형태로 분할된 추출단위들로 구성하였다. 각 층에서 배정된 크기의 단순랜덤표본을 추출하여 조사한 결과가

[표 4.5] [예제 4.4]의 자료

NO.	1	2	3	4	5	6
N_h	400	30	61	18	70	120
n_h	98	10	37	6	39	21
$\bar{y}_h$	24.1	25.6	267.6	179.0	293.7	33.2
s_h^2	5,575	4,064	347,556	22,798	123,578	9,759

와 같았다. 순록의 총수에 대한 95.4% 신뢰구간을 구하여라.

[표 4.6] [예제 4.4]의 계산표

No.	N_h	n_h	$\bar{y}_h$	s_h^2	$N_h\bar{y}_h$	$\frac{N_h}{n_h}(N_h-n_h)$	$\frac{N_h}{n_h}(N_h-n_h)s_h^2$
1	400	98	24.1	5,575	9,640.0	1232.6531	6,872,040.82
2	30	10	25.6	4,064	768.0	60.0000	243,840.00
3	61	37	267.6	347,556	16,323.6	39.5676	13,751,945.51
4	18	6	179.0	22,798	3,222.0	36.0000	820,728.00
5	70	39	293.7	123,578	20,559.0	55.6410	6,876,006.67
6	120	21	33.2	9,759	3,984.0	565.7143	5,541,171.43
계					54,496.6		34,105,732.43

(풀이) [표 4.6]의 계산표를 보면 신록의 총수에 대한 추정치 $\hat{\tau}$는

$$\hat{\tau} = 54,496.6$$

이고, 추정치의 표준오차는

$$\widehat{s.e.}(\hat{\tau}) = \sqrt{n_h^{-1}N_h(N_h - n_h)s_n^2} = 5840.01$$

이다. 따라서 순록의 총수에 대한 95.4% 신뢰구간은 다음과 같다.

$$54,497 \pm 2(5840) = (42,817,\ 66,177).$$

[예제 4.5] 미국 학회평의회(ACLS : American Council of Learned Societies)에서는 ACLS 소속 학회 회원들 간의 출판 형태 및 컴퓨터와 도서관 이용에 대한 연구에 일곱 개 학문 영역의 ACLS 소속 학회를 층으로 하여 추출한 층화랜덤표본을 이용하였다(Morton & Price, 1989). 조사된 자료는 [표 4.7]과 같다.

(1) 무응답은 무시하고 학회에 이중으로 가입한 회원은 없다고 가정할 때

[표 4.7] ACLS의 조사 자료

영역	회원수	우편발송	우편회수	여성회원(%)	동의(%)
1. 문학	9,100	915	636	38	37
2. 고전	1,950	633	451	27	23
3. 철학	5,500	658	481	18	23
4. 역사	10,850	855	611	19	29
5. 언어학	2,100	667	493	36	19
6. 정치학	5,500	833	575	13	43
7. 사회학	9,000	824	588	26	41
합계	44,000	5,385	3,853		

여성 회원의 비율과 총수를 추정하고 추정치의 표준오차를 추정하여라.

(2) 응답자들 중에서 다음과 같은 질문

"전공 영역에 관한 주요 학술지들의 새로운 논제를 볼 때 관심 있는 논문을 거의 찾을 수 없었다는 데에 동의합니까?"

에 동의한다고 응답한 회원의 비율이 [표 4.7]의 마지막 열에 각 층별로 주어져 있다. 조사모집단에서 질문에 동의하는 사람들의 비율을 추정하고 추정치의 표준오차를 추정하여라.

(풀이) (1) N_h=회원수, n_h=우편회수 수라 하면 여성회원의 비율 p의 추정치와 추정치의 표준오차는 [표 4.8]로부터

$$\hat{p}_{st} = \frac{10847}{44000} = 0.2465,$$

$$\widehat{s.e.}(\hat{p}_{st}) = \sqrt{0.0000507} = 0.00712$$

이고 여성회원의 총수 τ_w의 추정치와 표준오차는

$$\hat{\tau}_w = N\hat{p}_{st} = 10847,$$

$$\widehat{s.e.}(\hat{\tau}_w) = N\widehat{s.e.}(\hat{p}_{st}) = 44000 \times 0.00712 = 313$$

와 같이 구해진다. [표 4.8]은 미니탭을 이용하여 간단히 구할 수 있다. 다음 쪽의 [그림 4.1]과 같이 미니탭 창의 두 번째 행에서 'Editor'를 클릭하여 'Enable Commands'를 선택하면 미니탭 명령어를 입력하여 실행시킬 수 있도록 Session창에 'MTB> '가 나타난다. [그림 4.1]

[표 4.8] [예제 4.5]-(1)의 계산표

					①	②	③	
층	N_h	n_h	$\hat{p}_h$	$N_h\hat{p}_h$	$(N_h/N)^2$	$(1-n_h/N_h)$	$\frac{\hat{p}_h(1-\hat{p}_h)}{n_h-1}$	①×②×③
1	9,100	636	0.38	3,458	0.042774	0.930110	0.0003710	0.0000148
2	1,950	451	0.27	526.5	0.001964	0.768718	0.0004380	0.0000007
3	5,500	481	0.18	990	0.015625	0.912545	0.0003075	0.0000044
4	10,850	611	0.19	2061.5	0.060807	0.943638	0.0002523	0.0000145
5	2,100	493	0.36	756	0.002278	0.765238	0.0004683	0.0000008
6	5,500	575	0.13	715	0.015625	0.895455	0.0001970	0.0000028
7	9,000	588	0.26	2340	0.041839	0.934667	0.0003278	0.0000128
계	44,000	3,853		10,847				0.0000507

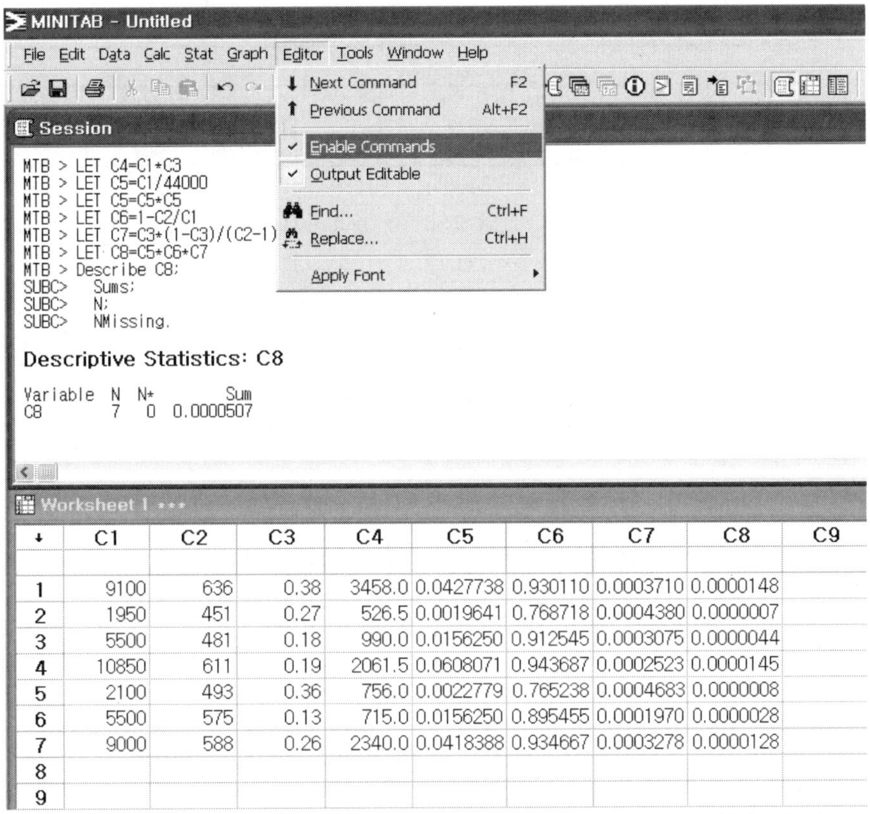

[그림 4.1] [표 4.8]을 구하기 위한 미니탭 프로그램 실행 결과

에서 C1, C2 및 C3열에 각각 N_h, n_h, $\hat{p}_h$에 대한 자료를 입력하고

MTB > LET C4 = C1*C3

를 수행시키면 C4열에 $N_h\hat{p}_h$가 계산되어 저장된다.

(2) 조사모집단은 각 층에서의 질문지 회수율을 이용하여 다음과 같이 추정할 수 있다.

층	1	2	3	4	5	6	7	계
N_h	9100	1950	5500	10850	2100	5500	9000	44000.0
회 수	636	451	481	611	493	575	588	
발 송	915	633	658	855	667	833	824	
회수율	0.6951	0.7125	0.7310	0.7146	0.7391	0.6902	0.7136	
$\hat{N}_{sh}$	6325.2	1389.3	4020.5	7753.6	1552.2	3796.5	6422.3	31260.0

[표 4.9] [예제 4.5]-(2)의 계산표

					①	②	③	
층	N_{sh}	n_{sh}	$\hat{p}_{sh}$	$N_{sh}\hat{p}_{sh}$	$\left(\frac{N_{sh}}{N_s}\right)^2$	$\left(1-\frac{n_{sh}}{N_{sh}}\right)$	$\frac{\hat{p}_{sh}(1-\hat{p}_{sh})}{n_{sh}-1}$	①×②×③
1	6325.2	636	0.37	2340.34	0.04094	0.899451	0.0003671	0.0000135
2	1389.3	451	0.23	319.55	0.00198	0.675385	0.0003936	0.0000005
3	4020.5	481	0.23	924.72	0.01654	0.880364	0.0003690	0.0000054
4	7753.6	611	0.29	2248.55	0.06152	0.921198	0.0003375	0.0000191
5	1552.2	493	0.19	294.91	0.00247	0.682381	0.0003128	0.0000005
6	3796.5	575	0.43	1632.50	0.01475	0.848545	0.0004270	0.0000053
7	6422.3	588	0.41	2633.16	0.04221	0.908444	0.0004121	0.0000158
계	31260.0			10393.73				0.0000602

따라서 [표 4.9]에 의하면 조사모집단에서 질문에 동의하는 사람들의 비율 p_{sa}의 추정치와 추정치의 표준오차는 다음과 같다.

$$\hat{p}_{sa} = \frac{10393.73}{31260} = 0.3325,$$

$$\widehat{s.e.}(\hat{p}_{sa}) = \sqrt{0.0000602} = 0.00776.$$

4.3 표본의 크기

추정의 정도는 표본의 크기 n에 의존하는데 이는 표본의 크기 n이 증가할 때 추정량의 분산이 감소하기 때문이다. 모수를 추정할 때 신뢰도 $100(1-\alpha)\%$ 하에서 요구되는 정도 d가 주어지면

$$\text{정도}(d) = \text{신뢰계수} \times \text{ 추정량의 표준오차}$$

로 표현되는 식을 이용하여 표본의 크기를 결정하게 된다.

모평균 μ의 추정에서 추정의 정도가 $|\hat{\mu}-\mu| \le d_\mu$이고 신뢰계수가 $z_{\alpha/2}$일 때

$$D_\mu^2 = \left(\frac{d_\mu}{z_{\alpha/2}}\right)^2 = V(\overline{y}_{st}) = \sum_{h=1}^{H}\left(\frac{N_h}{N}\right)^2 \frac{N_h - n_h}{N_h}\frac{S_h^2}{n_h} \tag{4.1}$$

를 n에 대하여 풀면 층화랜덤표본의 크기를 구할 수 있다. 그런데, n_h와 n사이의 관계

식이 주어지지 않으면 이 식을 n에 대하여 풀 수 없다. 크기 n인 표본을 각 층에 배분하는 방법에는 여러 가지가 있지만 어느 경우에나 n_h와 n 사이의 관계식은

$$n_h = w_h n,\ \ 0 < w_h < 1,\ \ h = 1, 2, \cdots, H \tag{4.2}$$

로 표현된다. 따라서 식 (4.2)를 식 (4.1)에 대입하여 n에 대하여 풀면 된다.

[정리 4.2] 신뢰도 $100(1-\alpha)\%$인 층화랜덤표본의 크기

(i) $$\left|\frac{\hat{\mu}-\mu}{z_{\alpha/2}}\right| \le \frac{d_\mu}{z_{\alpha/2}} = D_\mu \ \Rightarrow\ n = \frac{\sum_{h=1}^{H}(N_h S_h)^2/w_h}{(ND_\mu)^2 + \sum_{h=1}^{H} N_h S_h^2}$$

(ii) $$\left|\frac{\hat{\tau}-\tau}{z_{\alpha/2}}\right| \le \frac{d_\tau}{z_{\alpha/2}} = D_\tau \ \Rightarrow\ n = \frac{\sum_{h=1}^{H}(N_h S_h)^2/w_h}{D_\mu^2 + \sum_{h=1}^{H} N_h S_h^2}$$

(iii) $$\left|\frac{\hat{p}-p}{z_{\alpha/2}}\right| \le \frac{d_p}{z_{\alpha/2}} = D_p \ \Rightarrow\ n = \frac{\sum_{h=1}^{H}N_h^2 p_h(1-p_h)/w_h}{D_\mu^2 + \sum_{h=1}^{H} N_h p_h(1-p_h)}$$

[정리 4.2]의 식 (i) 및 (ii)를 이용하여 표본의 크기를 결정하려면 층의 모분산 S_h^2에 대한 정보가 있어야 한다. S_h^2에 대한 근사값은 사전조사나 선행조사에서 구한 s_h^2을 이용하거나 층의 범위를 이용하여 구할 수 있다. 체비세프의 정리 및 정규분포 이론에 의하면 범위는 표준편차의 4~6배 정도의 크기를 가진다. [정리 4.2]의 식 (iii)의 이용에서도 층의 모비율 p_h에 대한 정보가 필요하다. p_h에 대한 근사값으로는 사전조사나 선행조사에서 구한 $\hat{p}_h$가 주로 이용된다. w_h의 결정은 표본의 배분에 관한 것으로 다음 절에서 다룬다.

[예제 4.6] 진주시의 케이블 TV 방송사인 서경방송에서는 진주 지역의 가구들을 대상으로 주당 TV 시청시간을 조사하기로 하였다. 진주의 주거지역은 재래시

장이 있는 전래의 주거지역(A), 공단주변 주거지역(B), 아파트가 밀집되어 있는 신 주거지역(C)의 세 지역으로 이루어져 있다. 표본조사설계를 위한 사전조사 결과가 다음과 같았다.

층	N_h	n_h	$\bar{y}_h$	s_h
A	8000	40	34	6.9
B	14000	70	25	15.4
C	18000	90	18	9.6

신뢰도 95.4%에서 모평균에 대한 추정오차의 한계가 2시간이 되도록 모평균을 추정하고자 한다. 각 층에 배정되는 표본의 크기를 동일하게($w_h = 1/3$) 할 때 필요한 층화랜덤표본의 크기를 구하여라.

(풀이) $d_\mu = 2$, $z = 2$이므로 $D_\mu = 1$이다. 따라서 [표 4.10]에 의하면 표본의 크기는 다음과 같다.

$$n = \frac{\sum_{h=1}^{H}(N_h S_h)^2/w_h}{(ND_\mu)^2 + \sum_{h=1}^{H} N_h S_h^2} = \frac{3 \times 79390.24}{1600 + 5.36} = 148.4 \geq 149.$$

[표 4.10] [예제 4.6]의 계산표

층	N_h	$\hat{S}_h$	N_h^2	$\hat{S}_h^2$	$N_h\hat{S}_h^2 \cdot 10^{-3}$	$(N_h\hat{S}_h)^2 \cdot 10^{-6}$
A	8,000	6.9	$64 \cdot 10^6$	47.61	380.88	3,047.04
B	14,000	15.4	$196 \cdot 10^6$	237.16	3,320.24	46,483.36
C	18,000	9.6	$324 \cdot 10^6$	92.16	1,658.88	29,859.84
계	40,000				5,360.00	79,390.24

4.4 표본의 배정

층화추출법에서 고려해야 할 또 하나의 중요한 문제는 각 층에 크기 n인 표본을 배정(allocation)하는 방법이다. 각 층에 배정되는 표본의 크기 n_h에 따라 추정량에 대한 분산의 크기가 변하기 때문에 주어진 비용 하에서 추정량의 분산을 최소로 할 수 있는 배정방법이 필요하다. 일정한 비용 하에서 추정량의 정도를 최대로 할 수 있는 최적의 표본 배분방법은 다음과 같은 요인들의 영향을 받는다.

1. 각 층을 구성하는 총 조사단위의 수 - 층의 크기
   각 층 내의 조사단위의 수는 표본에 포함되는 정보의 양에 영향을 준다. 일반적으로 표본 추출률이 높은 표본일수록 더 많은 정보를 제공한다. 따라서 모든 층에서 일정 수준 이상의 정보를 확보하려면 조사단위의 수가 많은 층에 더 많은 표본을 배정하는 것이 효과적이다.
2. 각 층을 구성하는 조사단위들 간의 변동 - 층내 분산
   조사단위들 간에 이질성이 크면 정도 높은 추정량을 얻기 위해 더 많은 표본이 필요하므로 변동이 큰 층에 더 많은 표본을 배정해야 한다.
3. 각 층에서의 조사단위당 실사 비용
   각 층 마다 조사단위당 관측 비용이 서로 다르면 표본조사 비용을 최소화하기 위해서 관측 비용이 많이 드는 층에서 표본을 적게 뽑아야 한다.

위의 세 요인들 중에서 층의 크기만을 고려한 표본 배정법을 **비례배정법**(proportional allocation)이라 하고, 층의 크기 및 층내 분산의 크기를 반영하는 배분 방법을 **네이만 배정법**(Neyman allocation)이라 한다. 그리고 세 가지 요인의 영향을 모두 반영한 표본 배정 방법을 **최적배정법**(optimal allocation)이라고 한다. 먼저, 최적배정법에 대하여 살펴보자.

h번째 층에서 하나의 조사단위를 실사하여 관측값을 얻는데 드는 비용을 c_h라 하면 표본조사에 드는 총비용 C는

$$C = c_0 + \sum_{h=1}^{H} n_h c_h$$

와 같은 식으로 주어진다. 여기서 c_0는 표본조사에서 기본적으로 소요되는 고정비용을 나타낸다. 따라서 모평균을 추정하기 위한 총비용이 C로 주어졌다면

$$c = C - c_0 = \sum_{h=1}^{H} n_h c_h$$

로 주어지는 조건 하에서 $V(\bar{y}_{st})$를 최소로 하는 n_h를 구하는 방법을 최적배정법이라 한다. 라그랑지 승수법(Lagrange multiplier method)을 이용하면 최적배정에 의한 표본의

크기 n_h를 구할 수 있다. 즉, 라그랑지 함수를

$$L = V(\overline{y}_{st}) + \lambda\left(\sum_{h=1}^{H} c_h n_h - c\right)$$

$$= \sum_{h=1}^{H}\left(\frac{N_h}{N}\right)^2\left(\frac{S_h^2}{n_h} - \frac{S_h^2}{N_h}\right) + \lambda\left(\sum_{h=1}^{H} c_h n_h - c\right)$$

로 두면

$$\frac{\partial L}{\partial n_h} = -\left(\frac{N_h}{N}\right)^2 \frac{S_h^2}{n_h^2} + \lambda c_h = 0 \quad \Rightarrow \quad n_h = \frac{1}{\sqrt{\lambda}} \frac{N_h S_h}{N\sqrt{c_h}}$$

이고,

$$\sum_{k=1}^{H} n_k = \frac{1}{\sqrt{\lambda}} \frac{1}{N} \sum_{k=1}^{H} N_k S_k / \sqrt{c_k} = n \quad \Rightarrow \quad \frac{1}{\sqrt{\lambda}} = \frac{nN}{\sum_{k=1}^{H} N_k S_k / \sqrt{c_k}}$$

이므로

$$n_h = \frac{N_h S_h / \sqrt{c_h}}{\sum_{k=1}^{H} N_k S_k / \sqrt{c_k}} \cdot n \tag{4.3}$$

이 된다. 식 (4.3)에 의하면 최적배정에 의한 n_h는 층의 크기 N_h와 층의 표준편차 S_h에 비례하고 $\sqrt{c_h}$에 반비례함을 알 수 있다. 즉, n_h는 $N_h S_h / \sqrt{c_h}$에 비례한다. 최적배정법을 이용하기 위해서는 각 층의 분산 S_h^2을 알아야 한다. S_h^2에 대한 근사값은 이전 조사결과나 각 층의 관측값들이 속하는 범위로부터 추정할 수 있다. 실제 표본설계에서는 S_h 대신에 층의 변동계수 C_h를 주로 사용한다.

최적배정법을 사용할 때 필요한 총 표본의 크기 n은 식 (4.3)에서 구해지는

$$w_h = \frac{n_h}{n} = \frac{N_h S_h / \sqrt{c_h}}{\sum_{k=1}^{H} N_k S_k / \sqrt{c_k}}$$

을 [정리 4.2]의 식 (ⅰ)에 대입하면 다음과 같은 식으로 주어진다.

$$n = \frac{\left(\sum_{h=1}^{H} N_h S_h / \sqrt{c_h}\right)\left(\sum_{h=1}^{H} N_h S_h \sqrt{c_h}\right)}{N^2 D_\mu^2 + \sum_{h=1}^{H} N_h S_h^2}. \tag{4.4}$$

층화추출에서 각 층의 조사비용이 동일한 경우들이 있을 수 있으며 층별 조사비용을 알 수 없지만 층별 비용의 차이가 크기 않다면 각 층의 조사비용을 같게 할 수 있다. 이 경우에는

$$c_1 = c_2 = \cdots = c_H$$

이므로 각 층에 배정되는 표본의 크기는

$$n_h = n \cdot \frac{N_h S_h}{\sum_{k=1}^{H} N_k S_k} \tag{4.5}$$

이 된다. 이 식에 의한 표본배정 방법을 네이만 배정법이라 부르는데 네이만 배정법에 의한 표본의 크기 n_h는 $N_h S_h / \sqrt{c_h}$에 비례한다. 네이만 배정법을 사용할 때 필요한 총 표본의 크기는 다음과 같은 식으로 주어진다.

$$n = \frac{\left(\sum_{h=1}^{h} N_h S_h\right)^2}{N^2 D_\mu^2 + \sum_{h=1}^{H} N_h S_h^2}. \tag{4.6}$$

때로는 비용뿐만 아니라 각 층의 분산도 비슷한 경우가 있을 수 있다. 이 경우에 배정되는 표본의 크기는

$$n_h = n\left(N_h \middle/ \sum_{k=1}^{H} N_k\right) = n\left(\frac{N_h}{N}\right) \tag{4.7}$$

와 같은 식으로 주어진다. 이런 배정법을 비례배정법이라 부르는데 그 이유는 n_h가 각 층의 크기 N_h에 비례하기 때문이다. 비례배정법을 사용하면 모평균 μ에 대한 추정량이

$$\hat{\mu} = \bar{y}_{st} = \sum_{h=1}^{H} \frac{N_h}{N} \frac{1}{n_h} \sum_{i=1}^{n_h} y_{hi} = \frac{1}{n} \sum_{h=1}^{H} \sum_{i=1}^{n_h} y_{hi}$$

가 된다. 즉, $\bar{y}_{st}$는 단순히 전체 표본에 대한 표본평균의 식으로 간단히 주어진다. 이러한 장점 때문에 비례배정법은 실제 표본조사에서 자주 이용되는 표본배정법이다. 비례배정법에서 총 표본의 크기는 다음과 같은 식으로 주어진다.

$$n = \frac{\sum_{h=1}^{h} N_h S_h^2}{N D_\mu^2 + \frac{1}{N} \sum_{h=1}^{H} N_h S_h^2}. \tag{4.8}$$

층화표집에서 비례배정법을 이용하여 각 층에 표본을 배정하게 되면 모집단의 모든 추출단위들이 표본에 포함될 확률은 같아진다. 따라서 이렇게 얻어진 층화랜덤표본은 단순랜덤표본과 마찬가지로 자체가중표본이기 때문에 모평균의 추정량으로 단순표본평균을 사용하면 된다. 그러나 네이만 배정과 최적 배정의 경우에는 모평균의 추정에 각 추출단위의 추출확률을 반영한 가중평균 형태의 추정방법을 사용해야 한다.

[예제 4.7] [예제 4.6]에서

(1) 각 층의 조사비용들에 대한 비가

$$c_A : c_B : c_C = 2 : 3 : 1$$

일 때 최적배정에 필요한 총 표본의 크기를 구하고 각 층에 배정되는 표본의 크기를 구하여라.

(2) 네이만 배정에 필요한 총 표본의 크기를 구하고 각 층에 배정되는 표본의 크기를 구하여라. 122.57

(3) 비례 배정에 필요한 총 표본의 크기를 구하고 각 층에 배정되는 표본의 크기를 구하여라.

(풀이) [표 4.10]에서의 $\sum N_h S_h^2 = 5{,}360{,}000$과 [표 4.11]에 의하면 각 배정 방법에 필요한 표본의 크기와 배정된 크기는 다음과 같이 구해진다.

(1) 식 (4.4)와 (4.3)에 의하면

$$n = \frac{\left(\sum_{h=1}^{H} N_h S_h / \sqrt{c_h}\right)\left(\sum_{h=1}^{H} N_h S_h \sqrt{c_h}\right)}{N^2 D_\mu^2 + \sum_{h=1}^{H} N_h S_h^2}$$

$$= \frac{(336309.07)(624294.68)}{(40000)^2 + (5360000)} = 130.78,$$

[표 4.11] [예제 4.7]의 계산표

층	N_h	c_h	$\sqrt{c_h}$	$\hat{S}_h$	$N_h S_h$	$N_h S_h / \sqrt{c_h}$	$N_h S_h \sqrt{c_h}$
A	8,000	2	1.4142	6.9	55200	39032.29	78064.58
B	14,000	3	1.7321	15.4	215600	124476.78	373430.10
C	18,000	1	1.0000	9.6	172800	172800.00	172800.00
계	40,000				443600	336309.07	624294.68

$$n_{\mathrm{A}} = (131)\frac{39031.29}{336309.07} = 15.2,$$

$$n_{\mathrm{B}} = (131)\frac{124476.78}{336309.07} = 48.5,$$

$$n_{\mathrm{C}} = (131)\frac{172800.00}{336309.07} = 67.3$$

이므로 $n_{\mathrm{A}} = 16$, $n_B = 49$, $n_{\mathrm{C}} = 68$과 같이 배정한다.

(2) 식 (4.5)와 (4.6)에 의하면

$$n = \frac{\left(\sum_{h=1}^{h} N_h S_h\right)^2}{N^2 D_\mu^2 + \sum_{h=1}^{H} N_h S_h^2} = \frac{(443600)^2}{(40000)^2 + (5360000)} = 122.57,$$

$$n_{\mathrm{A}} = (123)\frac{552}{4436} = 15.3,$$

$$n_{\mathrm{B}} = (123)\frac{2156}{4436} = 59.8,$$

$$n_{\mathrm{C}} = (123)\frac{1728}{4436} = 47.9$$

이므로 $n_{\mathrm{A}} = 16$, $n_B = 60$, $n_{\mathrm{C}} = 48$과 같이 배정한다.

(3) 식 (4.8)에 의하면

$$n = \frac{\sum_{h=1}^{h} N_h S_h^2}{N D_\mu^2 + \frac{1}{N}\sum_{h=1}^{H} N_h S_h^2}$$

$$= \frac{5360000}{(40000) + (536000)/(40000)} = 133.55,$$

$$n_{\mathrm{A}} = (134)\frac{8}{40} = 26.8,$$

$$n_{\mathrm{B}} = (134)\frac{14}{40} = 46.9,$$

$$n_{\mathrm{C}} = (134)\frac{18}{40} = 60.3$$

이므로 $n_{\mathrm{A}} = 27$, $n_B = 47$, $n_{\mathrm{C}} = 61$과 같이 배정한다.

[사례] 2007년 축산물 생산비 조사 표본설계 : 표본의 배정

각 축종의 새로운 사육규모 구분을 토대로 2006년 축산물 생산비 조사 자료에서 추정한 변동계수를 이용하여 각 축종별 사육규모별 표본 양축농가수를 결정한다. 표본수를 결정하는 가장 간단한 방법으로는 각 사육규모의 축산농가수 또는 사육 마리수를 기준으로 한 비례배정을 생각할 수 있다. 하지만 모집단 분석을 통해 파악된 양축농가 분포를 감안하면 농가수의 경우는 규모1 쪽으로 편중되는 현상을 보이고 있으나 마리수의 경우 규모4 쪽으로 매우 편중되어 있으므로 이들을 표본 배정의 기준으로 사용하는 것은 바람직하지 않다. 따라서 축종별 규모별 추정치의 변동계수를 반영한 표본배정 방법을 사용하여 전반적으로 각 축종 사육규모별 추정치의 정도를 유지할 수 있도록 하는 표본 배정법을 고려한다. 2006년도 축산물 생산비 조사 자료를 새로운 사육규모 기준에 따라 재분류하여 사육규모별 변동계수를 계산한 결과가 [표 4.12]이다.

[표 4.12] 축종별 사육규모별 변동계수

축종	규모	표본의 크기	cv(%)	$\hat{C}_h$(%)	축종별 cv(%)
한우번식우	10두 미만	199	3.84	54.16	2.30
	10 ~ 29	131	3.91	44.76	
	30 ~ 49	52	7.19	51.88	
	50두 이상	57	4.01	30.24	
한우비육우	20두 미만	97	2.08	20.46	1.15
	20 ~ 49	52	2.07	14.91	
	50 ~ 99	29	2.66	14.33	
	100두 이상	34	2.37	13.84	
젖소	40두 미만	102	2.46	24.86	1.31
	40 ~ 59	38	2.88	17.78	
	60 ~ 79	31	2.82	15.72	
	80두 이상	49	2.05	14.38	
비육돈	1000두 미만	123	2.43	26.93	1.72
	1000~1999	64	1.93	15.48	
	2000~2999	21	3.60	16.50	
	3000두 이상	18	4.09	17.36	
산란계	20000수 미만	61	2.32	18.12	2.32
	20000~29999	30	2.14	11.72	
	30000~39999	4	11.75	23.50	
	40000수 이상	14	3.28	12.28	
육계	30000수 미만	3	8.87	15.37	2.82
	30000~39999	4	3.73	7.46	
	40000~49999	6	11.12	27.25	
	50000수 이상	104	1.41	14.37	

[표 4.12]에서 cv는 새로운 사육규모 기준 규모별 생산비 추정치에 대한 표본 변동계수를 나타내고 $\hat{C}_h$는 축종별 규모별 모집단 변동계수에 대한 추정치이다. 또한, 축종별 cv는 사육규모별 마리수를 가중치로 사용하는 현행 축종별 축산물 생산비 추정 공식으로 구한 추정치에 대한 변동계수이다.

새로운 사육규모 기준은 기존 사육규모 기준과 차이가 있기 때문에 추정된 모집단 변동계수를 활용할 때 유의해야 한다. 즉, 현행 2006년 축산물 생산비조사 표본자료를 새로운 사육규모 기준에 따라 분류해 보면 산란계 3규모, 육계 1, 2, 3 규모 등의 경우 실제 추정에 사용될 수 있는 표본 농가수가 3-6호로 제한되기 때문에 추정된 모집단 변동계수의 신뢰성에 한계가 있다. 따라서 표본 배정에서 이들 변동계수에 전적으로 의존하는 이론적인 배정 방법을 적용하는 것은 바람직하지 않다. 이에 따라 실제 표본 배정에서는 각 축종별 사육규모별로 최소한의 표본을 확보하는 동시에 축종별 규모별 사육농가 수 및 마리수를 적절하게 반영하는 방안을 강구해야 한다.

비용, 조사인력 및 업무량 등을 감안하면서 축종별 생산비 추계결과에 대한 목표오차 3%를 달성하기 위해 2007년 표본설계의 전체 표본 농가 호수는 1,400호로 결정하였다. 축산물 생산비 조사에서는 별도의 7개 축산물에 대한 생산비 산출을 목적으로 하기 때문에 실제적으로는 축종별로 독립적인 7개의 모집단에서 각각 표본을 추출하고 각 축종별로 별도의 평균 생산비 추정치를 산출하게 된다. 따라서 축종별 표본배정에서 이론적인 최적 표본배정 방법을 고려하는 것은 별 의미가 없다. 하지만 조사여건상 전체 표본수는 1,400호로 고정되어 있기 때문에 이를 축종에 배정할 때 각 축종별로 표본설계에서 목표로 하는 오차의 한계를 만족시킬 수 있도록 최소한의 표본수를 확보하는 것은 필요하다. 하지만 축종별로 실제 축산정책상의 중요도 및 축산농가수 등에 차이가 있기 때문에 이런 요인들도 축종별 표본배정에 적절히 반영해 주는 것이 요구된다. 이런 관점에서 전체 표본수를 1,400호로 고정하고 각 축종별 변동계수 및 축산농가수를 반영한 배정방법을 적용해 본 결과가 다음 쪽의 [표 4.13]이다.

[표 4.13]에서 축종별 농가 수는 2006년 12월 가축통계조사에서의 규모별 양축농가수를 사용한 것이다. 이 경우 이론적으로 타당한 축종별 표본배정방법으로는 $\hat{C}^2$에 비례하는 방법을 생각할 수 있는데 이 경우 축종별로 변동계수 편차가 워낙 크기 때문에 현실적으로 수용할 수 없다. 따라서 축종별 농가 수와 변동계수를 적절히 반영할 수 있

[표 4.13] 축종별 표본배정 방법

축종	변동계수($\hat{C}$)	농가수(N)	비례배정 기준			
			N	$\hat{C}^2$	$N\hat{C}$	$\sqrt{N}\hat{C}$
한우번식우	0.4889	89,822	619	728	949	772
한우비육우	0.1779	89,822	619	96	345	281
육우	0.1779	4,744	34	96	18	65
젖소	0.2242	7,691	53	153	37	104
비육돈	0.2375	7,561	52	172	39	110
산란계	0.1633	1,934	13	82	7	38
육계	0.1547	1,391	10	73	5	30

[표 4.14] 축종별 표본배정

축종	변동계수($\hat{C}$)	농가수(N)	기본배정 후 $\sqrt{N}\hat{C}$에 비례			조정안	
			80	90	110	(1)	(2)
한우번식우	0.4889	89,822	544	486	458	450	430
한우비육우	0.1779	89,822	249	242	237	230	210
육우	0.1779	4,744	119	132	139	140	150
젖소	0.2242	7,691	142	152	157	160	160
비육돈	0.2375	7,561	145	154	159	160	180
산란계	0.1633	1,934	103	119	127	130	140
육계	0.1547	1,391	98	115	124	130	130

는 NC를 기준으로 표본을 배정하는 방법이 현실적인 대안이 될 수 있다. 하지만 이 경우에도 산란계, 비육우 등의 경우 배정된 표본수가 너무 작기 때문에 예상치 않은 오차가 개입될 소지가 있다. 특히, 본 조사가 연속조사임을 감안할 때 양축농가의 변동에 의한 오차 발생 원인을 방지하기 위해 일정 수 이상의 표본수를 축종별로 확보하는 방안을 강구하는 것이 필요하다. 이런 관점에서 각 축종별로 80호, 90호, 110호를 우선 배정하고 나머지 표본수를 $\sqrt{N}\hat{C}$에 비례 배정하는 안을 고려하여 [표 4.14]에 주어진 조정안 (1)을 마련하였다. 이를 바탕으로 관계자와의 협의를 통해 축산물별 중요도, 현행 표본에서의 축종별 표본 수 및 표본관리 측면 등을 종합적으로 고려하여 조정안 (1)에서 상대적으로 과다하게 표본이 배정된 번식 우와 비육우의 표본수를 줄이는 대신 그 표본을 육우, 돼지, 산란계로 적절히 배분한 [표 4.14]의 조정안 (2)로 최종 축종별 표본수를 확정하였다.

축산물 생산비 조사에서는 축종별 평균 생산비뿐만 아니라 각 축종의 사육규모별 생산비도 관심대상이다. 따라서 각 규모별 평균 생산비 추정값의 정도(precision)를 적절한 수준에서 만족시키기 위해서는 새로운 사육규모 기준에 따른 규모별 표준편차(S_h)를

[표 4.15] 축종별 규모별 표본크기 및 추정치에 대한 예상 cv

축종	규모	[1안]		[2안]		[3안]		[4안]	
		표본크기	cv	표본크기	cv	표본크기	cv	표본크기	cv
한우번식우 (430)	1	229	3.58	102	5.36	166	4.20	187	3.96
	2	121	4.07	132	3.90	126	3.99	124	4.02
	3	48	7.49	94	5.35	71	6.16	63	6.54
	4	32	5.35	102	2.99	67	3.69	56	4.04
			2.62		2.07		2.18		2.27
한우비육우 (210)	1	127	1.82	79	2.30	103	2.02	111	1.94
	2	36	2.48	53	2.05	45	2.22	42	2.30
	3	25	2.87	40	2.27	32	2.53	30	2.62
	4	22	2.95	38	2.25	30	2.53	27	2.66
			1.21		1.17		1.16		1.17
육우 (150)	1	59	2.66	32	3.62	45	3.05	50	2.89
	2	39	2.39	37	2.45	38	2.42	39	2.39
	3	28	2.71	36	2.39	32	2.53	30	2.62
	4	24	2.83	45	2.06	35	2.34	31	2.49
			1.44		1.24		1.30		1.34
젖소 (160)	1	52	3.45	22	5.30	37	4.09	42	3.84
	2	44	2.68	31	3.19	38	2.88	40	2.81
	3	33	2.74	42	2.43	37	2.58	36	2.62
	4	31	2.58	65	1.78	48	2.08	42	2.22
			1.41		1.45		1.37		1.37
비육돈 (180)	1	93	2.79	32	4.76	63	3.39	73	3.15
	2	36	2.58	31	2.78	33	2.69	34	2.65
	3	28	3.12	47	2.41	37	2.71	34	2.83
	4	23	3.62	70	2.08	47	2.53	39	2.78
			1.65		1.52		1.44		1.47
산란계 (140)	1	58	2.38	25	3.62	42	2.80	47	2.64
	2	26	2.30	27	2.26	26	2.30	26	2.30
	3	28	4.44	32	4.15	30	4.29	30	4.29
	4	28	2.32	56	1.64	42	1.90	37	2.02
			1.50		1.30		1.33		1.37
육계 (130)	1	39	2.46	23	3.20	31	2.76	33	2.68
	2	25	1.49	23	1.56	24	1.52	25	1.49
	3	35	4.61	35	4.61	35	4.61	35	4.61
	4	31	2.58	49	2.05	40	2.27	37	2.36
			1.53		1.42		1.45		1.47

바탕으로 적절한 규모별 표본수 배정방법을 적용하는 것이 필요하다. 이를 위해 2006년 축산물생산비 자료에서 축종별 규모별 표준편차의 추정값을 산출하고, 가축통계에서 얻어진 축종별 규모별 사육농가 수(N_h)와 사육마리 수(M_h)를 반영할 수 있는 다양한 배정방법에 따라 규모별로 표본을 배정한 결과 및 각 배정방법에 따른 축산물생산비 예상

변동계수는 앞 쪽의 [표 4.15]와 같다. [표 4.15]에 제시된 [1안], [2안], [3안] 및 [4안]은 특정 사육규모의 표본수가 너무 작은 경우 사육규모 변동 및 사육포기 등에 의한 표본교체에 따라 표본의 대표성에 상당한 문제가 발생할 수 있다. 이런 점을 고려하여 각 규모별 최소 표본수를 확보하기 위해 우선 규모별로 20호를 배정하고, 각 축종별로 할당된 나머지 표본수를 규모별 표준편차와 마리수 또는 농가수를 반영한 네이만 배정법을 적용하여 다음과 같은 배정방법으로 배정한 것이다.

[1안] : 규모별 사육마리 수(M_h)와 규모별 표준오차(S_h)를 반영

[2안] : 규모별 사육농가 수(N_h)와 규모별 표준오차(S_h)를 반영

[3안] : [1안]과 [2안]을 1:1 비율로 절충한 배정

[4안] : [1안]과 [2안]을 2:1 비율로 절충한 배정

제시된 배정방법을 적용한 이유는 축산물 생산비 추정식을 보면 우선 규모별 평균생산비를 산출하고 가축통계에서 얻어진 규모별 사육마리수를 가중값으로 사용하여 전체 축종별 평균 생산비를 산출하고 있기 때문에 생산비 추정값의 변동계수를 최소로 하는 배정방법인 [1안]을 적용한 것이다. 한편 실제 표본추출단위는 양축농가이기 때문에 양축농가를 대표하는 표본을 확보한다는 측면에서 규모별 축산가구수를 반영한 [2안]도 하나의 대안이 될 수 있다. 제시된 표본배정 결과를 살펴보면 [1안] 또는 [2안]의 경우 규모별로 사육 농가수 또는 사육 마리수에 있어서 상당한 차이를 보이고 있어 이를 완화하는 목적으로 [3안]과 [4안]을 고려한 것이다.

앞에서 언급한 것과 같이 제시된 표본배정을 위해 사용된 규모별 표준편차는 2006년 축산물생산비 표본자료를 근거로 추정된 것으로 이들 표준편차가 정확한 값이라고 하면 제시된 방법들이 효과적일 수 있지만 이 방법은 전적으로 추정된 변동계수의 정확성에 크게 의존하기 때문에 만약 표본자료에서 얻어진 변동계수 추정값의 오차가 크다면 문제를 발생시킬 소지가 있다. 따라서 이런 상황을 적절히 극복하기 위한 [표 4.15]의 배정방안들을 기초로 현재 양축현황 및 조사업무량 등을 감안하여 관계자 협의를 통해 결정한 최종 축종별 규모별 표본수는 다음 쪽의 [표 4.16]과 같다. 최종 규모별 표본수는 우선 예상 변동계수가 크게 증가하지 않는 범위 내에서 제시된 배정안을 기준으로 가능하면 규모별 표본수가 편중되는 현상을 줄이는 동시에 조사 편의 등을 고려하여 규모별 생산비 추정치에 대한 cv를 줄일 수 있는 방향으로 배정된 표본수를 조정한 것이다. 예

[표 4.16] 축종별 사육규모별 최종 표본 수

축종	규모1	규모2	규모3	규모4	합계	예상 cv(%)
한우 번식우	180	120	70	60	430	2.23
한우 비육우	90	45	37	38	210	1.16
육 우	52	38	30	30	150	1.36
젖 소	44	40	36	40	160	1.38
비육돈	75	34	35	36	180	1.49
산란계	47	26	31	36	140	1.38
육 계	33	25	36	36	130	1.48

컨대, 번식우의 경우 [4안]을 기준으로 1, 2규모를 줄여 3, 4 규모를 상향 조정한 것이고, 비육우의 경우 [4안]을 기준으로 규모1을 하향 조정하여 규모 2, 3, 4에 추가 배정한 것이다.

4.5 사후층화와 이중표집

유권자가 28만 명인 어느 도시에서 시장에 대한 지지율을 추정하기 위하여 단순랜덤표집법으로 1,000명을 추출하여 전화조사를 실시한 결과가

성별	크기	지지자 수	비율
남	200	80	0.40
여	800	480	0.60
합계	1,000	560	0.56

이고, 이 도시 전체 유권자의 성별 구성비는 50대 50이라고 가정할 때 지지율에 대한 추정치 0.56은 납득할 수 있는 값인가에 대하여 생각해 보자. 사실 유권자의 남·여 구성비가 반반인 모집단의 특성을 반영하여 표본을 구성해야 하지만 전화번호부를 표집틀로 사용한다면 표집틀에는 전화번호의 목록만 있지 전화번호 소유자의 성별은 알 수 없다, 따라서 유권자의 성을 층화변수로 삼아 층화표집을 할 수 있는 직접적인 방법이 없다. 이때에는 전화조사에서 응답자에 대한 성별 자료를 같이 조사한 다음 얻어진 자료를 성별로 층화하여 층화 추정량을 구하는 방법을 사용할 수 있다. 이러한 추정량을 **사**

후층화(post stratification)에 의한 층화 추정량이라 한다.

사후층화는 단순랜덤표본의 구성이 이미 알고 있는 모집단 특성의 구성 비율을 반영하지 못할 경우에 사용하는 방법으로 단순랜덤표본을 관측할 때 층화변수에 대한 정보도 같이 수집하여 조사가 끝난 후에 조사 단위들을 층화하는 것이다. 일반적으로 층화란 표본설계 단계에서 모든 정보가 알려진 보조변수를 층화변수로 삼아 이루어지는데 반하여 사후층화는 뽑힌 표본에 대한 자료 수집이 완료된 후에 이루어진다.

크기 N인 모집단에서 추출한 크기 n인 단순랜덤표본을 H개 층으로 사후층화를 한 결과 h번째 사후층에 속하는 표본의 크기가 n_{ph}, $h=1, 2, \cdots, H$라 하고 h번째 사후층에 대한 모집단의 크기 N_h 또는 층비중(strata weight) $W_h = N_h/N$은 알려져 있다고 가정한다. 사후층화는 층 비중 W_h가 알려져 있을 때만 사용할 수 있다. 이제, h번째 사후층의 표본평균과 표본분산을 $\overline{y}_{ph}$, s_{ph}^2이라 하면 사후층화에 따른 모평균의 추정량은

$$\overline{y}_{post} = \sum_{h=1}^{H} W_h \overline{y}_{ph} = \sum_{h=1}^{H} \frac{N_h}{N} \frac{1}{n_{ph}} \sum_{i=1}^{n_h} y_{hi} \tag{4.9}$$

와 같은 식으로 주어진다. 여기서 첨자 p는 사후층화를 의미한다.

식 (4.9)와 같은 사후층화 추정량은 [정리 4.1]의 층화랜덤표본에 의한 모평균 추정량과 식 자체는 아무런 차이를 보이지 않는다. 그러나 사전층화에서의 n_h는 설계단계에서 이미 결정되어 고정된 상수이지만 사후층화에서의 n_{ph}는 표본을 추출할 때마다 바뀌는 확률변수이다. 이런 차이는 추정량의 분산을 추정하는 과정에서 나타나게 된다. 사후층화 추정량의 추정분산은

$$\widehat{V}(\overline{y}_{post}) = \frac{N-n}{Nn} \sum_{h=1}^{H} W_h s_{ph}^2 + \frac{1}{n^2} \sum_{h=1}^{H} (1-W_h) s_{ph}^2 \tag{4.10}$$

인데 사전층화에 의한 모평균 추정량의 추정분산보다 근사적으로 식 (4.10)의 오른쪽 끝에 나타난 항만큼 커진다. 그런데 n이 충분히 크고 $n_h \geq 30$이면 $\overline{y}_{post}$의 추정분산은 비례 배정한 층화표본으로 추정한 $\overline{y}_{st}$의 추정분산으로 근사할 수 있다. 즉,

$$\widehat{V}(\overline{y}_{post}) = \frac{N-n}{Nn} \sum_{h=1}^{H} W_h s_{ph}^2$$

이므로 사후층화는 비례 배정에 의한 층화표집만큼 정도가 높아진다고 할 수 있다.

[예제 4.8] 진주시와 산청군의 인구 구성비는 대략 3:1이라고 한다. 진주시와 산청군을 하나의 행정단위로 통합하는 안에 대한 여론조사를 하고자 한다. 전화번호를 랜덤하게 생성하여 전화조사를 한 결과가 다음과 같았다. 두 지역의 통합안에 대한 주민들의 지지율을 추정하고 95.4% 신뢰구간을 구하여라.

지역	사후표본의 크기	찬성자 수
진주시	160	104
산청군	140	119

(풀이) 표본 중에서 산청군 주민의 비율이 46.7%로 모집단의 비율 25%에 비하여 훨씬 크므로 사후층화에 의한 추정량을 사용하기로 한다. 통합안 지지율에 대한 사후층화 추정값을 계산하면

$$\hat{p}_{post} = \sum_{h=1}^{2} W_h \hat{p}_{ph} = \frac{3}{4} \times \frac{104}{160} + \frac{1}{4} \times \frac{119}{140} = 0.7$$

이다. 다음으로 모집단의 크기 N은 표본의 크기 n에 비하여 대단히 큰 값으로 간주하여 $(N-n)/N = 1$이라 두고, 또, n_h는 충분히 크므로 식 (4.10)의 오른쪽 끝항은 무시하고 추정량의 추정분산을 계산하면

$$\hat{V}(\hat{p}_{post}) = \frac{1}{n} \sum_{h=1}^{2} W_h s_{ph}^2 = \frac{1}{300} \left[\frac{3}{4}(0.65)(0.35) + \frac{1}{4}(0.85)(0.15) \right] = 0.000675$$

가 된다. 따라서 지지율에 대한 95.4% 신뢰구간은 다음과 같다.

$$0.70 \pm \sqrt{0.000675} = 0.70 \pm 0.026.$$

사후층화는 처음에는 층화에 관심이 없었으나 조사된 결과가 알고 있는 모집단 구성비를 반영하지 못하기 때문에 사용하는 것이다. 그러나 반드시 층화표집법을 사용해야 하는데 표본설계 단계에서 층비중 W_h가 알려져 있지 않을 때도 사후층화를 이용할 수 있다. W_h가 미지일 때는 일차로 크기가 n'인 단순랜덤표본을 추출하고 사후층화를 한 결과를 이용하여 W_h를 추정한다. W_h에 대한 비편향추정량은

$$w_h = \frac{n_h'}{n'}, \quad h = 1, 2, \cdots, H$$

이다. 여기서 n_h'은 h번째 층에 속하는 일차 표본비율을 나타내는 확률변수이다. 추정한 층비중을 기초로 h번째 층에 속하는 n_h'개의 표집단위에서 크기 n_h인 단순랜덤표본을

추출한다. 표본을 두 번에 걸쳐 뽑는 표집법을 **이중표집**(double sampling) 또는 이상표집(two-phase sampling)이라 하는데 일차 표본으로 사후층화하여 층비중을 추정하고 층별 모수를 추정하기 위하여 사후층에서 이차표본을 뽑는 표집법을 특별히 층화용 이중표집(double sampling for stratification)이라 부른다.

이중표집에서는 일차로 뽑는 표본의 크기가 상당히 커야 하기 때문에 상대적으로 본 조사를 위한 이차 표본의 크기는 감소할 수밖에 없다. 그러나 이차 표본의 크기 감소로 인한 정도의 손실보다 일차 표본에서의 층비중 추정으로 인한 정도의 증가가 더 크다면 이중표집은 단순랜덤표집보다 효율적인 표집법이라 할 수 있다. 이중표집에서 일차 표본의 크기 결정하고 사후층에 표본을 최적 배정하는 문제에 대하여는 Cochran(1977)의 12.3절을 참조하기 바란다.

모평균은

$$\mu = \sum_{i=1}^{H} W_h \mu_h$$

이므로 이중표집에서 μ에 대한 추정량은

$$\bar{y}_{st} = \sum_{i=1}^{H} w_h \bar{y}_h$$

와 같이 쓸 수 있다. 각 층에 대한 이차 표본의 비율 n_h/N_h가 모두 작고 N이 크면 $\bar{y}_{st}$에 대한 추정 분산은 근사적으로

$$\hat{V}(\bar{y}_{st}) = \frac{n'}{n'-1} \sum_{h=1}^{H} \left[\left(w_h^2 - \frac{w_h}{n'} \right) \frac{s_h^2}{n_h} + \frac{w_h (\bar{y}_h - \bar{y}_{st})^2}{n'} \right]$$

인데 n'가 매우 크다면

$$\hat{V}(\bar{y}_{st}) = \sum_{h=1}^{H} \left[\frac{w_h^2 s_h^2}{n_h} + \frac{w_h (\bar{y}_h - \bar{y}_{st})^2}{n'} \right]$$

와 같은 근사식으로 구할 수 있다.

[예제 4.9] 진주시와 산청군을 하나의 행정단위로 통합하는 안에 대한 여론조사를 하고자 한다. 1,000개의 전화번호를 랜덤하게 생성하여 어느 지역에 속하는 전화번호인가를 조사하였더니 720개 진주시 소재 전화번호이었다. 100개의 표본을 두 지역에 비례 배정하고 이차 표본을 추출하여 전화조사를 실

시한 결과가 다음과 같았다. 두 지역의 통합안에 대한 주민들의 지지율을 추정하고 95.4% 신뢰구간을 구하여라.

지역	1차 표본의 크기	2차 표본의 크기	찬성자 수
진주시	720	72	46
산청군	280	28	24

(풀이) 지지율에 대한 추정값을 구하면

$$\overline{y}_{st} = w_1\hat{p}_1 + w_2\hat{p}_2 = (0.72)\frac{46}{72} + (0.28)\frac{24}{28} = 0.70$$

이고 추정 분산의 근사값은

$$\begin{aligned}\hat{V}(\overline{y}_{st}) &= \frac{w_1^2 s_1^2}{n_1} + \frac{w_2^2 s_2^2}{n_2} + \frac{w_1(\overline{y}_1 - \overline{y}_{st})^2}{n'} + \frac{w_2(\overline{y}_2 - \overline{y}_{st})^2}{n'} \\ &= (0.72)^2\frac{46}{72}\frac{26}{72}\frac{1}{71} + (0.28)^2\frac{24}{28}\frac{4}{28}\frac{1}{27} \\ &\quad + \frac{0.72}{1000}(0.64-0.70)^2 + \frac{0.28}{1000}(0.86-0.70)^2 \\ &= 0.002\end{aligned}$$

가 된다. 따라서 지지율에 대한 95.4% 신뢰구간은 다음과 같다.

$$0.70 \pm \sqrt{0.002} = 0.70 \pm 0.045.$$

[사례] 2007 축산물 생산비 조사 표본설계 : 이중표집

축산물 생산비 조사 표본설계에서는 축산농가의 사육목적 및 사육규모를 사전에 파악할 수 없기 때문에 우선 일차 표본 조사구를 추출하여 여기에 포함된 축산농가의 사육목적과 사육규모를 파악하고 이들로 1단계 표본을 구성한다. 다음으로 1단계 표본 농가를 7개 축종별, 규모별로 층화하고 여기서 최종 표본 농가를 선정한다. 이와 같은 이중표집법에서는 1단계 표본 추출과정에서 축산 농가를 직접 추출하는 일반적인 층화 이중표집과 달리 조사구를 추출하여 1단계 표본을 구성하였다. 그러나 가중치로 가축통계조사에서 얻어지는 축종별 규모별 사육 마리수 비율을 사용하기 때문에 이 표본설계에서의 추정식은 전통적인 층화 이중표집법에 의한 추정식과 같아진다. 조사구를 추출하여 1단계 표본을 구성하면 집락효과로 인하여 표본오차가 약간 커지는 현상이 발생하는데 최종 표본은 소수의 동일 축종 농가를 동일 조사구에서 추출하기 때문에 집락효과는 거의 무시할 수 있다. 따라서 조사구를 추출하여 1단계 표본을 구성하는 이중표집으로 인한 영향을 무시하고 최종 표본은 전형적인 층화표집법으로 추출된 것으로 간주할 수 있다. [표 4.17]은 조사구를 층화하고 각 층에 일차 표본 조사구 수를 배정한 것이고 [표 4.18]은 834개 조사구를 실사하여 얻은 것으로 최종 표본추출 대상 축산농가 현황에 대한 것이다.

[표 4.17] 층별 일차 표본 조사구 배정

층 번호	층 구분	조사구수	해당 축종 사육농가 호수	일차 표본 조사구수
11	한우(대1)	994	1,389	60
12	한우(대2)	2,306	15,505	110
13	한우(소0)	5,816	23,934	20
21	육우(대1)	134	139	40
22	육우(대2)	650	1,379	70
23	육우(소0)	525	724	20
31	젖소(대1)	571	642	40
32	젖소(대2)	1,538	4,044	80
33	젖소(소0)	634	917	20
41	돼지(대1)	568	619	50
42	돼지(대2)	1,163	2,647	80
43	돼지(소0)	676	1,051	20
51	산란계(대1)	194	206	32
52	산란계(대2)	374	904	60
53	산란계(소0)	159	219	10
61	육계(대1)	509	541	32
62	육계(대2)	960	1,419	70
63	육계(소0)	150	168	20
합계				834

[표 4.18] 최종 표본 선정대상 축산농가 현황

축종	한우 번식우	한우 비육우	육우	젖소	비육돈	산란계	육계
1	1045	714	97	136	205	76	83
2	920	327	77	184	193	29	58
3	206	134	48	157	51	31	36
4	178	51	58	132	51	63	61
총합	2349	1226	280	609	500	199	238

연 습 문 제

1. 다음 자료는 우유 100ℓ당 우유 생산비를 조사한 것이다. 모평균을 추정하고 추정치에 대한 표준오차를 추정하여라.

사육규모	층의 크기	표본의 크기	표본평균	표본분산
1	8,284	30	61735.40	271878832.87
2	52,695	72	52688.76	133854791.59
3	127,348	38	49931.34	78785007.42
4	275,729	80	47045.04	48570650.80

2. 서울시의 총 유권자 수는 약 700만 명이고 이 중의 48%가 남자라고 한다. 서울시의 유권자를 대상으로 현 서울시 교육감의 교육정책에 대한 지지여부를 묻는 전화조사를 실시하였다. 남·여 각각 100명씩을 단순랜덤표집법으로 추출하여 조사한 결과가 다음과 같을 때 물음에 답하여라.

층	층의 크기 N_h	표본 크기 n_h	지지자 수
남	336만	100	42
여	364만	100	74

(1) 모비율에 대한 95% 신뢰구간을 구하여라.

(2) 주어진 자료가 예비조사 결과라 할 때 모비율을 95.4% 신뢰수준에서 오차 3% 이내로 추정하고자 한다.

① 비례 배정에 필요한 표본의 크기를 구하여 각 층에 배정하여라.

② 네이만 배정에 필요한 표본의 크기를 구하여 각 층에 배정하여라.

3. 층의 경계점을 결정하는 방법으로 Dalenius와 Hodges의 누적제곱근법이 있다. 이 방법은 최적 경계점에 대한 근사적인 해법으로 그 절차는 다음과 같다.

우선 관심변수에 대한 도수분포표를 만들고 각 계급의 도수 f의 제곱근($\sqrt{f}$)을 구하여 그 누적합을 구한다. 다음으로 누적합을 층의 수로 나누어 각 구간이 근사적으로 등간격이 되도록 층의 경계점을 결정한다.

다음 표는 1956년도 미국의 13,435개 은행들의 대출금 중에서 기업 대출금이 차지하는 비율에 관한 도수분포표이다. 기업 대출금 비율에 따라 모집단을 5개 층으로 층화하여라. 출처: Cochran(1977)

기업대출금 비율(%)	도수 f	기업대출금 비율(%)	도수 f
0~5	3,464	50~55	126
5~10	2,516	55~60	107
10~15	2,157	60~65	82
15~20	1,581	65~70	50
20~25	1,142	70~75	39
25~30	7,46	75~80	25
30~35	512	80~85	16
35~40	376	85~90	19
40~45	265	90~95	2
45~50	207	95~100	3

4. 226개 비육돈 축산농가를 단순랜덤표집법으로 추출하고 생산비와 사육규모를 조사하여 얻은 자료가 다음과 같다. 적절한 방법으로 평균 생산비를 추정하고 추정값에 대한 변동계수를 추정하여라.

사육규모(층)	N_h/N(%)	표본 크기 n_h	표본평균	표본분산
1	7.8	71	207351.69	3513187801.13
2	12.2	52	176385.92	1162128981.29
3	28.0	63	174613.32	711892759.64
4	52.0	40	173495.25	872174540.71

5. 다음 쪽의 표는 아프리카 국가들의 1990년과 1995년의 인구(단위: 백만명) 자료이다. 1995년 자료는 조사하기 전에는 알 수 없는 주 관심변수 값이라 하고 1990년 자료를 보조변수로 활용하고자 한다. 물음에 답하여라. 출처: 박진우, 이기재(2007)

(1) 1990년 인구를 층화변수로 하여 아프리카 국가들을 3개의 층으로 층화하여라.

(2) 각 층별 1995년 인구에 대한 표준편차를 구하여라.

(3) 크기 $n=10$인 표본을 네이만 배분법으로 배정하고 각 층에서 배정된 크기의 단순랜덤표본을 추출하여 층화랜덤표본을 구하여라.

(4) 위에서 구한 층화랜덤표본에 대한 자료를 이용하여 1995년 아프리카 주의 총인구를 추정하고 95% 신뢰구간을 구하여라.

국가	1990년	1995년	국가	1990년	1995년
가나	15.0	17.5	세네갈	7.4	8.4
가봉	1.2	1.4	세이셀	0.1	0.1
감비아	0.9	1.0	소말리아	7.6	8.5
기니	6.9	7.8	스와질란드	0.8	0.9
기니비사우	1.0	1.1	시에라리온	4.2	4.7
나미비아	1.9	2.2	앙골라	10.0	11.5
나이지리아	88.5	100.1	에리트레아	3.7	4.6
남아프리카공화국	35.2	39.2	에디오피아	45.6	52.6
니제르	7.1	8.3	우간다	18.4	22.0
라이베리아	2.6	3.0	자이르	36.0	42.3
레소도	1.8	2.0	잠비아	8.5	10.2
레위니옹	0.6	0.6	적도기니	0.4	0.5
르완다	7.2	8.6	중앙아프리카공화국	2.9	3.3
마다가스카르	12.0	14.1	지부티	0.4	0.5
마요트	0.1	0.1	짐바브웨	9.7	11.4
말라위	8.4	10.0	차드	5.7	6.4
말리	9.4	10.9	카메룬	11.2	12.9
모리셔스	1.1	1.2	카이프베르드	0.4	0.4
모잠비크	15.7	17.9	케냐	25.1	30.8
베냉	4.7	5.6	코모로	0.4	0.5
보츠와나	1.3	1.5	코트디부아르	12.6	15.3
부룬디	5.5	6.3	콩고	2.0	2.3
부르키나파소	9.0	10.4	탄자니아	27.3	32.9
상투메프린시페	0.1	0.1	토고	3.5	4.0

제 5 장

비추정과 회귀추정

5.1 비추정

4장에서는 층화랜덤표본에서 수집한 측정값을 이용하여 모수를 추정하는 방법을 설명하고 있는데 그러한 방법은 보조정보를 이용하여 좋은 표본을 추출할 수 있도록 마련된 표본설계에 따른 추정방법이라 할 것이다. 통계조사에서 주 관심변수 y와 관련되어 있는 보조변수에 대한 정보는 표본설계 및 모수의 추정에 이용될 수 있다. 이 장에서는 주 변수 y와 높은 상관관계에 있는 변수 x에 대한 정보를 이용하여 보다 효율적으로 모수를 추정할 수 있는 추정법에 대해서 알아보고자 한다. 즉, 보조정보를 이용하여 추정의 정밀도를 높일 수 있는 추정법인 **비추정법**(比推定法, ratio estimation)과 **회귀추정법**(回歸推定法, regression estimation)에 대하여 논의한다. 주 변수 y에 의하여 모수를 직접 추정할 수 없을 때는 y와 상관있는 보조변수 x를 이용하여 간접적으로 모수를 추정해야 하는데 이런 경우에도 비추정법이나 회귀추정법이 사용될 수 있다. 5장부터 설명하게 될 여러 추출법에 의한 표본으로 모수를 추정할 때도 이 추정법들이 적용될 수 있다. 이 절에서는 비추정법에 대하여 알아보고 다음 절에서 회귀추정법에 대하여 살펴보게 될 것이다.

비추정법으로 모수를 추정하려면 각 추출단위 u_i에서 두 종류의 특성값 y_i와 x_i를 쌍으로 측정해야 한다. 주 변량을 y, 보조변량을 x, 모집단의 크기를 N이라 할 때 두 변량 각각에 대한 모집단 총계는

$$\tau_y = \sum_{i=1}^{N} y_i = N\mu_y, \quad \mu_y = \frac{1}{N}\sum_{i=1}^{N} y_i,$$

$$\tau_x = \sum_{i=1}^{N} x_i = N\mu_x, \quad \mu_x = \frac{1}{N}\sum_{i=1}^{N} x_i$$

이고, 모집단에서의 두 변량의 **비**(比, ratio)는

$$R = \frac{\tau_y}{\tau_x} = \frac{\mu_y}{\mu_x}$$

와 같은 식으로 표현된다. 가장 간단히 사용되는 비추정법에서는 크기 n인 단순랜덤표본에서 구한 x와 y에 대한 정보를 R과 τ_y 및 μ_y의 추정에 이용한다.

단순랜덤표집법에 의하여 크기 n인 표본을 추출하였을 때 τ_x와 μ_x가 알려져 있다면 R과 τ_y 및 μ_y의 추정량은 직관적으로

$$\widetilde{R} = \frac{\overline{y}}{\overline{x}} = \frac{\hat{\tau}_y}{\hat{\tau}_x},$$

$$\widetilde{\tau}_{yr} = \widetilde{R}\tau_x,$$

$$\widetilde{\mu}_y = \overline{y}_r = \widetilde{R}\mu_x$$

를 생각할 수 있다. 먼저, 비추정법을 사용하는 경우에 대하여 알아보자.

1. 모집단 내의 두 변량에 대한 비가 관심사일 때는 비 자체를 추정해야 한다. 예컨대, 모집단이 비슷한 크기의 경작지(필지)들로 이루어져 있을 때

y_i = 필지 i에서의 미곡 생산량, x_i = 필지 i내의 벼 재배면적

이고 관심사가 단위면적당 평균 미곡 생산량이라 하자. 여기서

$\tau_y = \sum y_i$ = 총 미곡 생산량, $\tau_x = \sum x_i$ = 총 벼 재배면적

이라 할 때, 관심사는

$$R = \frac{\text{총 미곡 생산량}}{\text{총 벼 재배면적}} = \frac{\tau_y}{\tau_x}$$

와 같은 비이고, 단순랜덤표본인 경우에 두 표본평균의 비인 $\widetilde{R} = \overline{y}/\overline{x}$로 추정한다.

또 다른 예로, 전년도 상반기 자동차 판매량에 대한 금년 상반기 자동차 판매량의 비

가 관심사일 때, 이에 대한 추정 문제를 생각하여 보자. 여기서 전년도 상반기 자동차 판매량을 τ_x, 금년 상반기 자동차 판매량을 τ_y라 하면 관심의 대상이 되는 비는 자동차 판매 대리점의 총수를 N이라 할 때

$$R = \frac{\tau_y}{\tau_x} = \frac{N\mu_y}{N\mu_x} = \frac{\mu_y}{\mu_x}$$

와 같은 식으로 주어진다. 전국의 N개 대리점에서 n개의 대리점을 랜덤하게 추출하여 전년과 금년 상반기의 판매량을 조사한 자료가 $\{x_1, x_2, \cdots, x_n\}$과 $\{y_1, y_2, \cdots, y_n\}$이고

$$\hat{\mu}_y = \overline{y} = \frac{1}{n}\sum_{i=1}^{n} y_i, \quad \hat{\mu}_x = \overline{x} = \frac{1}{n}\sum_{i=1}^{n} x_i$$

일 때 τ_x에 대한 τ_y의 비 R은

$$\widetilde{R} = r = \frac{\hat{\tau}_y}{\hat{\tau}_x} = \frac{N\hat{\mu}_y}{N\hat{\mu}_x} = \frac{\overline{y}}{\overline{x}}$$

와 같이 추정할 수 있다. 여기서 전년도 자동차 총 판매량 τ_x의 정확한 값을 알고 있다면 금년 상반기 총 자동차 판매량 τ_y의 추정량으로

$$\hat{\tau}_y = N\overline{y} = \frac{N}{n}\sum_{i=1}^{n} y_i$$

대신에

$$\widetilde{\tau}_{yr} = \widetilde{R}\tau_x = \frac{\overline{y}}{\overline{x}}\tau_x$$

와 같은 추정량을 생각할 수 있다. 이와 같이 모집단의 비를 추정하고 비 추정량을 이용하여 또 다른 모수를 추정하는 방법을 비추정법이라 한다.

2. 표집틀을 구할 수 없거나 모집단의 크기 N을 알 수 없을 때에도 비추정법을 이용하면 모평균이나 모총합를 추정할 수 있다. 예를 들어, 어느 도시에 살고 있는 성인남자 1인당 음주비용을 추정하려는 경우를 생각해 보자. 조사 대상 도시에 거주하는 모든 성인남자들의 명단을 구하기는 쉽지 않겠지만 모든 가구의 목록은 상대적으로 쉽게 구할 수 있을 것이다. 이런 경우에는 가구를 추출단위로 한 표집틀에서 표본을 추출하고 표본가구에서 가구당 성인남자 수와 이들의 음주비용을 조사한 자료를 이용하여

$$R = \frac{\text{총 음주비용}}{\text{총 성인 남자수}} = \frac{\tau_y}{\tau_x}$$

와 같은 성인남자 1인당 평균 음주비용은 두 표본평균의 비로 추정하는 것이 현실적으로 사용 가능한 방법일 것이다.

한편, 배에 선적되어 있는 오렌지의 가격이 선적된 오렌지의 총 과즙 함유량에 의하여 결정된다고 할 때 총 과즙 함유량을 추정하는 문제에 대하여 생각해 보자. 간단한 추정법으로 크기 N인 오렌지 더미에서 n개의 오렌지를 랜덤하게 추출하여 오렌지 한 개당 평균 과즙 함유량 μ_y를 추정한 다음 여기에 선적된 오렌지의 총수 N을 곱하는 방법을 생각할 수 있다. 그러나 선적된 오렌지의 총수를 세는 일이 간단하지 않기 때문에 이 방법은 시간이나 비용의 측면에서 바람직한 방법이 아니다. 따라서 오렌지의 총수 N을 조사하지 않고 추정할 수 있는 다른 방법을 생각해 보자. 오렌지의 과즙 함유량 y는 오렌지의 무게 x와 밀접한 상관이 있을 것이다. 또, 선적된 오렌지의 총무게 τ_x에 대한 총 과즙 함유량 τ_y의 비는 오렌지 한 개당 평균 무게 μ_x에 대한 평균 과즙함유량 μ_y의 비와 같다. 즉,

$$R = \frac{\tau_y}{\tau_x} = \frac{N\mu_y}{N\mu_x} = \frac{\mu_y}{\mu_x}$$

이므로 총 과즙함유량 τ_y는

$$\tau_y = R\tau_x = \frac{\mu_y}{\mu_x}(\tau_x)$$

와 같은 식으로 표시된다. 여기서 μ_x와 μ_y는 각각 $\bar{x}$와 $\bar{y}$로 추정되고 오렌지의 총 무게 τ_x는 비교적 쉽게 측정할 수 있다. 따라서 총 과즙 함유량 τ_y는

$$\tilde{\tau}_{yr} = r(\tau_x) = \frac{\bar{y}}{\bar{x}}(\tau_x) = \frac{n\bar{y}}{n\bar{x}}(\tau_x) = \frac{\sum_{i=1}^{n} y_i}{\sum_{i=1}^{n} x_i}(\tau_x)$$

로 추정할 수 있다. 위와 같은 비추정량을 이용하면 오렌지의 총수 N을 알지 못하더라도 τ_y를 추정할 수 있다.

3. 평균이나 총계의 추정량에 대한 정도를 높이기 위하여 비추정법을 사용한다. 모집단의 크기 N이 알려져 있다면 τ_y에 대한 추정량으로 $N\bar{y}$와 $\tilde{R}\tau_x$ 중 어느 것이 더 효율적인 추정량인가를 생각해 보아야 한다. 일반적으로 관심변수 y가 보조변수 x와 강한 양의 상관관계를 가지면, 즉, 모집단 상관계수 ρ가 1에 가까운 값을 가지면 $\bar{y}$와 $\bar{x}$ 사이에도강한 양의 상관관계가 존재하기 때문에 $\tilde{R}\tau_x$가 $N\bar{y}$보다 훨씬 더 효율적인 추정

량이 된다.

보조변수 x에 대한 총합 τ_x가 알려져 있는 크기 N인 모집단에서 크기 n인 단순랜덤표본을 추출하였을 때 y와 x의 표본 관찰값을 $\{y_1, y_2, \cdots, y_n\}$과 $\{x_1, x_2, \cdots, x_n\}$이라 하면 모집단 비 R에 대한 추정량으로

$$\widetilde{R} = r = \frac{\overline{y}}{\overline{x}} = \left(\sum_{i=1}^{n} y_i \Big/ \sum_{i=1}^{n} x_i \right),$$

이 사용된다. 그런데, R의 추정량으로 사용하는 표본 비(sample ratio) r이 편향추정량이므로 r의 편향 $b = E(r-R)$의 크기에 대한 논의가 있어야 한다. 5.6절에 의하면

$$\frac{|b|}{\sqrt{V(r)}} \le \mathrm{CV}(\overline{x})$$

이므로 단순랜덤표본에 의한 r의 편향은 $\overline{x}$의 변동계수가 작으면 r의 표준오차보다 작아진다. 한편,

$$E(r) - R \doteq \frac{N-n}{Nn} R C_x (C_x - \rho C_y)$$

이 된다. 여기서 ρ는 y와 x의 상관계수이고 C_x와 C_y는 y와 x 각각의 모변동계수를 나타낸다. 그런데, x와 y의 분포가 대칭에서 크게 벗어나지 않으면 C_x와 C_y는 별로 크지 않을 것이고 ρ가 1에 접근하면 편향은 아주 작아진다. 그리고 x에 대한 y의 회귀직선이 원점을 통과하는 직선이면 $RS_x = \rho S_y$가 되어 편향은 0이 된다. 따라서 표본의 크기 n이나 표본 추출률 n/N이 충분히 크다면 r의 편향은 그 표준오차에 비하여 아주 작아져서 무시할 수 있을 것이다.

다음으로 r의 변동의 크기에 대하여 알아보자. r은 편향추정량이므로 r의 변동은 평균제곱오차(mean squared error; MSE)로 평가할 수 있다. 그런데, r의 편향을 무시할 수 있다면

$$\mathrm{MSE}(r) = E[(r-R)^2] \approx Var(r)$$

이고

$$Var(r) \approx \frac{1}{\mu_x^2} \frac{N-n}{N} \frac{1}{n} \left(S_y^2 + R^2 S_x^2 - 2R\rho S_x S_y \right)$$

이므로 $\rho = 1$일 때 $Var(r)$은 최소가 된다. 즉, x와 y 사이에 완전한 양의 상관관계가 존재하면 r의 분산이 최소가 된다. 이제, r의 편향과 표준오차를 비교해 보면 표본의

크기 n이 k배 증가할 때 편향은 k^{-1}배 만큼 감소하지만 표준오차는 $(\sqrt{k})^{-1}$배 만큼 감소한다. 따라서 표본의 크기가 충분히 크면 편향은 표준오차에 비하여 상대적으로 아주 작아져서 무시할 수 있다. 이상의 논의에 의하면 x와 y 사이에 강한 양의 상관관계가 있을 때 비추정량이 선형추정량보다 효율적인 추정량임을 알 수 있다. 그러나 비추정법을 이용하여 모총합 τ_y를 추정하려면 τ_x가 알려져 있어야 하며 모평균 μ_y를 추정하려면 τ_x는 모르더라도 관계없지만 μ_x는 알고 있어야 한다.

[정리 5.1] 단순랜덤표본에 의한 비추정량과 추정 분산

(i) 모집단 비 R의 추정

$$\tilde{R} = r = \frac{\bar{y}}{\bar{x}} = \sum_{i=1}^{n} y_i \Big/ \sum_{i=1}^{n} x_i ,$$

$$\hat{V}(r) = \frac{1}{\mu_x^2}\frac{N-n}{N}\frac{s_d^2}{n}, \quad s_d^2 = \frac{1}{n-1}\sum_{i=1}^{n}(y_i - rx_i)^2.$$

(ii) 모평균 μ의 비추정량과 추정 분산

$$\tilde{\mu}_{yr} = r\mu_x = \frac{\bar{y}}{\bar{x}}\mu_x , \quad \hat{V}(\tilde{\mu}_{yr}) = \frac{N-n}{N}\frac{s_d^2}{n}.$$

(iii) 모총합 τ의 비추정량과 추정 분산

$$\tilde{\tau}_{yr} = r\tau_x = \frac{\bar{y}}{\bar{x}}\tau_x , \quad \hat{V}(\tilde{\tau}_{yr}) = \frac{\tau_x^2}{\mu_x^2}\frac{N-n}{N}\frac{s_d^2}{n}.$$

[예제 5.1] 다음 쪽의 [표 5.1]은 미국 Massachusetts주 Fall River의 Ward 1에 있는 270개 구획에서 각 구획 내의 주택 수(x_i)와 임대주택의 수(y_i)를 조사한 1950년 센서스 자료이다. 이 자료에서 크기 50인 단순랜덤표본을 추출하여 비추정법으로 임대주택비율을 추정하고 추정치의 표준오차를 추정하여라. 또, 크기 50인 200개의 단순랜덤표본을 추출하여 총 임대주택의 수 τ_y를 비추정법과 선형 추정법으로 각각 구하고 히스토그램을 그려서 두 추정량의 분포를 비교하여라.

(풀이) [표 5.2]는 크기 50인 단순랜덤표본을 추출하여 정리한 계산표이다. 이 계산표에 의하면 τ_y에 대한 비추정값과 추정값의 추정표준오차는 다음과 같이

[표 5.1] 270구획의 주택 수(x_i)와 임대주택의 수(y_i)에 대한 1950년 센서스

NO.	y_i	x_i	NO.	y_i	x_i	NO.	y_i	x_i	NO.	y_i	x_i	NO.	y_i	x_i
001	131	149	056	23	33	111	67	110	166	12	27	221	0	2
002	6	10	057	26	39	112	44	57	167	11	20	222	18	42
003	23	30	058	50	67	113	43	81	168	27	38	223	2	4
004	79	90	059	31	41	114	15	23	169	14	31	224	0	1
005	47	56	060	24	35	115	17	25	170	2	4	225	0	1
006	34	42	061	47	53	116	29	59	171	3	23	226	0	3
007	97	113	062	27	28	117	18	27	172	6	12	227	0	1
008	30	45	063	80	90	118	14	22	173	5	15	228	5	14
009	11	16	064	52	68	119	24	29	174	31	39	229	0	1
010	45	67	065	90	99	120	35	44	175	7	9	230	0	1
011	19	23	066	78	89	121	48	53	176	3	11	231	0	1
012	17	18	067	46	48	122	20	27	177	1	10	232	2	7
013	25	33	068	35	48	123	24	28	178	3	8	233	2	8
014	84	89	069	59	62	124	55	62	179	1	3	234	3	12
015	91	114	070	27	33	125	43	56	180	6	10	235	0	4
016	48	66	071	33	43	126	13	22	181	4	8	236	6	8
017	48	61	072	27	37	127	19	22	182	5	12	237	3	9
018	20	25	073	9	14	128	48	57	183	1	3	238	3	7
019	34	46	074	9	15	129	44	57	184	0	1	239	5	12
020	42	58	075	12	21	130	36	46	185	0	3	240	3	10
021	35	44	076	49	68	131	3	8	186	8	22	241	0	1
022	55	66	077	60	81	132	2	4	187	8	18	242	0	1
023	42	61	078	35	59	133	13	18	188	16	25	243	0	1
024	36	45	079	11	23	134	34	42	189	9	25	244	2	4
025	13	20	080	21	32	135	28	32	190	6	20	245	0	1
026	7	16	081	22	36	136	23	28	191	8	18	246	0	1
027	8	15	082	10	16	137	8	14	192	0	1	247	0	2
028	18	26	083	9	15	138	69	76	193	4	10	248	0	1
029	20	22	084	7	16	139	0	19	194	1	4	249	0	1
030	18	22	085	3	8	140	5	9	195	3	9	250	0	1
031	0	2	086	5	25	141	6	37	196	0	5	251	0	1
032	23	29	087	2	11	142	4	11	197	14	20	252	0	2
033	0	3	088	8	9	143	9	24	198	3	5	253	0	2
034	19	29	089	14	19	144	54	102	199	5	13	254	0	4
035	11	21	090	5	5	145	50	82	200	0	1	255	0	2
036	11	15	091	1	3	146	9	24	201	11	23	256	0	2
037	42	54	092	22	37	147	6	18	202	19	39	257	0	4
038	28	42	093	25	30	148	5	18	203	5	9	258	0	1
039	8	13	094	2	3	149	1	3	204	0	2	259	0	1
040	0	2	095	0	4	150	0	6	205	3	5	260	3	5
041	34	48	096	7	13	151	3	8	206	12	26	261	4	9
042	13	24	097	15	24	152	4	12	207	4	10	262	0	1
043	16	27	098	10	19	153	18	27	208	14	35	263	0	2
044	21	32	099	5	17	154	1	3	209	0	4	264	0	2
045	12	14	100	8	13	155	1	3	210	20	38	265	2	6
046	10	18	101	2	5	156	3	6	211	8	10	266	1	4
047	50	61	102	5	11	157	6	14	212	22	36	267	3	7
048	58	65	103	6	14	158	5	15	213	2	7	268	11	14
049	17	25	104	13	29	159	5	14	214	2	4	269	3	9
050	41	68	105	28	42	160	4	9	215	0	2	270	0	2
051	30	43	106	27	36	161	0	1	216	1	3			
052	41	53	107	22	30	162	0	4	217	17	29			
053	37	47	108	4	11	163	7	12	218	24	44			
054	12	18	109	10	19	164	7	22	219	3	5			
055	25	41	110	25	42	165	3	11	220	7	17			

출처: Cochran(1977)

구해진다.

$$r = \frac{\sum y_i}{\sum x_i} = \frac{777}{1157} = 0.671564,$$

$$\tilde{\tau}_{yr} = r\tau_x = \frac{777}{1157}(6786) = 4557.24,$$

$$s_d^2 = \frac{1}{n-1}\sum_{i=1}^{n}(y_i - rx_i)^2 = \frac{1152.2}{49} = 23.5143,$$

$$\widehat{V}\left(\tilde{\tau}_{yr}\right) = N^2\frac{N-n}{N}\frac{s_d^2}{n} = (270)^2\frac{270-50}{270}\frac{23.5143}{50} = 27935.0,$$

$$\widehat{s.e.}\left(\tilde{\tau}_{yr}\right) = \sqrt{\widehat{V}\left(\tilde{\tau}_{yr}\right)} = \sqrt{27935.0} = 167.138.$$

[표 5.2] [예제 5.1]의 계산표

난수	y_i	x_i	$d_i = y_i - rx_i$	d_i^2	난수	y_i	x_i	$d_i = y_i - rx_i$	d_i^2
232	2	7	-2.7010	7.295	209	0	4	-2.6863	7.216
197	14	20	0.5687	0.323	121	48	53	12.4071	153.936
79	11	23	-4.4460	19.767	182	5	12	-3.0588	9.356
130	36	46	5.1080	26.092	163	7	12	-1.0588	1.121
163	7	12	-1.0588	1.121	160	4	9	-2.0441	4.178
101	2	5	-1.3578	1.844	34	19	29	-0.4754	0.226
219	3	5	-0.3578	0.128	239	5	12	-3.0588	9.356
108	4	11	-3.3872	11.473	40	0	2	-1.3431	1.804
233	2	8	-3.3725	11.374	62	27	28	8.1962	67.178
126	13	22	-1.7744	3.149	5	47	56	9.3924	88.217
8	30	45	-0.2204	0.049	52	41	53	5.4071	29.237
169	14	31	-6.8185	46.492	60	24	35	0.4952	0.245
133	13	18	0.9118	0.831	216	1	3	-1.0147	1.030
63	80	90	19.5592	382.562	137	8	14	-1.4019	1.965
267	3	7	-1.7010	2.893	188	16	25	-0.7891	0.623
117	18	27	-0.1322	0.017	116	29	59	-10.6223	112.833
13	25	33	2.8384	8.056	155	1	3	-1.0147	1.030
226	0	3	-2.0147	4.059	219	3	5	-0.3578	0.128
259	0	1	-0.6716	0.451	190	6	20	-7.4313	55.224
153	18	27	-0.1322	0.017	174	31	39	4.8090	23.126
38	28	42	-0.2057	0.042	181	4	8	-1.3725	1.884
89	14	19	1.2403	1.538	123	24	28	5.1962	27.000
185	0	3	-2.0147	4.059	188	16	25	-0.7891	0.623
110	25	42	-3.2057	10.277	92	22	37	-2.8479	8.110
168	27	38	1.4806	2.192	231	0	1	-0.6716	0.451
					계	777	1157		1152.200

[그림 5.1]은 크기 50인 단순랜덤표본을 200번 추출하고 각 표본에서 모총합 τ_y에 대한 비추정값 $\tilde{\tau}_{yr}$과 표본평균에 의한 추정값 $\hat{\tau}_y$를 계산하여 히스토그램을 그린 것이다. 여기서 비추정량의 분산이 선형추정량의 분산보다 훨씬 작음을 볼 수 있다. 따라서 비추정량의 정밀도가 선형추정량의 정밀도보다 더 높다고 할 수 있다. 실제로, x와 y의 상관계수를 구하여 보면 0.97로 x와 y 사이에는 강한 양의 상관관계가 있으며 [그림 5.2]를 보면 x에 대한 y의 회귀선이 원점을 통과하는 직선이므로 비추정량이 선형추정량보다 훨씬 정밀도가 높은 효율적인 추정량이 된다.

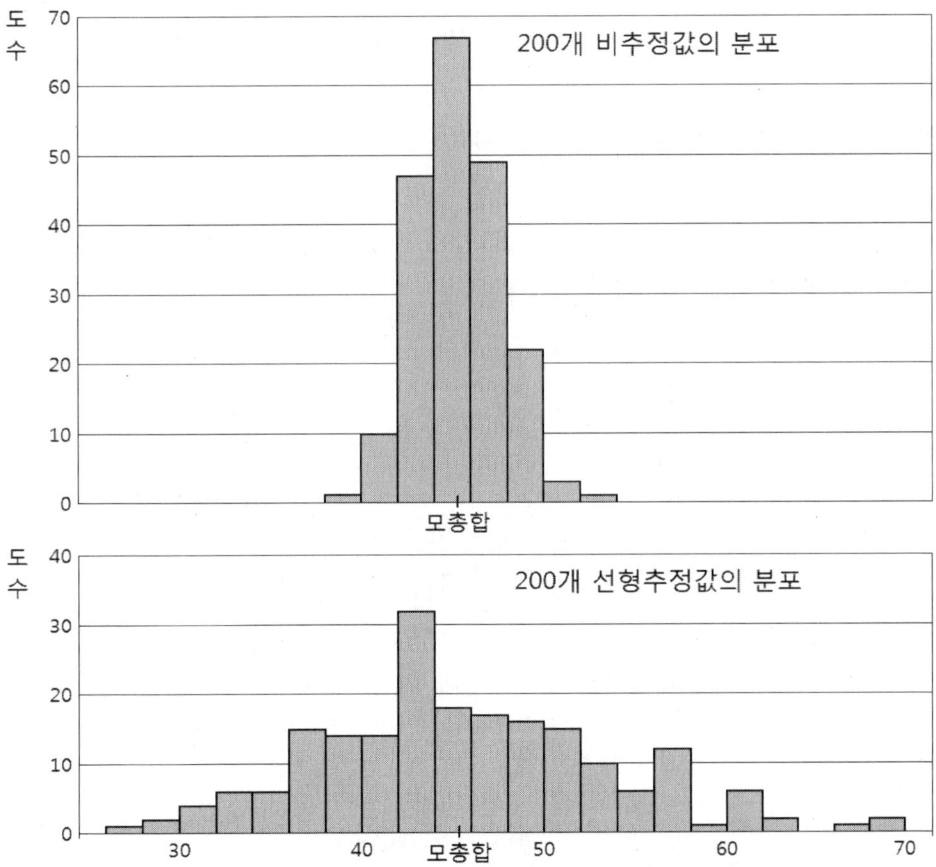

[그림 5.1] 선형추정과 비추정의 비교

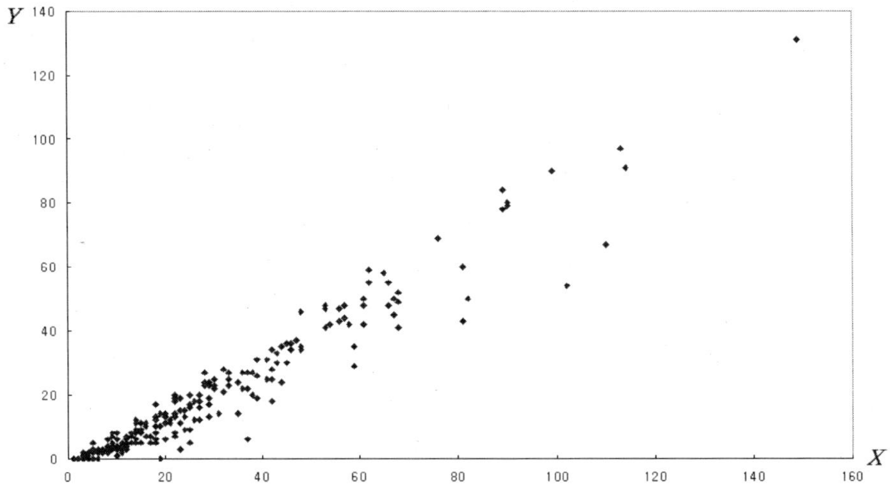

[그림 5.2] 주택 수(X)와 임대주택 수(Y)의 산점도

[예제 5.2] 원목판매회사에서 수입한 250그루 원목의 총 체적을 추정하려 한다. 단순 랜덤표집법으로 추출한 12그루의 원목에 대하여 각각의 단면적(x)과 체적(y)을 조사한 자료가 아래와 같다. 250그루 원목의 총 단면적 τ_x는 75제곱피트이다. 총체적 τ_y에 대한 비추정값 $\tilde{\tau}_{yr}$과 표본평균에 의한 추정값 $\hat{\tau}_y$를 구하여라. 또, 각각의 표준오차를 추정하고 그 결과를 비교하여라.

표본원목	1	2	3	4	5	6	7	8	9	10	11	12
단면적(x_i)	0.3	0.5	0.4	0.9	0.7	0.2	0.6	0.5	0.8	0.4	0.8	0.6
체 적(y_i)	6	9	7	19	15	5	12	9	20	9	18	13

(풀이) 총 단면적에 대한 총 체적의 비 R을 추정하면

$$\tilde{R} = r = \frac{\sum y_i}{\sum x_i} = \frac{142}{6.7} = 21.194$$

이므로 τ_y에 대한 비추정값 $\tilde{\tau}_{yr}$과 선형추정값 $\hat{\tau}_y$는 다음과 같다.

$$\tilde{\tau}_{yr} = r\,\tau_x = (21.194)(75) = 1589.55,$$

$$\hat{\tau}_y = N\,\overline{y} = (250)\frac{142}{12} = 2958.33.$$

다음으로 추정값들에 대한 표준오차를 추정하면 다음과 같다.

$$s_d^2 = \frac{1}{n-1}\sum_{i=1}^{n}(y_i - rx_i)^2 = \frac{19.25362}{11} = 1.75033,$$

$$\widehat{V}(\tilde{\tau}_{yr}) = N^2 \frac{N-n}{N} \frac{s_d^2}{n} = (250)^2 \frac{250-12}{250} \frac{1.75033}{12} = 8678.72,$$

$$\widehat{s.e.}(\tilde{\tau}_{yr}) = \sqrt{\widehat{V}(\tilde{\tau}_{yr})} = \sqrt{8678.72} = 93.16,$$

$$s_y^2 = \frac{1}{n-1} \sum_{i=1}^{n} (y_i - \overline{y})^2 = \frac{295.7}{11} = 26.882,$$

$$\widehat{V}(\hat{\tau}_y) = N^2 \frac{N-n}{N} \frac{s_y^2}{n} = (250)^2 \frac{250-12}{250} \frac{26.882}{12} = 133289.92,$$

$$\widehat{s.e.}(\hat{\tau}_y) = \sqrt{\widehat{V}(\hat{\tau}_y)} = \sqrt{133289.92} = 365.09.$$

여기서 두 추정치에 대한 추정표준오차를 비교해 보면 비추정의 표준오차가 선형추정의 표준오차 보다 훨씬 작음을 알 수 있다. 그러나 $\overline{x}$의 상대오차가

$$\frac{\overline{x} - \mu_x}{\mu_x} = \frac{0.5583 - 0.3}{0.3} = 86.1\%$$

로 너무 커서 비추정값의 편향이 클 수밖에 없기 때문에 τ_y에 대한 비추정값이 선형추정값에 비해 아주 작게 나온 것이다. 따라서 비추정값을 사용하려면 표본의 크기를 크게 해서 편향을 줄여야 한다.

대표본일 때 정규분포를 이용한 신뢰구간의 추정 이론은 비추정의 경우에도 그대로 적용할 수 있다. Cochran(1977)에 의하면

$$n > 30, \quad \mathrm{CV}(\overline{x}) \le 0.1, \quad \mathrm{CV}(\overline{y}) \le 0.1$$

일 때 r의 분포는 근사적으로 정규분포를 따른다. 따라서 모집단의 비 R에 대한 95.4% 신뢰구간은 다음과 같은 식으로 주어진다.

$$r \pm 2\sqrt{\widehat{V}(r)} = r \pm 2\sqrt{\frac{1}{\mu_x^2} \frac{N-n}{N} \frac{s_d^2}{n}}$$

s_d^2의 계산은

$$s_d^2 = \frac{1}{n-1}\left(\sum_{i=1}^{n} y_i^2 + r^2 \sum_{i=1}^{n} x_i^2 - 2r \sum_{i=1}^{n} x_i y_i \right)$$

를 이용하거나 x와 y의 추정 상관계수 $\hat{\rho}$을 포함하는 다음과 같은 식

$$s_d^2 = \frac{1}{n-1}\left(s_y^2 + r^2 s_x^2 - 2r\hat{\rho}s_x s_y\right).$$

를 이용할 수 있지만 통계 소프트웨어를 이용하면 s_d^2을 쉽게 구할 수 있다. [예제 5.2]에서 통계 소프트웨어 미니탭을 이용하여 s_d^2을 구해내는 과정을 살펴보면 다음과 같다.

미니탭 'Worksheet' 창의 열 C1과 C2 각각에 단면적(x)과 체적(y)에 대한 자료를 입력하고 [그림 5.3]과 같이

'Stat' → 'Basic Statistics' → 'Display Descriptive Statistics...'

를 차례로 선택하면 다음 쪽의 [그림 5.4]와 같은 활성창

'Display Descriptive Statistics'

이 나타난다. 이 활성창에서 기술통계량을 구할 변수 C1과 C2를 선택하고

'Statistics...'

를 클릭하면 [그림 5.5]와 같은 구할 통계량을 선택할 수 있는 창이 나타난다. 이 창에서 'Mean', 'Standard deviation', 'Variance', 'Sum'을 선택(√)하고 [OK]를 클릭하면 다시 [그림 5.4]와 같은 창이 다시 나타난다. [그림 5.4]의 창에서 다시 [OK]를 클릭하면 [그림 5.6]과 같은 결과가 Session 창에 나타난다.

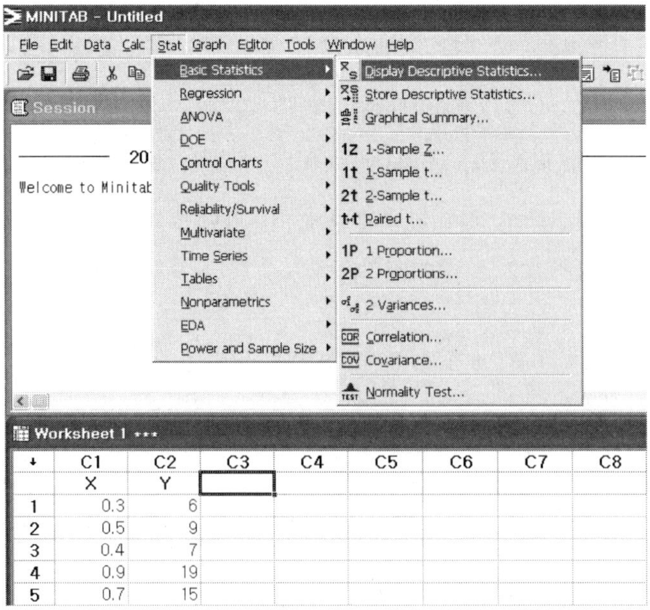

[그림 5.3]

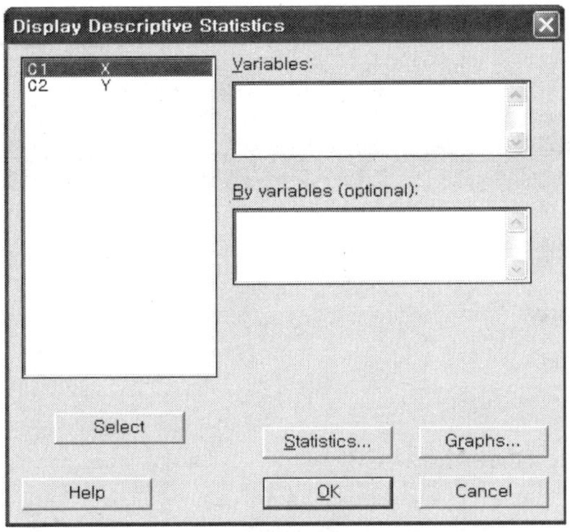

[그림 5.4]

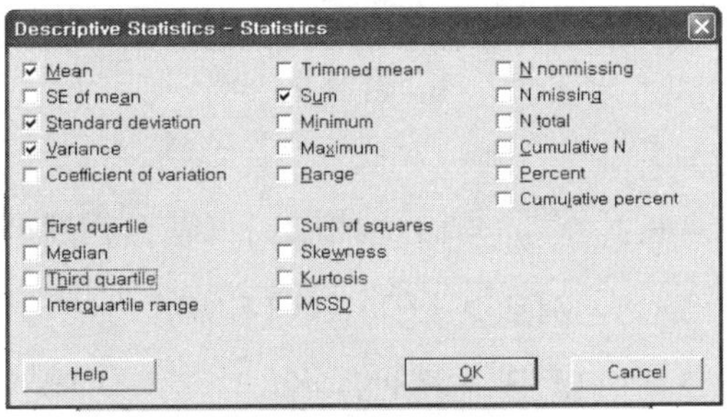

[그림 5.5]

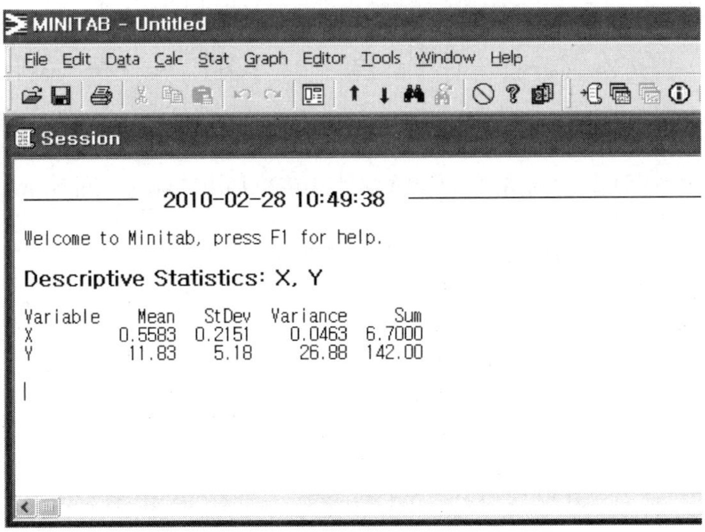

[그림 5.6]

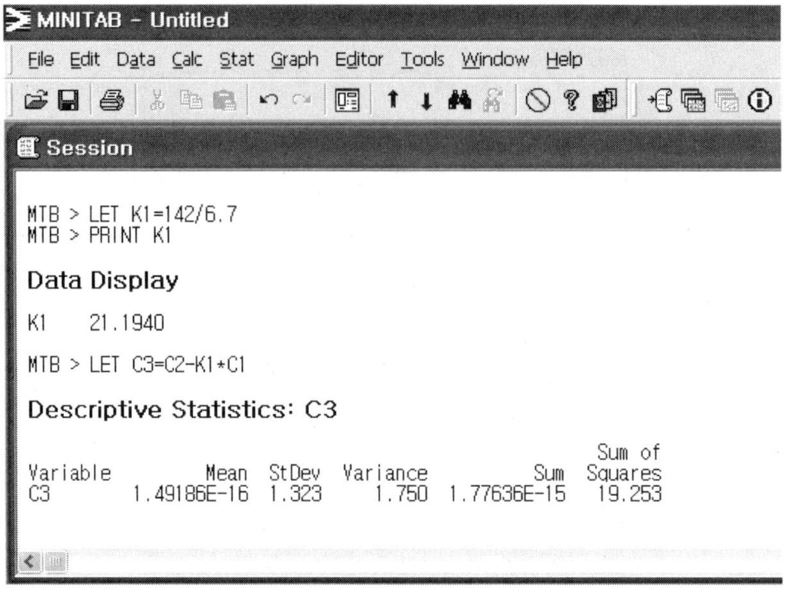

[그림 5.7]

[그림 5.6]에서 $\sum x_i = 6.7$, $\sum y_i = 142$이므로 [그림 5.7]에서와 같이 명령어

MTB > LET K1=142/6.7

MTB > PRINT K1

을 입력하면 비의 추정값이 21.194로 나타난다. 다음으로 명령어

MTB > LET C3=C2-K1*C1

을 입력하면 $y_i - rx_i$를 계산한 결과가 C3열에 나타난다. 이 변수 C3에 대한 기술통계량 중에서 분산 1.750이 s_d^2의 값이다.

사실, 비추정은 원점을 통과하는 **가중단순선형회귀**(加重單純線形回歸, weighted simple linear regression)와 같은 문제이다. 원점 $(x, y) = (0, 0)$을 지나는 단순선형회귀모형

$y_i = \beta x_i + \varepsilon_i$, $i = 1, 2, \cdots, n$

에서 β에 대한 최소제곱 추정량은

$$\hat{\beta} = \frac{\sum x_i y_i}{\sum x_i^2}$$

으로 표본비 r과 같지 않다. 그러나 각 관측치에 가중치 w_i를 달리하는 가중회귀에서 β의 추정량은

$$\hat{\beta} = \frac{\sum w_i x_i y_i}{\sum w_i x_i^2}$$

가 된다. 따라서 가중치를 $w_i = 1/x_i$로 두면 가중회귀에서의 β에 대한 추정량은 표본비 r과 일치한다.

[그림 5.8]과 같이 미니탭 Session창에서

MTB > LET C3=1/C1

을 실행하여 각 관측치에 대한 가중치를 C3열에 저장하고 2행의 메뉴 바에서

'Stat' → 'Regression' → 'Regression'

을 차례로 선택하면 다음 쪽의 [그림 5.9]와 같은 창이 나타난다. 이 창에서 Respose 상자에 반응변수 C2를 선택하고 Predictors 상자에 설명변수 C1을 선택한 다음

Options...

를 클릭하면 [그림 5.10]과 같은 창이 나타난다. 이 창의 Weight 상자에 가중치 변수 C3을 입력하고 Fit intercept를 제거한 다음 OK를 클릭하면 다시 [그림 5.9]의 창이 나타난다. 다시 나타난 [그림 5.9]의 창에서

Storage...

를 클릭하여 나타나는 [그림 5.11]의 창에서 Residuals를 선택하고 OK를 클릭하여

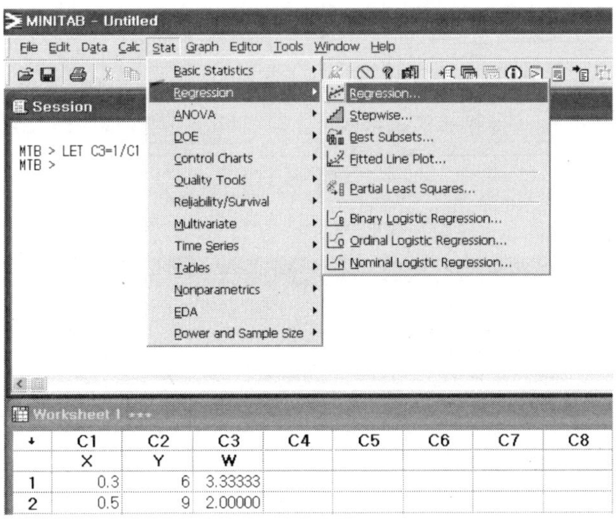

[그림 5.8]

여 나타나는 [그림 5.9] 창의 OK를 클릭하면 [그림 5.12]과 같이 회귀분석 결과가 Session 창에 표시되고 변수열 C4에 잔차가 저장된다.

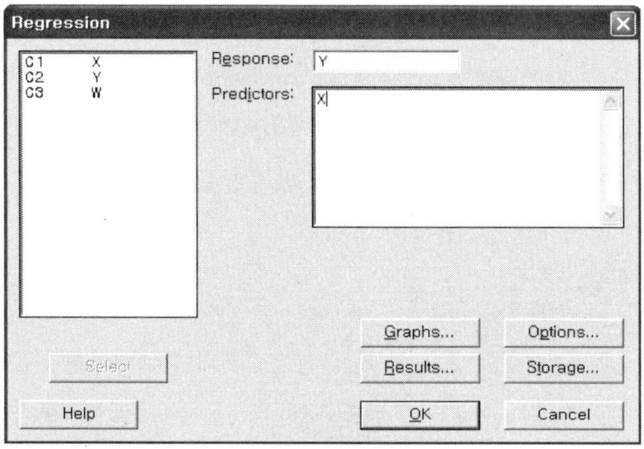

[그림 5.9]

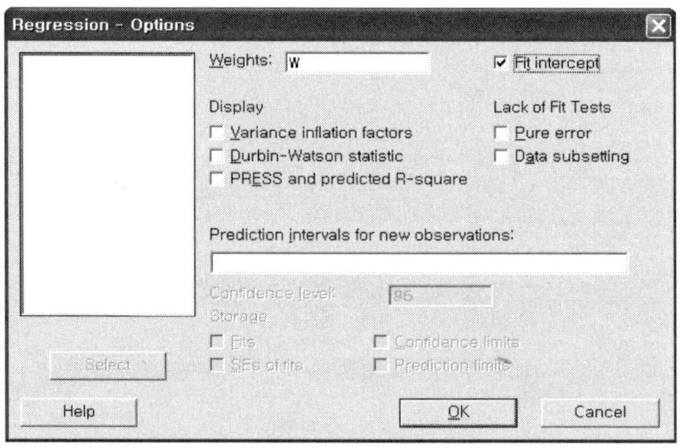

[그림 5.10]

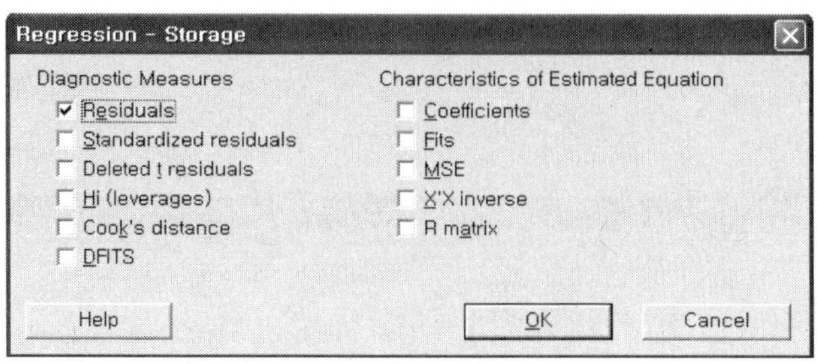

[그림 5.11]

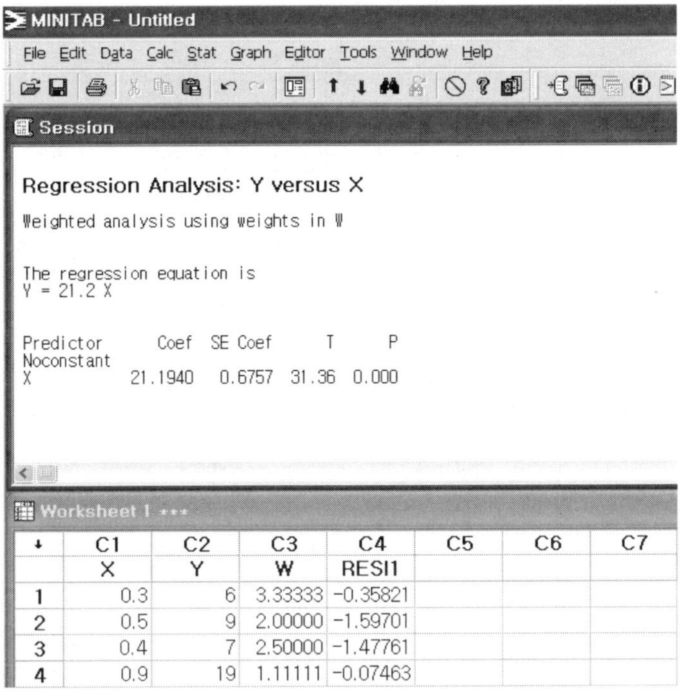

[그림 5.12]

[그림 5.12]의 회귀분석 결과에서 Predictor X의 계수 21.194가 모비 R의 추정치인 표본비 r이고 $y_i - rx_i$가 저장된 C4열에 대한 분산이 s_d^2이다.

[예제 5.3] 트럭 한 대에 실려 있는 오렌지의 총 과즙함유량을 추정하기 위하여 10개의 오렌지를 추출한 후 각 오렌지의 무게(x_i)와 과즙함유량(y_i)을 측정하였다(풀이의 계산표 참조). 다음으로 오렌지를 실은 트럭의 총 무게에서 트럭만의 무게를 뺀 결과 오렌지만의 총 무게는 815.4㎏이었다. 오렌지의 총 과즙함유량 τ_y를 추정하고 τ_y에 대한 95.4% 신뢰구간을 구하여라.

(풀이) 미니탭 통계 소프트웨어를 이용하면 다음 쪽의 [표 5.3]을 간단히 구할 수 있다. 따라서 τ_y의 추정값은 다음과 같이 구해진다.

$$\tilde{\tau}_{yr} = r\,\tau_x = \frac{11.17}{197.49}(815.4) = 46.12(\text{kg}).$$

그리고 오렌지의 총수 N이 알려져 있지 않으므로 추정분산은 [정리 5.1]의 (iii)에 있는 식을 약간 수정하여 계산한다. N은 표본의 크기 $n = 10$에 비하

[표 5.3] [예제 5.3]의 자료 및 계산표

오렌지	y_i(g)	x_i(g)	$y_i - rx_i$
1	9.50	181.60	-0.7713
2	13.60	217.90	1.2756
3	11.40	195.20	0.3595
4	10.00	190.70	-0.7860
5	15.00	227.00	2.1609
6	12.30	208.80	0.4903
7	8.60	177.10	-1.4167
8	9.50	186.10	-1.0258
9	10.40	190.70	-0.3560
10	11.40	199.80	0.0993
합계	111.70	1974.90	0.0000
평균	11.17	197.49	0.0000
분산	4.001	257.343	1.2310
표준편차	2.003	16.042	1.1090

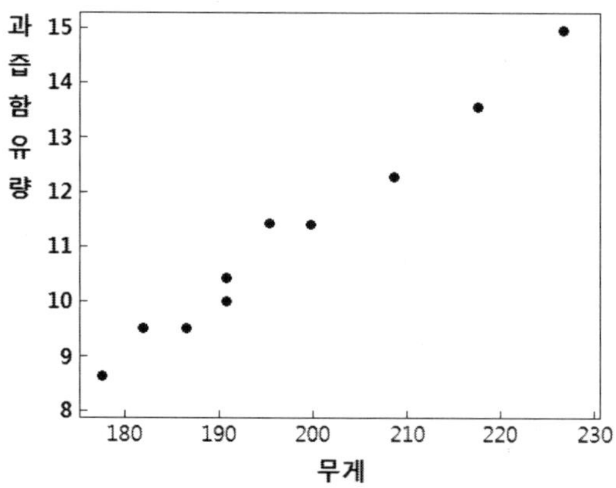

[그림 5.13] 오렌지의 무게(x)와 과즙함유량(y)의 산점도

여 아주 크므로 fpc를 1로 가정하고 μ_x도 모르는 값이므로 μ_x 대신 표본평균 $\bar{x}$를 사용하여 추정값의 분산을 추정하면

$$\widehat{V}\left(\tilde{\tau}_{yr}\right) = \frac{\tau_x^2}{\bar{x}^2}\frac{s_d^2}{n} = \left(\frac{815.4}{0.19749}\right)^2 \frac{1.231}{10^6}\frac{1}{10} = 17.047$$

이다. 따라서 τ_y에 대한 95.4% 신뢰구간은

$$\tilde{\tau}_{yr} \pm 2\sqrt{\widehat{V}\left(\tilde{\tau}_{yr}\right)} = 46.12 \pm 2\sqrt{17.047} = 46.12 \pm 8.258\text{kg}$$

이다. 분석결과를 요약하면 트럭에 실린 오렌지의 총 과즙함유량은 46.12kg으로 추정되었고, 표준오차는 4.129kg, 95.4% 오차의 한계는 8.258kg이다. 즉, 95.4% 신뢰도에서 총 과즙함유량 τ_y는 37.862kg에서 54.378kg 사이에 있다고 말할 수 있다. 앞 쪽에 도시한 [그림 5.13]의 산점도를 보면 오렌지의 과즙함유량과 무게 사이에는 매우 강한 양의 상관관계가 있음을 알 수 있다. 따라서 비추정법을 이용한 모총합의 추정은 타당하다.

표본조사에서 추출방법이 결정되면 다음으로 표본의 크기를 얼마로 할 것인가를 정해야 한다. 단순랜덤표본에 의하여 비추정법으로 모수를 추정하려 할 때 필요한 표본의 크기를 결정하는 식을 알아보자. 표본의 크기 n을 결정하는 절차는 3.3절에서 소개한 과정과 동일하다. 신뢰도 $100(1-\alpha)\%$에서 추정의 정밀도가 d_r이하이도록 모집단의 비 R을 추정하기 위한 표본의 크기 n은 다음과 같은 식

$$D_r^2 = \left(\frac{d_r}{z_{\alpha/2}}\right)^2 = V(r) = \frac{1}{\mu_x^2}\frac{N-n}{N}\frac{S_d^2}{n}$$

을 n에 대하여 풀면 된다. 위 식을 n에 대하여 풀면

$$n = \frac{NS_d^2}{N\mu_x^2 D_r^2 + S_d^2} = \frac{n_0}{1+n_0 N^{-1}}, \quad n_0 = \left(\frac{S_d}{\mu_x D_r}\right)^2$$

이 된다. 여기서 n_0는 복원추출 시에 필요한 표본의 크기를 나타낸다.

정도가 d_μ 또는 d_τ로 주어질 때에도 마찬가지 방법으로 n을 결정하는 식을 유도할 수 있다. 즉,

$$D_\mu^2 = \left(\frac{d_\mu}{z_{\alpha/2}}\right)^2 = V(\tilde{\mu}_{yr})$$

또는,

$$D_\tau^2 = \left(\frac{d_\tau}{z_{\alpha/2}}\right)^2 = V(\tilde{\tau}_{yr})$$

을 n에 대하여 풀면 된다. 그런데 실제 상황에서는 S_d^2의 값을 모르는 경우가 대부분이다. 따라서 그런 경우에는 S_d^2을 추정해야 하는데 S_d^2에 관한 자료가 전혀 없을 때는 먼저 n'개의 예비표본을 뽑아서 s_d^2을 계산하고 이 값을 S_d^2의 추정치로 사용한다. 그

리고 μ_x값이 알려져 있지 않을 때에도 역시 예비표본의 자료로부터 $\bar{x}$값을 구하여 μ_x 대신 사용한다.

[정리 5.2] 비추정법에서 신뢰도 $(1-\alpha)100\%$인 표본의 크기 결정

(i) 추정의 정밀도가 $|r-R| \le d_r$인 경우

$$n = \frac{n_0}{1+n_0N^{-1}}, \quad n_0 = \left(\frac{S_d}{\mu_x D_r}\right)^2.$$

(ii) 추정의 정밀도가 $|\tilde{\mu}_{yr} - \mu_y| \le d_\mu$인 경우

$$n = \frac{n_0}{1+n_0N^{-1}}, \quad n_0 = \left(\frac{S_d}{D_\mu}\right)^2.$$

(iii) 추정의 정밀도가 $|\tilde{\tau}_{yr} - \tau_y| \le d_t$인 경우

$$n = \frac{n_0}{1+n_0N^{-1}}, \quad n_0 = \left(\frac{NS_d}{D_t}\right)^2.$$

[예제 5.4] 면적이 1000에이커인 산림지역의 에이커당 평균 원목수 μ_y를 조사하고자 한다. 이 산림지역에 대한 항공사진을 이용하면 근사적인 에이커당 원목수를 구할 수 있다고 한다. 따라서 이 지역을 1에이커 크기의 조사구로 분할하고 그 중 일부를 단순랜덤추출법으로 표본 조사구를 추출한 후, 각 표본 조사구 내에 있는 원목수를 세어서 비추정법으로 에이커당 평균 원목수 μ_y를 추정하기로 하였다. 그런데 S_d^2과 관련된 사전 정보가 전혀 없기 때문에 예비조사를 통하여 S_d^2을 추정하기로 하였다. $n'=10$개의 조사구를 추출하여 조사한 자료는 [표 5.4]와 같다. 신뢰도 95.4%에서 μ_y에 대한 추정오차의 한계를 1이하가 되도록 하는데 필요한 표본의 크기를 결정하여라.

(풀이) S_d^2의 추정량 s_d^2은 정상적인 형태에서 벗어나는 자료점, 즉, 이상점의 영향

[표 5.4] [예제 5.4]의 자료

조사구 번호	1	2	3	4	5	6	7	8	9	10
항공사진 자료(x)	23	14	20	25	12	18	30	27	8	31
실제 조사자료(y)	25	15	22	24	13	18	35	30	10	29

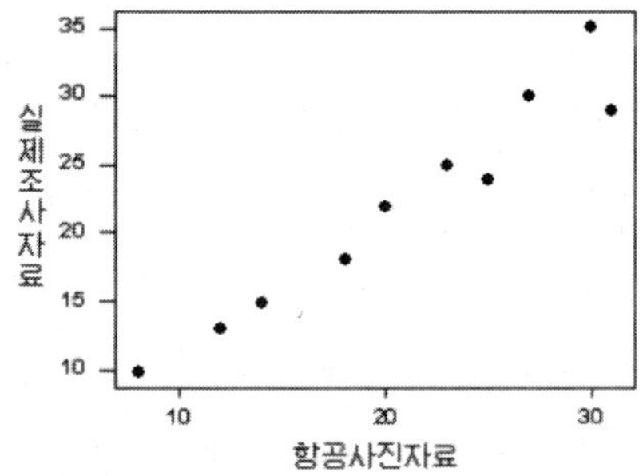

[그림 5.14] 항공사진자료(x)와 실제조사자료(y)의 산점도

을 민감하게 받는다. 그러므로 자료의 산점도를 그려서 이상점이 있는가를 미리 살펴보는 것이 필요하다. 예비조사 자료에 대한 산점도를 나타내고 있는 [그림 4.9]를 보면 별다른 이상점은 존재하지 않으며 두 변수 사이에는 강한 양의 상관관계가 있음을 시사해 주고 있다. 따라서 비추정법을 이용하여 μ_y를 추정하는 것은 적절하다. 미니탭을 이용하여 S_d^2의 추정값 s_d^2을 계산하면

$$s_d^2 = \frac{1}{9}\sum_{i=1}^{10}(y_i - rx_i)^2 = \frac{38.031}{9} = 4.23$$

이다. 따라서 [정리 5.2]의 (ii)에 의하여 표본의 크기를 구하면

$$n_0 = \frac{S_d^2}{D_\mu^2} = 2^2(4.23) = 16.92,$$

$$n = \frac{n_0}{1 + n_0 N^{-1}} = \frac{16.92}{1 + 16.92 \times 1000^{-1}} = 16.64$$

가 된다. 즉, 신뢰도 95.4%에서 오차의 한계가 ±1이하이도록 μ_y를 추정하기 위해서는 17개의 조사구가 필요하다.

5.2 회귀추정

5.1절에서 살펴본 비추정법은 자료들의 산점도를 그렸을 때 점들이 원점을 지나는 직선에 잘 적합되는 경우, 즉, 두 변수 x와 y가 원점을 지나는 직선관계인 경우에 사용할

수 있는 적절한 추정법이다. 그러나 두 변수 사이에 직선관계가 존재하지만 원점을 통과하지 않는 직선관계임이 명백할 때에는 통상적인 선형회귀모형을 가정한 회귀추정법으로 μ_y를 추정하는 것이 타당하다. 선형회귀추정량(linear regression estimator)도 비추정량과 마찬가지로 y와 강한 상관관계를 갖는 보조변수 x를 이용하여 추정량의 정도를 높이는데 사용된다. 변수 x에 대한 y의 선형회귀모형을

$$y = \beta_0 + \beta_1 x + \varepsilon$$

으로 가정할 때 회귀계수 β_0와 β_1의 추정량은

$$\hat{\beta}_1 = b_1 = \frac{\sum_{i=1}^{n}(x_i - \bar{x})(y_i - \bar{y})}{\sum_{i=1}^{n}(x_i - \bar{x})^2} = \frac{s_{xy}}{s_x^2} = \frac{\hat{\rho} s_y}{s_x},$$

$$\hat{\beta}_0 = b_0 = \bar{y} - b_1 \bar{x}$$

로 주어진다. 여기서 $\hat{\rho}$는 x와 y의 표본상관계수이다. 그런데, 적합된 회귀직선

$$\hat{y} = b_0 + b_1 x = \bar{y} + b_1(x - \bar{x})$$

는 항상 점 $(\bar{x}, \bar{y})$를 통과한다. 이 사실을 이용하면 $x = \mu_x$에서 모평균 μ_y에 대한 회귀추정량은

$$\tilde{\mu}_{yL} = b_0 + b_1 \mu_x = \bar{y} + b_1(\mu_x - \bar{x})$$

가 된다. 여기서 첨자 L은 추정량이 선형회귀에 의한 것임을 뜻한다.

Watson(1937)은 어느 식물에 대한 잎의 평균 면적을 추정하기 위하여 잎의 무게 x와 잎의 면적 y 사이의 회귀관계를 이용하였다. 먼저 대상 식물의 모든 잎을 채취하여 무게를 측정한 다음 식물 잎들에서 단순랜덤표본을 추출하여 각 잎의 면적을 측정하였다. 이렇게 얻은 자료에서 잎의 표본 평균면적 $\bar{y}$를 계산한 다음 잎의 무게에 대한 자료를 이용하여 $\bar{y}$에 $b(\mu_x - \bar{x})$만큼 보정하여 평균면적 μ_y를 추정하였다. 물론 이런 추정 방법을 생각한 것은 보조변수로 사용된 잎의 무게의 측정은 쉬운 반면에 면적의 측정은 쉽지 않고 비용도 많이 들기 때문이다. 이 예는 회귀추정이 유용될 수 있는 일반적인 상황을 잘 나타내 주고 있다.

단순랜덤표본을 이용한 μ_y에 대한 회귀추정량 $\tilde{\mu}_{yL}$는 일반적으로 편향추정량이다. 모

집단의 모든 자료를 이용하여 계산한 최소제곱 회귀계수를

$$\beta_1 = \frac{\sum_{i=1}^{N}(x_i-\mu_x)(y_i-\mu_y)}{\sum_{i=1}^{N}(x_i-\mu_x)^2} = \frac{\rho S_y}{S_x},$$

이라 하면, $\tilde{\mu}_{yL}$의 편향은

$$e_i = y_i - \left[\mu_y + \beta_1(x_i-\mu_x)\right]$$

로 둘 때

$$\begin{aligned} E(\tilde{\mu}_{yL}-\mu_y) &= E(\overline{y}-\mu_y) + E\left[\hat{\beta}_1(\mu_x-\overline{x})\right] \\ &= -\operatorname{Cov}(\hat{\beta}_1, \overline{x}) \\ &\approx -\frac{1-f}{n}\frac{E\left[e_i(x_i-\mu_x)^2\right]}{S_x^2} \end{aligned}$$

임을 보일 수 있다. 여기서 f는 표본 추출률이다. 따라서 표본의 크기가 증가하거나 표본 추출률이 커지면 편향은 감소한다. 또, 두 변수 x와 y의 상관계수 ρ가 ±1에 접근하면 e_i가 0에 근접하게 되어 편향은 감소하며, x의 변동이 커지면 S_x^2이 커지므로 편향은 감소한다. 편향이 아주 작아서 무시할 수 있다면 $\tilde{\mu}_{yL}$의 분산은 근사적으로

$$V(\tilde{\mu}_{yL}) \approx V(\overline{e}) = \frac{N-n}{N}\frac{S_e^2}{n}, \quad S_e^2 = \frac{1}{N-1}\sum_{i=1}^{N}\left[y_i-\mu_y-\beta_1(x_i-\mu_x)\right]^2$$

이 된다. 여기서 $\beta_1 S_x = \rho S_y$의 관계를 이용하면

$$V(\tilde{\mu}_{yL}) = \frac{N-n}{N}\frac{1}{n}S_y^2(1-\rho^2)$$

과 같은 식으로 쓸 수 있다. 따라서 $\tilde{\mu}_{yL}$의 분산은 두 변수 x와 y의 상관계수 ρ가 1이면 0이 되고 x와 y가 독립이면 ρ가 0이므로 단순랜덤표집에 의한 표본평균 $\overline{y}$의 분산과 같아진다. 그리고 표준오차와 편향을 비교해 보면 표본의 크기 n이 아주 커질 때 편향은 표준오차에 비해 상대적으로 아주 작아 거의 무시할 수 있음을 알 수 있다.

유한모집단에서 S_e^2의 비편향추정량은

$$s_e^2 = \frac{1}{n-1}\sum_{i=1}^{n}(e_i-\overline{e})^2$$

이다. 그런데,

$$
\begin{aligned}
e_i - \bar{e} &= [y_i - \mu_y - \beta_1(x_i - \mu_x)] - [\bar{y} - \mu_y - \beta_1(\bar{x} - \mu_x)] \\
&= (y_i - \bar{y}) - \beta_1(x_i - \bar{x}) \\
&= [(y_i - \bar{y}) - b_1(x_i - \bar{x})] + (b_1 - \beta_1)(x_i - \bar{x})
\end{aligned}
$$

이고 $(b_1 - \beta_1)(x_i - \bar{x})$는 $(y_i - \bar{y}) - b_1(x_i - \bar{x})$에 비하여 상대적으로 아주 작아서 무시할 수 있으므로 s_e^2은 근사적으로

$$
s_e^2 \approx \frac{1}{n-1}\left[\sum_{i=1}^{n}(y_i - \bar{y})^2 - b_1^2\sum_{i=1}^{n}(x_i - \bar{x})^2\right]
$$

이 된다. 그러나 회귀분석 이론에 의하면 무한모집단에서 S_e^2의 비편향추정량이

$$
\hat{S}_e^2 = \frac{1}{n-2}\left[\sum_{i=1}^{n}(y_i - \bar{y})^2 - b_1^2\sum_{i=1}^{n}(x_i - \bar{x})^2\right] = \text{MSE}
$$

이므로 S_e^2의 추정량으로 이 추정량을 이용한다. 회귀추정량의 편향과 분산 및 분산의 추정에 대한 자세한 내용은 박홍래(1999)나 Cochran(1977)을 참조하기 바란다.

[정리 5.3] 단순랜덤표본에 의한 회귀추정량과 추정량의 분산 추정

(i) 모평균 μ의 회귀추정량과 추정 분산

$$
\tilde{\mu}_{yL} = \bar{y} + b_1(\mu_x - \bar{x}),
$$

$$
\begin{aligned}
\tilde{V}(\tilde{\mu}_{yL}) &= \frac{N-n}{Nn}\frac{1}{n-2}\left[\sum_{i=1}^{n}(y_i - \bar{y})^2 - b_1^2\sum_{i=1}^{n}(x_i - \bar{x})^2\right] \\
&= \frac{N-n}{N}\frac{\text{MSE}}{n}.
\end{aligned}
$$

여기서 b_1은 단순선형회귀분석에서 회귀계수 β_1의 추정량으로

$$
b_1 = \frac{\sum_{i=1}^{n}(x_i - \bar{x})(y_i - \bar{y})}{\sum_{i=1}^{n}(x_i - \bar{x})^2}
$$

이고 MSE는 회귀분석에서의 평균제곱오차이다.

(ii) 모총합 τ의 회귀추정량과 추정 분산

$$
\tilde{\tau}_{yL} = N\tilde{\mu}_{yL}, \quad \tilde{V}(\tilde{\tau}_{yL}) = N^2\frac{N-n}{N}\frac{\text{MSE}}{n}.
$$

[예제 5.5] 사방 20m 크기의 500개 구획으로 나누어진 조림지역에 심어 놓은 소나무 묘목들 중에서 죽은 묘목의 수를 추정하려 한다. 조림지역의 항공사진을 판독한 결과 죽은 묘목은 구획 당 평균 12.5그루 이었다. 그러나 항공사진의 판독만으로는 죽은 묘목인지 아닌지를 구별하기 어려운 경우가 있기 때문에 500개 구획에서 25개 구획을 단순랜덤표집법으로 추출하여 죽은 묘목의 수를 실사하였다. 25개 표본구획을 조사한 자료는 다음과 같다. 구획 당 평균 죽은 묘목의 수와 조림지역 내의 총 죽은 묘목의 수에 대한 95.4% 신뢰구간을 구하여라.

판독(x)	31	24	17	14	13	06	27	15	10	14	12	10	05	12	10
실사(y)	26	18	19	16	10	05	22	18	13	11	15	09	08	12	09
판독(x)	10	09	06	11	07	09	11	10	10	13					
실사(y)	11	10	08	12	07	11	10	10	08	12					

(풀이) 먼저 주어진 자료들의 산점도를 그려 보자. [그림 5.15]의 산점도를 보면 항공사진 판독자료 x와 실사자료 y사이에는 강한 양의 상관관계가 있는 것으로 보이며 두 변수 사이의 관계는 직선으로 설명하는 것이 타당할 것을 여겨진다. 미니탭 Worksheet 창의 처음 두 열에 판독자료와 실사자료를 입력하고

```
MTB > name c1 'x' c2 'y'
MTB > regress y 1 x ;
SUBC> fits c3.
```

을 실행시키면 회귀분석 결과가 Session 창에 나타난다. 다음으로 산점도를 그릴 수 있는 미니탭의 명령코드

```
MTB > plot y*x ;
SUBC> minimum 1 0 ;
SUBC> maximum 1 35 ;
SUBC> minimum 2 0 ;
SUBC> maximum 2 30 ;
SUBC> line x c3 .
```

을 실행시키면 [그림 5.15]와 같은 산점도가 그려진다. 미니탭을 이용한 회

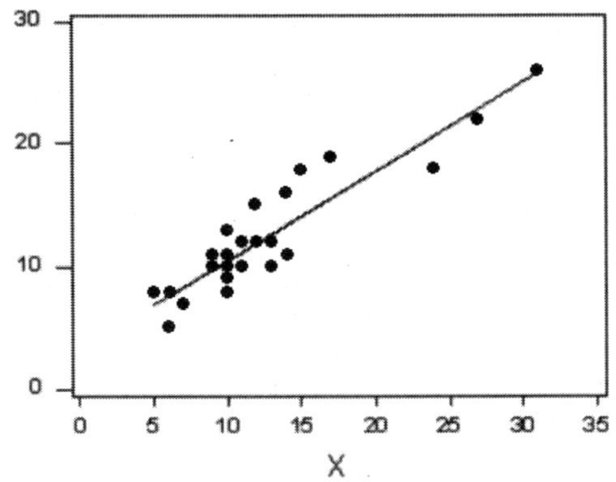

[그림 5.15] 판독자료(x)와 실사자료(y)의 산점도

```
Regression Analysis

          The regression equation is
          y = 3.22 + 0.726 x

Predictor        Coef       StDev          T        P
Constant       3.2211     0.92610       3.48    0.002
x             0.72618     0.06582      11.03    0.000

S = 2.033       R-Sq = 84.1%      R-Sq(adj) = 83.4%

          Analysis of Variance

          Source          DF       SS        MS        F         P
          Regression       1   502.95    502.95   121.70     0.000
          Residual Error  23    95.05      4.13
          Total           24   598.00
```

[그림 5.16] 판독자료(x)와 실사자료(y)의 회귀분석 결과

귀분석 결과는 [그림 5.16]과 같다. 회귀분석 결과를 보면 회귀직선은 유의하고 원점을 통과하지 않는 것으로 판단된다. 또, 상관계수는 0.913으로 두 변수 사이에는 강한 양의 상관관계가 보인다. 따라서 구획당 평균 고사묘목의 수 μ_y에 대한 추정량으로 회귀추정량이 보다 효율적인 추정량으로 판단된다. 즉, μ_y에 대한 추정치는

$$\tilde{\mu}_{yL} = \overline{y} + \hat{\beta}_1(\mu_x - \overline{x})$$

$$= 12.40 + (0.72618)(12.5 - 12.64) = 12.298$$

이고 표준오차의 추정값은

$$\widetilde{V}(\widetilde{\mu}_{yL}) = \frac{N-n}{N}\frac{\text{MSE}}{n} = \frac{500-25}{500}\frac{4.13}{25} = 0.15694,$$

$$s.\widetilde{e}.(\widetilde{\mu}_{yL}) = \sqrt{0.15694} = 0.3962$$

이다. 따라서 μ_y에 대한 95.4% 신뢰구간은 다음과 같다.

$$\widetilde{\mu}_{yL} \pm 2\,\text{s}.\widetilde{\text{e}}.(\widetilde{\mu}_{yL}) = 12.3 \pm 0.4.$$

5.3 차이추정

회귀추정의 특별한 경우로 회귀직선의 기울기 β_1이 1로 알려져 있는 경우를 생각할 수 있다. $\beta_1 = 1$일 때, 단순랜덤표본에 의한 μ_y의 회귀추정량은

$$\hat{\mu}_{yD} = \overline{y} + (1)(\mu_x - \overline{x})$$

가 된다. 이 추정량은 $\overline{y}$를 보조변수에 대한 모평균과 표본평균의 차이만큼 보정한 것이기 때문에 이러한 추정법을 차이추정(difference estimation)이라 한다.

단순랜덤표본에 의한 차이추정은 회계분야에서 자주 이용되고 있다. 회계사들은 종종 여러 계정들의 장부가와 실제 금액의 차이를 추정하고자 한다. 여기서 y_i를 세밀히 조사하여 얻은 계정 i의 실사가라 하고 x_i를 장부가라 하면, $\overline{y} - \overline{x}$는 실제 금액에 대한 평균차이가 된다. 따라서 모든 계정들에 대한 실사가와 장부가 차이의 총 추정액은

$$\hat{\tau}_y - \hat{\tau}_x = N(\overline{y} - \overline{x})$$

이므로 모든 계정들의 실제 금액에 대한 총합의 추정량은

$$\hat{\tau}_{yD} = \tau_x + (\hat{\tau}_y - \hat{\tau}_x) = \tau_x + N(\overline{y} - \overline{x})$$

가 된다. 그리고 이 모형에서 잔차 d_i를

$$d_i = y_i - x_i$$

로 정의하면 $\hat{\tau}_{yD}$의 분산은

$$V(\hat{\tau}_{yD}) = V[\tau_x + N(\overline{y} - \overline{x})]$$

$$= N^2 V(\overline{d})$$

$$= N^2 \frac{N-n}{N} \frac{S_d^2}{n}$$

과 같이 구해진다. 여기서 $\overline{d}$와 S_d^2은 다음과 같다.

$$\overline{d} = \frac{1}{n}\sum_{i=1}^{n}(y_i - x_i), \qquad S_d^2 = \frac{1}{N-1}\sum_{i=1}^{N}(d_i - \mu_d)^2$$

[정리 5.4] 단순랜덤표본에 의한 차이추정량과 추정량의 분산 추정

(i) 모평균 μ의 차이추정량과 추정 분산

$$\tilde{\mu}_{yD} = \mu_x + (\overline{y} - \overline{x}), \qquad \widetilde{V}(\tilde{\mu}_{yD}) = \frac{N-n}{N}\frac{s_d^2}{n}$$

(ii) 모총합 τ의 차이추정량과 추정 분산

$$\tilde{\tau}_{yD} = N\tilde{\mu}_{yD}, \qquad \widetilde{V}(\tilde{\tau}_{yD}) = N^2\frac{N-n}{N}\frac{s_d^2}{n}.$$

여기서 s_d^2은 S_d^2의 추정량으로 다음과 같다.

$$s_d^2 = \frac{1}{n-1}\sum_{i=1}^{n}(d_i - \overline{d})^2$$

[예제 5.6] 200개 계정의 평균 장부가는 150만원이다. 단순랜덤표집법으로 추출한 10개 실사가(y_i)와 장부가(x_i)에 대한 자료이다. 차이추정법으로 μ_y를 추정하고 추정치에 대한 표준오차를 추정하여라.

실사가(y_i)	장부가(x_i)	잔차(d_i)
271	270	1
189	187	2
228	227	1
133	131	2
50	52	-2
3	6	-3
251	250	1
221	219	2
49	46	3
173	174	-1

(풀이) 미니탭으로 세 변수에 대한 기술통계량을 구한 결과

```
Descriptive Statistics: Y, X, D
```

Variable	Mean	StDev	Variance
Y	156.2	93.2	8685.3
X	156.8	94.1	8850.4
D	0.600	1.955	3.822

에서 $\overline{d}=0.6$, $s_d^2=3.82$이므로 μ_y의 추정치와 추정치에 대한 표준오차는 다음과 같다.

$$\hat{\mu}_{yD}=\mu_x+\overline{d}=150+0.6=150.6,$$

$$s.\hat{e}.=\sqrt{\frac{200-10}{200}\frac{3.82}{10}}=0.6024.$$

5.4 층화랜덤표본에 의한 비추정

층화랜덤표본으로 비추정을 활용하여 모총합 τ를 추정하는 방법은 두 가지가 있다. 하나는 각 층에서 독립적으로 비추정에 의한 층의 총합 τ_h을 추정한 다음 이들의 합으로 τ를 추정하는 방법인데 이런 추정법을 **분리 비추정**(separate ratio estimation)이라 한다. 다른 하나는 모든 층의 표본자료를 이용하여 τ_x와 τ_y를 추정하고 이 추정치들을 이용하여 단 하나의 비를 추정하여 이를 모수의 추정에 활용하는 방법인데 이를 **결합 비추정**(combined ratio estimation)이라 한다.

변수 x와 y에 대한 각 층의 평균과 총합을 τ_{xh}와 τ_{yh}, $h=1,2,\cdots,H$이라 하고 비추정을 위한 층화랜덤표본이

$$(x_{h1},y_{h1}),(x_{h1},y_{h1}),\cdots,(x_{hn_h},y_{hn_h}),\quad h=1,2,\cdots,H$$

일 때 두 비추정법으로 모수를 추정하여 보자.

분리 비추정에서는 각 층에서 층의 비 R_h를

$$r_{sh}=\frac{\sum_i y_{hi}}{\sum_i x_{hi}}=\frac{t_{yh}}{t_{xh}}=\frac{\overline{y}}{\overline{x}}$$

으로 추정하여 층의 총합 τ_{yh}를

$$\hat{\tau}_{yh}=r_{sh}\tau_{xh}$$

로 추정한 다음

$$\hat{\tau}_{ysr} = \sum_{h=1}^{H} \hat{\tau}_{yh} = \sum_{h=1}^{H} r_{sh}\tau_{xh}$$

와 같은 식으로 모총합 τ_y를 추정한다. 여기서 첨자 sr은 분리 비추정을 나타낸다. [정리 5.1]에 의하면 h번째 층의 표본비 r_{sh}에 대한 분산의 추정량은

$$\hat{V}(r_{sh}) = \frac{1}{\mu_{xh}^2}\frac{N_h - n_h}{N_h}\frac{s_{sh}^2}{n_h}, \quad s_{sh}^2 = \frac{1}{n_h - 1}\sum_{i=1}^{n_h}(y_{hi} - r_{sh}x_{hi})^2$$

이 된다. 따라서 분리 비추정량 $\hat{\tau}_{ysr}$의 분산에 대한 추정량은

$$\hat{V}(\hat{\tau}_{ysr}) = \sum_{h=1}^{H}\frac{\tau_{sh}^2}{\mu_{xh}^2}\frac{N_h - n_h}{N_h}\frac{s_{sh}^2}{n_h}$$

이다. 또, 모평균 μ_y는 h번째 층의 평균에 대한 비추정량 $\hat{\mu}_{yh} = r_{sh}\mu_{xh}$들의 가중평균으로 구한다. 층화랜덤표집에서 가중치는 $W_h = N_h/N$이므로 모평균 μ_y에 대한 추정량과 추정량의 분산에 대한 추정량은 다음과 같다.

$$\hat{\mu}_{ysr} = \sum_{h=1}^{H}\frac{N_h}{N}r_{sh}\mu_{xh},$$

$$\hat{V}(\hat{\mu}_{ysr}) = \sum_{h=1}^{H}\left(\frac{N_h}{N}\right)^2\frac{N_h - n_h}{N_h}\frac{s_{sh}^2}{n_h}.$$

다음으로 결합 비추정에 대하여 알아보자. 결합 비추정에서는 먼저 층화랜덤표본으로 x와 y 각각에 대한 모총합 τ_x와 τ_y 또는 모평균 μ_x와 μ_y를

$$\hat{\tau}_x = \sum_{h=1}^{H} N_h\,\bar{x}_h, \qquad \hat{\tau}_y = \sum_{h=1}^{H} N_h\,\bar{y}_h$$

$$\hat{\mu}_x = \bar{x}_{st} = \frac{\hat{\tau}_x}{N}, \qquad \hat{\mu}_y = \bar{y}_{st} = \frac{\hat{\tau}_y}{N}$$

와 같은 식으로 추정한다. 이들은 층화랜덤표본에서 추정한 모총합 또는 모평균에 대한 전형적인 추정량들이다. 이 때, 모비 R에 대한 결합비 추정량 r_c는

$$r_c = \frac{\hat{\tau}_y}{\hat{\tau}_x} = \frac{\bar{y}_{st}}{\bar{x}_{st}}$$

로 정의한다. 따라서 모총합 τ_y에 대한 결합 비추정량은

$$\hat{\tau}_{ycr} = r_c\tau_x$$

이고, $\hat{\tau}_{ycr}$에 대한 분산의 추정량은

$$\hat{V}(\hat{\tau}_{ycr}) = \tau_x^2 \hat{V}(r_c) = \tau_x^2 \sum_{h=1}^{H} \frac{1}{\mu_x^2} \frac{N_h - n_h}{N_h} \frac{s_{ch}^2}{n_h},$$

$$s_{ch}^2 = \frac{1}{n_h - 1} \sum_{i=1}^{n_h} (y_{hi} - r_c x_{hi})^2$$

이다. 그리고 모평균 μ_y에 대한 결합 비추정량과 추정분산은 다음과 같다.

$$\hat{\mu}_{ycr} = r_c \mu_x$$

$$\hat{V}(\hat{\mu}_{ycr}) = \sum_{h=1}^{H} \left(\frac{N_h}{N}\right)^2 \frac{N_h - n_h}{N_h} \frac{s_{ch}^2}{n_h}.$$

[예제 5.7] 다음과 같은 가상 자료를 이용하여 모평균 μ_y에 대한 분리 비추정량과 결합 비추정량을 구하고 각각의 분산을 추정하여라.

층 번호		1		2	
층의 크기		$N_1 = 700$		$N_2 = 800$	
층의 총합		$\tau_{x1} = 11{,}410$		$\tau_{x2} = 6{,}540$	
변수		x_{1i}	y_{1i}	x_{2i}	y_{2i}
표본자료	1	14	12	16	8
	2	12	13	10	8
	3	0	2	8	4
	4	24	25	8	0
	5	15	16	0	4
	6	15	15	0	4
	7	10	12	4	2
	8	30	32	14	6
	9	26	24	6	0
	10	32	36	12	10

(풀이) 두 변수에 대한 층별 기술통계량을 구하면

$$n_1 = 10,\quad \bar{x}_1 = 17.8,\quad \bar{y}_1 = 18.7,\quad r_{s1} = 1.05,\quad \mu_{x1} = 16.3,$$

$$n_2 = 10,\quad \bar{x}_2 = 7.8,\quad \bar{y}_2 = 4.6,\quad r_{s2} = 0.59,\quad \mu_{x2} = 8.175$$

$$\bar{x}_{st} = \frac{7}{15}(17.8) + \frac{8}{15}(7.8) = 12.47,$$

$$\bar{y}_{st} = \frac{7}{15}(18.7) + \frac{8}{15}(4.6) = 11.18,$$

$$r_c = \frac{\bar{y}_{st}}{\bar{x}_{st}} = \frac{11.18}{12.47} = 0.90, \quad \mu_x = 11.967$$

이다. 따라서 모평균 μ_y에 대한 분리 비추정량은

$$\hat{\mu}_{ysr} = \frac{7}{15}(1.05)(16.3) + \frac{8}{15}(0.59)(8.175) = 10.56$$

이고, 미니탭으로 구한 [표 5.5]에서

$$s_{s1}^2 = 3.48, \quad s_{s2}^2 = 9.73$$

이므로 $\hat{\mu}_{ysr}$에 대한 추정 분산은

$$\hat{V}(\hat{\mu}_{ysr}) = \left(\frac{7}{15}\right)^2 \frac{690}{700}\frac{3.48}{10} + \left(\frac{8}{15}\right)^2 \frac{790}{800}\frac{9.73}{10} = 0.35$$

와 같이 구해진다. 다음으로 모평균 μ_y에 대한 결합 비추정량은

$$\hat{\mu}_{ycr} = (0.9)(11.967) = 10.77$$

이고, [표 5.5]에서

$$s_{c1}^2 = 4.93, \quad s_{c2}^2 = 16.94$$

이므로 $\hat{\mu}_{ycr}$에 대한 추정 분산은

$$\hat{V}(\hat{\mu}_{ycr}) = \left(\frac{7}{15}\right)^2 \frac{690}{700}\frac{4.93}{10} + \left(\frac{8}{15}\right)^2 \frac{790}{800}\frac{16.94}{10} = 0.58$$

와 같이 구해진다.

[표 5.5] [예제 5.7]의 계산표

x_{1i}	y_{1i}	x_{2i}	y_{2i}	$y_{1i} - r_{s1}x_{1i}$	$y_{2i} - r_{s2}x_{2i}$	$y_{1i} - r_c x_{1i}$	$y_{2i} - r_c x_{2i}$
14	12	16	8	-2.70787	-1.43590	-0.55508	-6.34866
12	13	10	8	0.39326	2.10256	2.23850	-0.96791
0	2	8	4	2.00000	-0.71795	2.00000	-3.17433
24	25	8	0	-0.21348	-4.71795	3.47701	-7.17433
15	16	0	4	0.24157	4.00000	2.54813	4.00000
15	15	0	4	-0.75843	4.00000	1.54813	4.00000
10	12	4	2	1.49438	-0.35897	3.03209	-1.58717
30	32	14	6	0.48315	-2.25641	5.09626	-6.55508
26	24	6	0	-3.31461	-3.53846	0.68342	-5.38075
32	36	12	10	2.38202	2.92308	7.30267	-0.76150
분산				3.48	9.73	4.93	16.94

분리 비추정에서는 반드시 층의 모총합 τ_{xh}가 알려져 있어야 한다. 반면, 결합 비추정에서는 층의 모비 R_h가 모두 같다는 가정을 할 수 있어야 하며 전체 모집단의 총합 τ_x가 알려져 있어야 한다. 그리고 일반적으로 비추정량은 편향 추정량이므로 어떤 비추정량을 사용하더라도 표본의 크기가 충분히 커야만 추정량의 편향을 무시할 수 있다. 통상적으로 층별 표본의 크기가 충분히 큰 경우에는 분리 비추정이 보다 효율적이고 층별 표본의 크기가 작은 경우에는 결합 비추정이 보다 효율적인 것으로 알려져 있다.

5.5 추정량의 효율 비교

모집단의 평균 μ_y에 대한 추정량으로 표본평균, 비추정량, 회귀추정량, 차이추정량 등을 사용할 수 있지만 단순랜덤표본 하에서 어떤 추정량이 가장 효율적인 추정량인가를 고려하여야 한다. 추정량의 효율성은 추정량의 MSE로 표현된다.

단순랜덤표본에 의한 μ_y의 선형추정량 $\overline{y}$는 비편향추정량이므로

$$\mathrm{MSE}(\overline{y}) = V(\overline{y}) = \left(1-\frac{n}{N}\right)\frac{S_y^2}{n}$$

이다. 그리고 μ_y의 비추정량 $\tilde{\mu}_{yR}$은 편향추정량이지만 y와 x의 관계가 원점을 지나는 직선관계이면 편향의 크기가 아주 작아서 무시할 수 있으므로

$$\mathrm{MSE}(\tilde{\mu}_{yR}) \approx \frac{N-n}{N}\frac{1}{n}\left(S_y^2 + R^2S_x^2 - 2R\rho S_xS_y\right)$$

가 된다. 따라서

$$\mathrm{MSE}(\tilde{\mu}_{yR}) - \mathrm{MSE}(\overline{y}) \approx \frac{N-n}{N}\frac{1}{n}\left(R^2S_x^2 - 2R\rho S_xS_y\right)$$

이고

$$\begin{aligned}\mathrm{MSE}(\tilde{\mu}_{yR}) \le \mathrm{MSE}(\overline{y}) \quad &\Leftrightarrow \quad R^2S_x^2 \le 2R\rho S_xS_y \\ &\Leftrightarrow \quad \rho \ge \frac{RS_x}{2S_y} = \frac{1}{2}\frac{C_x}{C_y}\end{aligned}$$

이므로 x값들의 변동계수가 y값들의 변동계수와 거의 같다면 x와 y의 상관계수가 0.5보다 클 때 비추정량이 단순표본평균보다 더 효율적인 추정량이다. 비추정량이 사용되

는 경우들을 살펴보면 x값들의 변동계수와 y값들의 변동계수 사이에 별 차이가 없는 경우가 대부분이다. 따라서 y와 x의 관계가 원점을 지나는 직선관계로 강한 양의 상관관계를 가질 때는 비추정량이 단순표본평균보다 더 효율적인 추정량이 된다.

다음으로 회귀추정량

$$\tilde{\mu}_{yL} = \overline{y} + b_1(\mu_x - \overline{x})$$

는 y와 x의 관계가 직선관계이기만 하면 비편향추정량이므로 추정량의 MSE는

$$\begin{aligned} \mathrm{MSE}(\tilde{\mu}_{yL}) \approx V(\tilde{\mu}_{yL}) &= \frac{N-n}{N}\frac{S_y^2}{n}(1-\rho^2) \\ &= V(\overline{y})(1-\rho^2) \end{aligned}$$

이 된다. 따라서 $\rho \neq 0$이기만 하면 μ_y에 대한 회귀추정량 $\tilde{\mu}_{yL}$이 선형추정량 $\overline{y}$보다 항상 더 효율적인 추정량이 된다. 또한, ρ의 절대값이 1에 근접할수록 회귀추정량의 효율이 선형추정량에 비해 상대적으로 더욱 높아짐을 알 수 있다.

[예제 5.8] [예제 5.5]의 자료에 대하여 모평균 μ_y에 대한 추정량으로 표본평균을 사용하는 선형추정량과 회귀추정량을 사용할 경우의 효율을 비교하여라.

(풀이) 표본평균으로 모평균 μ_y를 추정할 경우 추정치와 추정분산은

$$\overline{y} = 12.4,$$

$$\hat{V}(\overline{y}) = \frac{N-n}{N}\frac{s^2}{n} = \frac{500-25}{500}\frac{24.92}{25} = 0.94696$$

이고 [예제 5.5]의 풀이에서 $\tilde{\mu}_{yL}$과 추정분산은

$$\tilde{\mu}_{yL} = 12.3,$$

$$\tilde{V}(\tilde{\mu}_{yL}) = 0.15694$$

이다. 따라서 두 추정량의 상대효율을 추정하면

$$\frac{\hat{V}(\overline{y})}{\tilde{V}(\tilde{\mu}_{yL})} = \frac{0.94696}{0.15694} = 6.034$$

이므로 이 경우 회귀추정량을 사용하는 것이 표본평균을 사용하는 것보다 6배 이상 효율적이라 할 수 있다.

5.6 공식의 증명

(1) $\dfrac{|b|}{\sqrt{V(r)}} \leq \mathrm{CV}(\overline{x})$

다음과 같은 등식

$$\tilde{\tau}_{yr} - \tau_y = \frac{\hat{\tau}_y}{\hat{\tau}_x}\tau_x - \tau_y = \hat{\tau}_y\left[1 - \frac{\hat{\tau}_x - \tau_x}{\hat{\tau}_x}\right] - \tau_y$$

을 이용하면 $E(\hat{\tau}_y) = \tau_y$이므로

$$E(\tilde{\tau}_{yr} - \tau_y) = E(\hat{\tau}_y) - E\left[\frac{\hat{\tau}_y}{\hat{\tau}_x}(\hat{\tau}_x - \tau_x)\right] - \tau_y$$

$$= -E\left[\widetilde{R}(\hat{\tau}_x - \tau_x)\right]$$

$$= -\mathrm{Cov}(\widetilde{R}, \hat{\tau}_x)$$

이고, r의 편향 b는

$$b = E(r - R) = E\left[\frac{\hat{\tau}_y}{\hat{\tau}_x} - \frac{\tau_y}{\tau_x}\right] = \frac{1}{\tau_x}E\left[\frac{\hat{\tau}_y(\tau_x - \hat{\tau}_x) + \hat{\tau}_x(\hat{\tau}_y - \tau_y)}{\hat{\tau}_x}\right]$$

$$= -\frac{1}{\tau_x}E\left[r(\hat{\tau}_x - \tau_x)\right]$$

$$= -\frac{1}{\mu_x}\mathrm{Cov}(r, \overline{x})$$

가 된다. 따라서

$$\frac{|b|}{\sqrt{V(r)}} = \left|-\frac{\sqrt{V(\overline{x})}}{\mu_x}\frac{\mathrm{Cov}(r, \overline{x})}{\sqrt{V(r)}\sqrt{V(\overline{x})}}\right| \leq \frac{\sqrt{V(\overline{x})}}{\mu_x} = \mathrm{CV}(\overline{x}).$$

(2) $E(r) - R \doteq \dfrac{N-n}{Nn}RC_x(C_x - \rho C_y)$

$$\overline{y} = \mu_y + (\overline{y} - \mu_y) = \mu_y\left(1 + \frac{\overline{y} - \mu_y}{\mu_y}\right),$$

$$\overline{x} = \mu_x + (\overline{x} - \mu_x) = \mu_x\left(1 + \frac{\overline{x} - \mu_x}{\mu_x}\right),$$

$$r = \frac{\bar{y}}{\bar{x}} = \frac{\mu_y}{\mu_x}\left(1 + \frac{\bar{y} - \mu_y}{\mu_y}\right)\left(1 + \frac{\bar{x} - \mu_x}{\mu_x}\right)^{-1}$$

이므로 다음과 같은 함수의 멱급수 전개

$$\frac{1}{1+x} = \sum_{k=0}^{\infty}(-1)^k x^k, \quad -1 < x < 1$$

을 이용하면

$$r = R\left\{1 + \frac{\bar{y} - \mu_y}{\mu_y} - \frac{\bar{x} - \mu_x}{\mu_x} + \left(\frac{\bar{x} - \mu_x}{\mu_x}\right)^2 - \frac{(\bar{x} - \mu_x)(\bar{y} - \mu_y)}{\mu_x \mu_y} + \cdots\right\}$$

이 된다. 따라서 $\bar{x} \approx \mu_x$이 되어 위 식에서 2차 이상의 항이 무시할 수 있을 정도로 작아진다면 r의 편향 b는 0이 된다. 즉, r은 R의 근사 비편향추정량이 된다. 그러나 3차 항 이상을 무시할 수 있다면

$$E(r) - R \doteq R\left[E\left(\frac{\bar{x} - \mu_x}{\mu_x}\right)^2 - \frac{E(\bar{x} - \mu_x)(\bar{y} - \mu_y)}{\mu_x \mu_y}\right]$$

$$= \frac{1}{\mu_x^2} R[\,V(\bar{x}) - R^{-1}\mathrm{Cov}(\bar{x}, \bar{y})]$$

이 된다. 한편, Z_i를 추출단위 u_i가 표본에 포함되면 1, 아니면 0인 확률변수라 하면 2.5절에서 $i \neq j$일 때

$$Var(Z_i) = \frac{n}{N}\frac{N-n}{N},$$

$$\mathrm{Cov}(Z_i, Z_j) = -\frac{1}{N-1}\frac{n}{N}\frac{N-n}{N}$$

이고, 2.4절의 분산-공분산 성질에 의하면 $\mathrm{Cov}(\bar{x}, \bar{y})$는

$$\mathrm{Cov}(\bar{x}, \bar{y}) = \mathrm{Cov}\left(\frac{1}{n}\sum_{i=1}^{N} Z_i x_i, \frac{1}{n}\sum_{j=1}^{N} Z_j y_j\right)$$

$$= \frac{1}{n^2}\sum_{i=1}^{N}\sum_{j=1}^{N} x_i y_i \mathrm{Cov}(Z_i, Z_j)$$

$$= \frac{1}{n^2}\sum_{i=1}^{N} x_i y_i\, Var(Z_i) + \frac{1}{n^2}\sum_{i=1}^{N}\sum_{i \neq j}^{N} x_i y_i \mathrm{Cov}(Z_i, Z_j)$$

$$= \frac{1}{n^2}\frac{n}{N}\frac{N-n}{N}\sum_{i=1}^{N} x_i y_i - \frac{1}{n^2}\frac{1}{N-1}\frac{n}{N}\frac{N-n}{N}\sum_{i=1}^{N}\sum_{i \neq j}^{N} x_i y_i$$

$$= \frac{1}{n}\left[\frac{N-n}{N^2} + \frac{N-n}{N^2(N-1)}\right]\sum_{i=1}^{N} x_i y_i - \frac{1}{n}\frac{N-n}{N^2(N-1)}\sum_{i=1}^{N}\sum_{j=1}^{N} x_i y_i$$

$$= \frac{1}{N}\frac{N-n}{N}\frac{1}{N-1}\left[\sum_{i=1}^{N} x_i y_i - N\mu_x\mu_y\right]$$

$$= \frac{1}{n}\frac{N-n}{N}\rho S_x S_y$$

이다. 따라서

$$E(r) - R \doteq \frac{1}{\mu_x^2}\frac{N-n}{Nn}\left(RS_x^2 - \rho S_x S_y\right)$$

$$= \frac{N-n}{Nn} RC_x(C_x - \rho C_y)$$

이다.

(3) x에 대한 y의 회귀직선이 원점을 통과하는 직선이면 $RS_x = \rho S_y$이다.

x에 대한 y의 회귀직선이 원점을 통과하는 직선이면

$$y_i = \beta x_i \;\;\Rightarrow\;\; \sum_{i=1}^{N} y_i = \beta\sum_{i=1}^{N} x_i \;\;\Rightarrow\;\; \beta = R = \frac{\tau_y}{\tau_x}$$

이므로

$$RS_x = \beta S_x = \frac{\mathrm{Cov}(x,y)}{S_x^2}S_x = \frac{\rho S_x S_y}{S_x} = \rho S_y$$

이다.

(4) $Var(r) \approx \dfrac{1}{\mu_x^2}\dfrac{N-n}{N}\dfrac{1}{n}\left(S_y^2 + R^2 S_x^2 - 2R\rho S_x S_y\right)$

$$E\left[(r-R)^2\right] = E\left[\left(\frac{\bar{y} - R\bar{x}}{\bar{x}}\right)^2\right]$$

$$= E\left[\left(\frac{\bar{y} - R\bar{x}}{\mu_x}\right)^2\left(1 - \frac{\bar{x} - \mu_x}{\bar{x}}\right)^2\right]$$

$$= E\left[\left(\frac{\bar{y} - R\bar{x}}{\mu_x}\right)^2\right] + E\left[\left(\frac{\bar{y} - R\bar{x}}{\mu_x}\right)^2\left\{\left(\frac{\bar{x} - \mu_x}{\bar{x}}\right)^2 - 2\frac{\bar{x} - \mu_x}{\bar{x}}\right\}\right]$$

인데 r의 편향을 무시할 수 있다면 위 식의 오른쪽 두 번째 항은 첫 번째 항에 비하여 아주 작아서 무시할 수 있다. 따라서 r의 분산은 n이 크면 근사적으로

$$V(r) \approx \frac{1}{\mu_x^2} E\left[(\bar{y} - R\bar{x})^2\right]$$

이 된다. 여기서

$$d_i = y_i - Rx_i$$

라 하면

$$\mu_d = \frac{1}{N}\sum_{i=1}^{N}(y_i - Rx_i) = \mu_y - R\mu_x = 0,$$

$$\bar{d} = \frac{1}{n}\sum_{i=1}^{n}(y_i - Rx_i) = \bar{y} - R\bar{x},$$

이므로

$$E\left[(\bar{y} - R\bar{x})^2\right] = V(\bar{d}) = \frac{N-n}{N}\frac{S_d^2}{n}, \quad S_d^2 = \frac{1}{N-1}\sum_{i=1}^{N}(y_i - Rx_i)^2$$

이다. 그러므로

$$V(r) \approx \frac{1}{\mu_x^2}\frac{N-n}{N}\frac{S_d^2}{n}$$

인데 S_d^2은

$$\begin{aligned} S_d^2 &= \frac{1}{N-1}\sum_{i=1}^{N}(y_i - \mu_y + \mu_y - Rx_i)^2 \\ &= \frac{1}{N-1}\sum_{i=1}^{N}\{(y_i - \mu_y) - R(x_i - \mu_x)\}^2 \\ &= S_y^2 + R^2 S_x^2 - 2R\rho S_x S_y \end{aligned}$$

이다.

(5) $\boldsymbol{V(\tilde{\mu}_{yL}) \approx V(\bar{e}) = \frac{N-n}{N}\frac{S_e^2}{n} = \frac{N-n}{N}\frac{1}{n}S_y^2(1-\rho^2)}$

$$\beta_1 = \rho\frac{S_y}{S_x}$$

이므로

$$\beta_1 S_x = \rho S_y$$

이다. 따라서

$$\begin{aligned} S_e^2 &= \frac{1}{N-1}\sum_{i=1}^{N}\left[y_i-\mu_y-\beta_1(x_i-\mu_x)\right]^2 \\ &= \frac{1}{N-1}\sum_{i=1}^{N}\left[(y_i-\mu_y)^2+\beta_1^2(x_i-\mu_x)^2-2\beta_1(x_i-\mu_x)(y_i-\mu_y)\right] \\ &= S_y^2+\beta_1^2 S_x^2-2\beta_1\rho S_x S_y \\ &= S_y^2-\rho^2 S_y^2 \\ &= S_y^2(1-\rho^2) \end{aligned}$$

이다.

연 습 문 제

1. 600가구가 살고 있는 아파트 단지에서 크기 33인 단순랜덤표본을 추출하여 조사한 자료가 다음과 같다. 단지 내 총 거주자 수는 2,700명이다. 물음에 답하여라.

번호	가족 수	월 소득 (단위:백만원)	월 의료비 (단위:백원)	번호	가족 수	월 소득 (단위:백만원)	월 의료비 (단위:백원)
1	2	370	286	18	4	498	722
2	3	370	416	19	2	510	212
3	3	420	454	20	4	438	554
4	5	390	610	21	2	396	519
5	4	348	824	22	5	348	466
6	7	452	564	23	3	462	796
7	2	520	484	24	4	414	336
8	4	560	600	25	7	390	756
9	2	410	484	26	3	462	696
10	5	370	888	27	3	414	574
11	3	378	268	28	6	570	1260
12	6	372	396	29	2	462	392
13	4	360	588	30	2	432	432
14	4	450	542	31	6	482	464
15	2	540	442	32	4	402	402
16	5	460	754	33	2	378	414
17	3	414	452				

(1) 가구당 월 평균 의료비를 추정하고 추정치에 대한 표준오차를 추정하여라.

(2) 일인당 월 평균 의료비를 추정하고 추정치에 대한 표준오차를 추정하여라.

(3) 가구당 월 소득에 대한 의료비의 비를 추정하고 추정치에 대한 표준오차를 추정하여라.

(4) 아파트 단지 내 가구들의 월간 총 의료비를 추정하고 추정치에 대한 표준오차를 추정하여라.

(5) 월 소득이 400만 원 이하인 가구들에 대하여 가구당 월 소득에 대한 의료비의 비를 추정하고 추정치에 대한 표준오차를 추정하여라.

(6) 월간 총 의료비를 95.4% 신뢰수준에서 오차가 참값의 10% 이내가 되도록 추정하고자 한다. 필요한 표본의 크기를 구하여라.

2. 어느 대학교 연습림에 있는 전나무의 평균 수령을 추정하기 위하여 단순랜덤표집법으로 추출한 20그루의 전나무를 조사한 자료가 다음과 같다. 연습림 내에 있는 전체 전나무 1,132그루의 평균 지름은 10.3이다. 물음에 답하여라.

표본 나무	지름	수령	표본 나무	지름	수령
1	12.0	125	11	5.7	61
2	11.4	119	12	8.0	80
3	7.9	83	13	10.3	114
4	9.0	85	14	12.0	147
5	10.5	99	15	9.2	122
6	7.9	117	16	8.5	106
7	7.3	69	17	7.0	82
8	10.2	133	18	10.7	88
9	11.7	154	19	9.3	97
10	11.3	168	20	8.2	99

(1) 산점도를 그려서 적절한 추정법을 정하여라.

(2) 평균 수령을 추정하고 추정치의 표준오차를 추정하여라.

3. 자연과학대학에 입학 예정인 학생 486명을 대상으로 수학 시험을 보게 하였더니 평균이 52점이었다. 이 학생들 중에서 단순랜덤표집법으로 10명을 추출하여 대학수학

의 학기말 성적을 조사하였더니 다음과 같았다. 물음에 답하여라.

학생	예비시험 점수(x)	기말시험 점수(y)
1	39	65
2	43	78
3	21	52
4	64	82
5	57	92
6	47	89
7	28	73
8	75	98
9	34	56
10	52	75

(1) 산점도를 그려서 적절한 추정법을 정하여라.

(2) 기말 평균 점수를 추정하고 추정치의 표준오차를 추정하여라.

제 6 장

계통표집법

6.1 계통표집법의 개요

단순랜덤표본이나 층화랜덤표본의 추출 과정을 살펴보면 추출틀에 속하는 모든 추출단위에 고유의 표지번호를 부여해야 한다. 그런데, 실제 표본설계에서 추출단위에 번호를 부여하는 작업이 현실적으로 어려운 경우가 많이 있다. 예를 들면, 전화번호부에 등재되어 있는 각 전화번호에 일련번호를 부여하는 작업이 그렇게 간단하지만은 않음을 알 수 있다. 이러한 단순랜덤표집의 어려움을 해결하기 위하여 표본추출과정을 보다 단순하고 편리하게 변형한 추출법이 **계통표집법**(systematic sampling)이다. 계통표집법은 실제 조사현장에서 단순랜덤표집법 대신에 매우 폭넓게 활용되고 있는 추출법이다.

간단한 예를 통하여 계통표집법의 기본적인 개념을 살펴보자. 어떤 잡지사에서 구독자의 의견을 조사하기 위하여 구독자 50,000명에서 1,000명을 추출한다고 하자. 단순랜덤표집법에서는 이 잡지를 구독하는 50,000명에 대한 이름과 주소 등이 기재된 명부(표집틀)에 고유번호를 부여한 다음 난수표를 이용하여 난수 1,000개를 뽑아 이 번호에 해당하는 구독자를 표본으로 추출하게 된다. 사실, 이러한 작업은 매우 번거롭고 비용이 많이 드는 일이다. 그런데, 50,000명에서 1,000명을 추출한다는 것은 결국 50명 당 1명을 뽑는 것과 같은 의미이다. 따라서 구독자의 이름이 나열되어 있는 명부의 처음 50명에서 한 명을 랜덤하게 선정한 다음 매 50번째에 해당하는 구독자를 표본으로 추출하는 방법을 생각할 수 있다. 처음 출발점이 랜덤하게 선택되었다면 그 결과로 얻어지는 표본을 1/50 계통표본이라 한다. 여기서 1/50이 표본 추출률이고, 추출률의 역수에 해당하는 50을 계통표집에서의 **추출간격**(sampling interval)이라고 한다.

계통표집이란 표집틀에 수록된 처음 k개의 추출단위들에서 하나를 랜덤하게 뽑고 그 다음부터는 매 k번째에 해당되는 추출단위를 뽑는 추출법이다. 이러한 추출법으로 선정된 표본을 k^{-1} 계통표본이라 한다. 결국, 시간적이나 공간적으로 일정한 간격을 두고 추출단위를 뽑는 방법이 계통표집법인데 방법이 간편하고 모집단 전체에서 추출단위가 골고루 뽑히는 장점이 있다.

표집틀에 추출단위들이 랜덤하게 나열되어 있다면 계통표집법에 의해 추출된 표본은 단순랜덤표본과 거의 동일하게 취급된다. 예를 들어, 대학생들을 대상으로 지난 한달 동안 지출한 용돈을 조사한다고 하자. 만약 이름이 가나다 순서로 나열된 학생 명부를 추출틀로 사용한다면 학생들의 이름과 용돈 지출액은 상관이 없으므로 이 명단은 랜덤하게 나열되어 있다고 볼 수 있다. 이런 경우에 계통표본은 단순랜덤표본과 이론적으로 거의 동일하게 취급되며, 계통표본에서 얻어진 자료를 통계적으로 분석하는 과정에서도 단순랜덤표본에 적용되는 방법이 그대로 사용된다.

계통표집법은 다음과 같은 몇 가지 이유로 인하여 단순랜덤표집법 대신 사용되는 유용한 방법이라 할 것이다.

첫째, 계통표집법은 실제 조사 현장에 적용하는 것이 편리한 표집법이다. 또한 적절한 표집틀이 마련되어 있지 않은 경우에도 조사자의 주관적인 선택에 의해 발생하는 선택편향를 줄일 수 있다. 예를 들어, 도로를 따라 위치한 상가들을 대상으로 표본조사를 실시할 때 이 상가들에 대한 정확한 표집틀을 사전에 확보하지 못했더라도 실제 현장에서 매 5번째에 해당하는 상가를 조사하도록 하면, 조사원의 주관적 선택에 따른 선택오차를 어느 정도 배제한 20% 계통표본을 얻을 수 있다.

둘째, 모집단의 크기를 사전에 파악할 수 없어도 원하는 추출률에 따른 표본을 얻을 수 있다. 예를 들어, 특정 투표소에서 투표를 마치고 나오는 사람들을 대상으로 투표결과에 대한 출구조사를 실시할 때 이 투표소에서 실제로 투표할 유권자의 수는 사전에 알 수 없다. 그러나 투표를 마치고 나오는 처음 10명에서 1명을 랜덤하게 뽑아 조사한 다음 매 10번째에 해당하는 투표자를 조사하면 추출률이 10%인 계통표본이 얻어진다.

셋째, 관심변수와 관련된 특성에 따라 순서대로 나열된 표집틀을 확보할 수 있다면 계통표집법을 사용하는 것이 단순랜덤표집에 의한 것보다 모집단을 더 잘 대표할 수 있는 표본을 얻을 수 있다. 예를 들어, 기업체의 올해 신입사원 채용규모를 파악하기 위하여 표본조사를 실시한다고 하자. 이 때, 기업체를 전년도 매출액 크기에 따라 순서대로 나열된 표집틀에서 계통표집법에 따라 표본을 추출하면 전년도 매출액이 많은 기업부터 적은 기업들이 골고루 표본에 포함된다. 따라서 신입사원 채용규모와 매출액이 높은 상관관계를 갖고 있다면 결과적으로 계통표본이 단순랜덤표본보다 모집단을 더 잘 대표하는 표본이 된다. 실제로 통계청, 농림부 등의 정부 공식통계를 생산하기 위한 표본설계를 보면 표본의 대표성 제고를 위해 이런 형태의 계통표집법이 이용되고 있다.

넷째, 계통표집법은 단위비용 당 얻을 수 있는 정보의 양이라는 측면에서 단순랜덤표집법보다 더 많은 정보를 제공하는 추출법이다. 다시 말해서, 계통표집은 추출과정이 간편하므로 비용 및 시간 측면에서 단순랜덤표집에 비해 효율적이다.

한편, 계통표집법을 사용하는 경우 주의할 사항이 있다. 우선, 이론적으로 계통표본의 추출과정은 단순랜덤표본의 추출과정과 상당한 차이가 있다. 예를 들어, 10% 계통표집법에서 표본으로 추출될 수 있는 가능한 경우는 정확히 열 가지이고, 랜덤하게 선정된 열 개 중의 하나가 표본이기 때문에 이론적으로 추정량의 분산을 계산할 수 없다. 그래서 추출단위들이 랜덤하게 나열되었다는 가정 하에 계통표본을 단순랜덤표본으로 간주하여 추정량의 분산을 계산한다. 이 경우 일반적으로 표본오차가 실제보다 과대 추정되는 경향을 보인다. 또한, 추출단위들이 관심변수와 관련된 특성에 따른 주기성을 갖고 나열되어 있는 경우에 주기와 추출간격이 일치하게 되면 표본의 대표성에 심각한 문제가 생길 수 있다. 따라서 주기를 갖는 표집틀에서 표본을 추출해야 할 때는 다른 추출법을 사용하거나 주기와 추출간격이 일치하지 않도록 한 계통표집법을 사용해야 한다.

계통표집법은 다양한 분야에서 실제로 널리 활용되는 표본추출법이다. 다음은 계통표집법이 사용되고 있거나 될 수 있는 예들이다.

1. 우리나라 인구주택 총 조사에서는 표본조사를 실시할 가구를 선정할 때 조사구를 기준으로 10개 조사구에서 한 조사구를 표본조사 대상으로 추출하는 10% 계통표집법을 사용하고 있다.

2. 품질관리를 위한 표본검사에서도 계통표집법이 많이 활용되고 있다. 조립라인에서 매 50번째 생산되는 부품을 선택하여 검사하는 품질검사방법을 예로 들 수 있다. 창고에 쌓여 있는 제품들을 검사하는 경우에는 위로부터 두 번째 선반에 놓인 세 번째 상자에서 선반을 따라 매 20번째 제품을 표본으로 선택하는 방법 등을 생각할 수 있다.

3. 회계사들은 회계과정이 적절한지를 감사하기 위해 회계장부 중 일부를 표본으로 선택해야 하거나 재고금액을 확인하기 위해 재고항목 중 일부를 표본으로 선택해야 한다. 이 경우에도 계통표집법을 활용하는 것이 자연스러울 것이다.

4. 시장조사를 위한 표본조사에서도 계통표집법이 자주 이용된다. 가령 점검대상 점포에서 매 20번째 고객을 상대로 음식의 맛, 색, 느낌 등을 물어보거나, 놀이공원의 주차장에 진입하는 차량 중 매 50번째 차량을 선정하여 운전자에게 놀이공원의 여러 홍보정책이나 입장료 등에 관한 질문을 하는 경우 등이 계통표집을 활용한 것이다.

6.2 계통표본의 추출

계통표집과 단순랜덤표집은 많은 경우에 서로 대치하여 사용할 수 있지만 표본을 추출하는 방법은 완전히 다르다고 할 수 있다. 단순랜덤표집법에서는 n개의 난수를 이용하여 표집단위를 선발한다. 그러나 계통표집법에서는 원칙적으로 하나의 난수만을 선발하여 시작점을 결정하고 시작 표집단위로부터 매 k번째 단위를 차례로 추출하여 크기 n인 표본을 표집하기 때문에 시작점을 결정하는 난수를 택하는 방법에 따라 여러 가지 계통표집법이 있을 수 있다. 계통표집법은 최초의 시작점이 랜덤하게 선택되기 때문에 확률표집법의 일종이다. 그러나 시작점이 정해진 후에는 정해진 규칙에 따라 표집단위가 추출된다.

계통표집법에서는 통상적으로 다음과 같은 단계에 의하여 표본을 추출한다.

1. 표본의 크기가 n이면 추출간격 k를 다음과 같은 식으로 구한다.

$$k=\begin{cases} N/n, & N=nk \\ [N/n]+1, & N\neq nk \end{cases}$$

2. 1 이상 k 이하인 정수 r을 랜덤하게 택한다.

3. $r+(j-1)k,\ j=1,2,\cdots,n$번째 표집단위들을 차례로 추출한다.

즉, 랜덤하게 선정된 처음 r번째 표집단위에서 시작하여 매 k번째 단위를 차례로 추출하는데 이러한 계통표집법을 **선형계통표집**(linear systematic sampling)이라 한다. 선형계통표집법에서 추출 가능한 표본은 [표 6.1]에서 보는 바와 같은 k가지이므로 한 선형계통표본이 추출될 확률은 k^{-1}이 된다. 즉, $N=nk$라 하면 모집단 전체를 n개의 표집단위가 포함되어 있는 k개의 더 큰 표집단위(집락 : cluster)들로 나눈 다음 이들 k개의 집락들 중에서 하나를 랜덤하게 추출하는 것이 선형계통표집법이다. 따라서 기술적으로 선형계통표집법은 집락표집법의 일종이다.

한편, $N\neq nk$일 때 선형계통표집법으로 표본을 추출하면 표본의 크기 n이 시작점에 따라 변할 수 있다. 예를 들어, $N=14$인 모집단

$$u_1\ u_2\ u_3\ u_4\ \mid\ u_5\ u_6\ u_7\ u_8\ \mid\ u_9\ u_{10}\ u_{11}\ u_{12}\ \mid\ u_{13}\ u_{14}$$

에서 추출간격이 $k=4$인 선형계통표본을 추출할 때 추출 가능한 표본은

$$(u_1, u_5, u_9, u_{13}),\ (u_2, u_6, u_{10}, u_{14}),\ (u_3, u_7, u_{11}),\ (u_4, u_8, u_{12})$$

의 네 가지이다. 따라서 처음 출발점이 어딘가에 따라 표본의 크기가 3 또는 4로 바뀐다. 표본의 크기가 50이상으로 크다면 크기에서 하나 차이는 무시할 수 있으나 작을 때는 문제가 된다. 이러한 단점을 제거하기 위한 계통표집법으로 Lahiri(1952)는 **순환계통표집법**(circular systematic sampling)을 제시하였다.

[표 6.1] 추출 가능한 k개의 선형계통표본

표본번호 (집락)	1	…	i	…	k
관측값	y_1 y_{k+1} $\vdots$ $y_{(n-1)k+1}$	…	y_i y_{k+i} $\vdots$ $y_{(n-1)k+i}$	…	y_k y_{2k} $\vdots$ y_{nk}
표본평균	$\bar{y}_1$	…	$\bar{y}_i$	…	$\bar{y}_k$

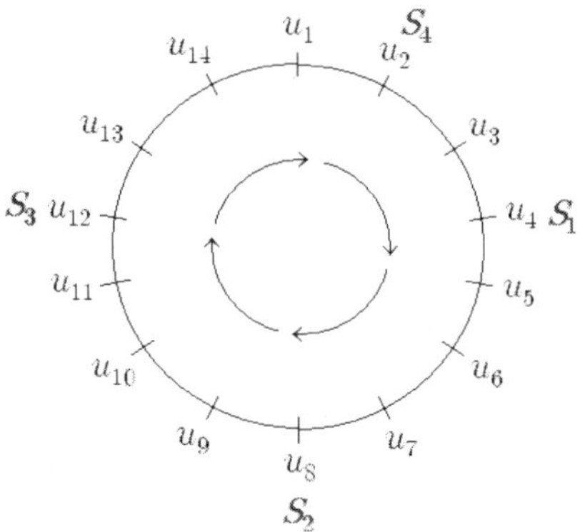

[그림 6.1] 순환계통표집법의 예시

[그림 6.1]은 랜덤하게 택한 시작 번호가 4일 때 순환 통로를 따라 가면서 네 개의 표집단위 u_4, u_8, u_{12}, u_2가 차례로 추출되고 있는 순환계통표집 과정을 도시한 것이다. 이와 같이 N개의 표집단위들을 원통형으로 늘어놓고 랜덤하게 선정한 1이상 N이하인 정수 R에서 시작하여 n개의 표집단위가 뽑힐 때까지 매 k번째 단위를 규칙적으로 추출하는, 즉, 시작 번호가 R일 때, 표지번호가

$$l_j = \begin{cases} R+(j-1)k, & R+(j-1)k \le N \\ R+(j-1)k-N, & R+(j-1)k > N \end{cases}, \quad j=1,2,\cdots,n$$

인 표집단위들을 추출하는 표집법이 순환계통표집법이다. 순환계통표집법에서는 출발점으로 가능한 번호가 N개이므로 가능한 순환계통표본도 N가지이다. 따라서 한 순환계통표본이 뽑힐 확률은 N^{-1}이 된다.

이상에서 두 가지 계통표집법에 대하여 설명하였는데 $N=nk$이면 두 계통표집법은 동일한 것이 된다. 그런데, N이 충분히 크면 $N \approx nk$가 되도록 할 수 있으며 통상적인 표본조사설계에서의 N은 대단히 큰 것이 보통이다. 따라서 앞으로 특별한 언급이 없는 한 $N=nk$ 하에서의 계통표집법을 가정한다.

이제, 계통표본이 모집단을 잘 대표할 수 있는가에 대하여 생각해 보자. 사실, 계통표본의 대표성 여부는 추출틀에 나열되어 있는 표집단위들의 순서에 달려 있다. 계통표집법에서는 추출틀 내의 표집단위들이 나열되어 있는 순서에 따라 모집단을 다음과 같은 세 가지 형태로 구분할 수 있다.

1. **랜덤 모집단**(random population)

2. **순서 모집단**(ordered population)
3. **순환 모집단**(periodic population)

직관적으로 표집틀 내의 표집단위들이 특별한 순서 없이, 즉, 랜덤한 순서로 나열되어 있는 랜덤 모집단에서 추출한 계통표본은 단순랜덤표본과 흡사할 것이다. 그러나 표집단위들이 관심변수 y나 y와 강한 양의 상관관계가 있는 보조변수 x의 값들이 증가 또는 감소하는 순서로 나열되어 있다면 이러한 순서 모집단에서 추출한 계통표본은 단순랜덤표본보다 훨씬 더 잘 모집단을 대표할 수 있을 것이다. 예를 들어, 제주도의 감귤생산농가들에 대한 총 부채액을 조사하기 위한 표본설계에서 감귤 재배면적의 크기순으로 농가들이 나열되어 있는 목록에서 계통표본을 추출한다면 단순랜덤표본보다 더 효율적인 표본을 추출할 수 있을 것이다.

그런데, 표집단위들이 일정한 구간별로 주기성을 지닌 순환 모집단에서 추출한 계통표본은 단순랜덤표본에 비하여 아주 나쁜 결과를 초래할 수 있다. 사실 순환 모집단에서 계통표본을 추출한다는 것은 최악의 상황이라 할 것이다. 예를 들어, 마트의 식료품 매장에 대한 하루 평균 매출액을 조사하려 한다고 하자. 통상적으로 식료품의 매출액은 주말에 크고 주초에 작은 경향을 띠는 것이 보통이다. 즉, 매일의 매출액을 모집단으로 생각한다면 이 모집단은 일주일 간격의 주기성을 지닌 순환 모집단이 된다. 따라서 추출간격을 $k=7$로 하는 계통표본에 의한 조사 결과는 심하게 왜곡될 것이다. 예컨대, 매주 수요일에 매출액을 조사한다면 하루 평균 매출액은 실제보다 과소 추정될 것이다. 반면에 매주 토요일에 조사를 하게 되면 과대 추정을 피할 수 없다. 실제로 순환 모집단에서 계통표집을 하게 되면 대체로 동질적인 표집단위들이 추출되기 때문에 단순랜덤표집에 비하여 단위비용 당 얻을 수 있는 정보량이 훨씬 더 작아지게 된다. 그러므로 사전 조사 등을 통해서 표집틀에 명백한 주기성이 있는 것으로 판단되면 다른 표집 방법을 고려하는 것이 바람직하다. 순환 모집단에서 계통표집을 할 수 밖에 없다면

1. 주기와 일치하지 않는 추출간격을 사용하거나,
2. 추출될 위치를 $r+(j+1)k,\ j=0,1,\cdots,n-1$과 같은 식으로 이동하거나,
3. 시작점을 여러 번 바꾸거나

하는 등의 주기성을 피할 수 있는 방법을 사용해야 한다. 순환 모집단이더라도 주기성

을 피한 방법으로 얻은 계통표본은 단순랜덤표본과 유사한 것으로 간주할 수 있다. 주기성을 피하는 방법으로 반복계통표집법이 있는데 이에 대해서는 6.4절에서 설명한다.

6.3 모수의 추정

[표 6.1]에서 $i(=1,2,\cdots,k)$번째 집락의 $j(=1,2,\cdots,n)$번째 표집단위에 대한 관찰값을 y_{ij}라 하면 [표 6.1]은 [표 6.2]와 같이 표현된다. [표 6.2]에서 r번째 집락이 계통표본으로 추출되었다고 할 때 r번째 집락의 평균 $\overline{y}_r$를 $\overline{y}_{sy}$로 표기하기로 한다. 즉,

$$\overline{y}_{sy} = \overline{y}_r = \frac{1}{n}\sum_{j=1}^{n} y_{rj}.$$

이제 추출된 계통표본을

$$\mathrm{S} = \{(r,1),(r,2),\cdots,(r,n)\}$$

으로 표기하고

$$Z_{ij} = \begin{cases} 1, & (i,j)\in \mathrm{S} \\ 0, & (i,j)\notin \mathrm{S} \end{cases}, \quad i=1,2,\cdots,k,\ j=1,2,\cdots,n$$

이라 하면

$$E(Z_{ij}) = \frac{1}{k}$$

이 된다. 따라서

[표 6.2] 크기 n인 k개의 집락들로 구성된 모집단

표본번호 (집락)	1	$\cdots$	i	$\cdots$	k
관측값	y_{11} y_{12} $\vdots$ y_{1n}	$\cdots$	y_{i1} y_{i2} $\vdots$ y_{in}	$\cdots$	y_{k1} y_{k2} $\vdots$ y_{kn}
표본평균	$\overline{y}_1$	$\cdots$	$\overline{y}_i$	$\cdots$	$\overline{y}_k$

$$E(\bar{y}_{sy}) = E\left(\sum_{i=1}^{k}\sum_{j=1}^{n} Z_{ij}\frac{y_{ij}}{n}\right) = \sum_{i=1}^{k}\sum_{j=1}^{n} E(Z_{ij})\frac{y_{ij}}{n}$$

$$= \frac{1}{kn}\sum_{i=1}^{k}\sum_{j=1}^{n} y_{ij} = \mu$$

이므로 $N=nk$일 때 계통표본평균 $\bar{y}_{sy}$는 모평균 μ에 대한 비편향추정량이다.

분산의 정의에 의하면 $\bar{y}_{sy}$의 분산은

$$V(\bar{y}_{sy}) = E\left[(\bar{y}_{sy}-\mu)^2\right] = \frac{1}{k}\sum_{i=1}^{k}(\bar{y}_i-\mu)^2 \tag{6.1}$$

과 같이 쓸 수 있다. 따라서 $\bar{y}_{sy}$의 분산을 구하려면 k개의 집락평균들을 모두 알아야 한다. 그러나 계통표집에서는 k개의 집락 중 어느 하나만 추출하기 때문에 식 (6.1)의 계산이나 추정이 불가능하다. 그런데, [표 6.2]와 같은 구조의 모집단에서 모분산 S^2은

$$S^2 = \frac{1}{nk-1}\sum_{i=1}^{k}\sum_{j=1}^{n}(y_{ij}-\mu)^2$$

$$= \frac{1}{N-1}\left\{n\sum_{i=1}^{k}(\bar{y}_i-\mu)^2 + \sum_{i=1}^{k}\sum_{j=1}^{n}(y_{ij}-\bar{y}_i)^2\right\}$$

으로 쓸 수 있다. 따라서 분산분석의 표기에 의하면 총제곱합(total sum of squares)

$$SST = (N-1)S^2$$

은 집락간 제곱합(SSB : between-cluster SS)과 집락내 제곱합(SSW : within-cluster SS)으로 분할된다. 즉,

$$SST = SSB + SSW, \tag{6.2}$$

$$SSB = n\sum_{i=1}^{k}(\bar{y}_i-\mu_y)^2 = nk\,V(\bar{y}_{sy}), \tag{6.3}$$

$$SSW = \sum_{i=1}^{k}\sum_{j=1}^{n}(y_{ij}-\bar{y}_i)^2 = k(n-1)\sigma_W^2 \tag{6.4}$$

이므로 $\bar{y}_{sy}$의 분산은

$$V(\bar{y}_{sy}) = \frac{SST-SSW}{nk} = \frac{N-1}{N}S^2 - \frac{N-k}{N}\sigma_W^2 \tag{6.5}$$

과 같이 표현할 수 있다. 따라서 집락 내 관측값들과 집락평균 사이의 변동을 나타내는 σ_W^2이 클수록 $\bar{y}_{sy}$의 분산은 작아진다. 한편, $V(\bar{y}_{sy})$와 단순랜덤표본의 평균 $\bar{y}$에 대한

분산 $V(\bar{y})$를 비교해 보면

$$V(\bar{y}_{sy}) < V(\bar{y}) \quad \Leftrightarrow \quad \sigma_W^2 > S^2$$

임을 알 수 있다. 위의 결과는 계통표본내 분산이 모분산보다 더 크면 계통표본이 단순랜덤표본보다 더 효율적임을 보이고 있다. 그런데 σ_W^2은 집락 내의 표집단위들이 이질적일수록 커진다. 따라서 추출된 계통표본 내에 이질적인 표집단위들이 많아서 집락내 분산이 클수록 계통표집법의 효율이 좋아진다. 예컨대, [그림 6.2]에서와 같이 9개의 동일한 원소로 이루어진 모집단을 세 집락으로 분할하는 두 경우에 대하여 생각해 보자.

[그림 6.2]의 두 경우에서 계통표본을 추출하여 모평균을 추정할 때 이질적인 원소들이 모여서 집락평균들이 비슷하도록 집락이 구성된 경우 1의 추정오차는 ± 1이하이지만 동질적인 원소들이 모여서 집락평균의 차이가 큰 경우 2의 추정오차는 ± 2이하가 된다. 즉, 집락 내의 원소들이 이질적일수록 집락평균들은 비슷하게 되어 집락내 분산은 커지고 집락간 분산은 작아진다. 따라서 집락 내 원소들의 이질성이 크면 클수록 계통표본은 모집단을 더 잘 대표하게 되고 결과적으로 추정량의 표준오차가 줄어들게 된다.

계통표본 또는 집락 내 원소들의 이질성 정도를 측정할 수 있는 측도에 대하여 생각해 보자. i번째 집락의 두 원소를 y_{ij}와 $y_{ij'}$라 할 때 $(y_{ij}-\mu)(y_{ij'}-\mu)$의 크기는 집락 내 원소들이 동질적이면 양의 값을, 이질적이면 음의 값을 가질 것으로 예상된다. 즉,

$$E[(y_{ij}-\mu)(y_{ij'}-\mu)]$$

는 집락내 원소들의 동질성 정도를 나타낸다. 따라서 이를 표준화한

$$\rho_W = \frac{E[(y_{ij}-\mu)(y_{ij'}-\mu)]}{E[(y_{ij}-\mu)^2]}$$

를 집락내 원소들의 동질성 정도를 나타내는 측도로 사용한다. ρ_W는 **급내상관계수**(intra-class correlation coefficient)라 부르는 것으로 가능한 계통표본 내의 단위들을 짝지

경우 1. 이질적 집락				경우 2. 동질적 집락			
집락번호	1	2	3	집락번호	1	2	3
	1, 4, 7	2, 5, 8	3, 6, 9		1, 2, 3	4, 5, 6	7, 8, 9
집락평균	4	5	6	집락평균	2	5	8

[그림 6.2] 이질적 집락과 동질적 집락

은 쌍들에서의 상관계수이다. 그런데, n개의 원소로 이루어진 i번째 집락으로부터 두 원소를 뽑아 만들 수 있는 쌍의 수는 $n(n-1)/2$가지이므로 k개의 모든 집락에서 만들 수 있는 모든 가능한 쌍의 수는

$$k \cdot \binom{n}{2} = \frac{kn(n-1)}{2}$$

가지가 된다. 따라서 [표 6.2]와 같은 모집단 구조 하에서

$$E[(y_{ij}-\mu)(y_{ij'}-\mu)] = \frac{2}{kn(n-1)} \sum_{i=1}^{k} \sum_{j<j'}^{n} (y_{ij}-\mu)(y_{ij'}-\mu)$$

와 같은 식으로 구해지고 ρ_W는 다음과 같은 식으로 계산된다.

$$\rho_W = \frac{2}{(n-1)} \frac{\sum_{i=1}^{k} \sum_{j<j'}^{n} (y_{ij}-\mu)(y_{ij'}-\mu)}{\sum_{i=1}^{k} \sum_{j=1}^{n} (y_{ij}-\mu)^2}$$

$$= \frac{2}{(n-1)(N-1)S^2} \sum_{i=1}^{k} \sum_{j<j'}^{n} (y_{ij}-\mu)(y_{ij'}-\mu).$$

이제, 식 (6.1)과 같이 정의한 $V(\overline{y}_{sy})$를 살펴보면

$$\frac{1}{k}\sum_{i=1}^{k}(\overline{y}_i-\mu)^2 = \frac{1}{k}\sum_{i=1}^{k}\left(\frac{1}{n}\sum_{j=1}^{n} y_{ij}-\mu\right)^2$$

$$= \frac{1}{kn^2}\sum_{i=1}^{k}\left\{\sum_{j=1}^{n}(y_{ij}-\mu)\right\}^2$$

$$= \frac{1}{kn^2}\sum_{i=1}^{k}\sum_{j=1}^{n}(y_{ij}-\mu)^2 + \frac{2}{kn^2}\sum_{i=1}^{k}\sum_{j<j'}^{n}(y_{ij}-\mu)(y_{ij'}-\mu)$$

$$= \frac{(N-1)S^2}{kn^2} + \frac{(n-1)(N-1)S^2\rho_W}{kn^2}$$

이므로 $V(\overline{y}_{sy})$는 다음과 같이 ρ_W를 포함한 식으로 표현된다.

$$V(\overline{y}_{sy}) = \frac{(N-1)}{N}\frac{S^2}{n}\{1+(n-1)\rho_W\} \tag{6.6}$$

한편, 분산은 항상 0이상이고 상관계수는 -1과 1 사이의 값이므로

$$-\frac{1}{n-1} < \rho_W < 1$$

이 되어야 한다. 또한, 식 (6.3)에 의하면

$$V(\bar{y}_{sy}) = \frac{1}{nk} SSB$$

이므로 이것을 식 (6.6)에 대입하여 정리하면

$$\rho_W = 1 - \frac{n}{n-1}\frac{SSW}{SST} = \frac{nR^2 - 1}{n-1} \tag{6.7}$$

이 된다. 여기서 R^2은 분산분석에서

$$R^2 = \frac{SSB}{SST}$$

로 정의되는 결정계수를 나타낸다. 식 (6.6)에 의하면 $\rho_W < 0$일 때 $V(\bar{y}_{sy})$가 단순랜덤표본에 의한 추정량 $\bar{y}$의 분산 $V(\bar{y})$보다 작아지게 된다. 그런데, 식 (6.7)에서 보면 R^2이 n^{-1}보다 작아서 0에 가까운 값일 때 ρ_W가 음이 되고, $R^2 \approx 0$이라 함은 집락평균들의 값이 서로 비슷하여 $SSB \approx 0$이고 집락 내 변동을 나타내는 SSW가 아주 커서 거의 SST와 같아짐을 의미한다. 따라서 집락평균들이 동질적이고 집락 내 추출단위들이 이질적일 때 계통표본에 의한 추정량의 효율이 좋아진다.

[예제 6.1] [그림 6.2]의 각 경우에서 $V(\bar{y}_{sy})$와 ρ_W를 구하여 비교하여라.

(풀이) 모집단 $\{1, 2, 3, 4, 5, 6, 7, 8, 9\}$에서

[표 6.3] 경우 1.의 계산표

집락	쌍	$(y_{ij}-5)(y_{ij'}-5)$
1	(1,4)	$(1-5)(4-5) = +4$
(1,4,7)	(1,7)	$(1-5)(7-5) = -8$
	(4,7)	$(4-5)(7-5) = -2$
2	(2,5)	$(2-5)(5-5) = 0$
(2,5,8)	(2,8)	$(2-5)(8-5) = -9$
	(5,8)	$(5-5)(8-5) = 0$
3	(3,6)	$(3-5)(6-5) = -2$
(3,6,9)	(3,9)	$(3-5)(9-5) = -8$
	(6,9)	$(6-5)(9-5) = +4$
	합계	-21

[표 6.4] 경우 2.의 계산표

집락	쌍	$(y_{ij}-5)(y_{ij'}-5)$
1	(1,2)	$(1-5)(2-5) = +12$
(1,2,3)	(1,3)	$(1-5)(3-5) = +8$
	(2,3)	$(2-5)(3-5) = +6$
2	(4,5)	$(4-5)(5-5) = 0$
(4,5,6)	(4,6)	$(4-5)(6-5) = -1$
	(5,6)	$(5-5)(6-5) = 0$
3	(7,8)	$(7-5)(8-5) = +6$
(7,8,9)	(7,9)	$(7-5)(9-5) = +8$
	(8,9)	$(8-5)(9-5) = +12$
	합계	$+51$

$$\mu = 5,$$

$$\sum_{i=1}^{3}\sum_{j=1}^{3}(y_{ij}-5)^2 = 60$$

이고, 경우 1과 2의 각 집락에서 집락 내 원소들을 두 개씩 짝지어 계산표를 만들면 앞 쪽의 [표 6.3] 및 [표 6.4]와 같다. 따라서 각 경우의 급내 상관계수는

$$\rho_{1W} = \frac{2}{n-1}\frac{\sum_{i=1}^{3}\sum_{j<j'}^{3}(y_{ij}-5)(y_{ij'}-5)}{\sum_{i=1}^{3}\sum_{j-1}^{3}(y_{ij}-5)^2} = -\frac{21}{60},$$

$$\rho_{2W} = +\frac{51}{60}$$

이 된다. 즉, 집락 내의 원소들이 이질적이면 급내 상관계수가 음의 값을 갖게 되고 동질적일수록 1에 가까운 값을 갖게 된다. 또, 각 경우에서 $V(\overline{y}_{sy})$를 구하여 보면

$$V_1(\overline{y}_{sy}) = \frac{1}{3}\{(4-5)^2+(5-5)^2+(6-5)^2\} = \frac{2}{3},$$

$$V_2(\overline{y}_{sy}) = \frac{1}{3}\{(2-5)^2+(5-5)^2+(8-5)^2\} = 6$$

이 되어 집락 내의 원소들이 동질적인 경우 1의 분산이 이질적인 경우 2의 분산에 비하여 상당히 커짐을 알 수 있다.

지금까지의 논의는 가능한 k개의 계통표본평균들을 모두 알고 있어야만 구할 수 있는 $V(\overline{y}_{sy})$를 전제로 한 것인데, 실제 계통표집에서는 단 하나의 계통표본만을 추출하므로 $\overline{y}_{sy}$의 분산을 추정할 수 있는 방법이 없다. 하지만 실제 표본조사에서 모집단의 크기 N은 상당히 크므로 $\rho_W \approx 0$으로 가정하면 계통표본을 단순랜덤표본으로 간주할 수 있다. 따라서 $\rho_W = 0$인 랜덤모집단에서 계통표본이 추출된 것으로 가정하여 추정량의 분산을 추정하며, 모수의 추정에 필요한 표본의 크기도 모집단을 랜덤 모집단으로 가정하고 단순랜덤표집법에서 유도한 공식을 이용하여 결정한다.

[정리 6.1] 계통표본에 의한 모수의 추정량과 추정량의 분산 추정

(i) 모평균 μ의 추정

$$\hat{\mu}_{sy} = \overline{y}_{sy}, \quad \hat{V}(\overline{y}_{sy}) = \frac{N-n}{N}\frac{s^2}{n}$$

(ii) 모총합 τ의 추정

$$\hat{\tau}_{sy} = N\overline{y}_{sy}, \quad \hat{V}(\overline{y}_{sy}) = N^2\frac{N-n}{N}\frac{s^2}{n}.$$

(iii) 모비율 p의 추정

$$\hat{p}_{sy} = \overline{y}_{sy}, \quad \hat{V}(\hat{p}_{sy}) = \frac{N-n}{N}\frac{\hat{p}_{sy}(1-\hat{p}_{sy})}{n-1}$$

[예제 6.2] 진주시와 산청군을 하나의 행정단위로 통합하는 안에 대한 여론조사를 하기 위하여 두 지역 선거인 명부에서 계통표집을 하고자 한다. 신뢰도 95.4%에서 오차의 한계가 ±3% 이내이도록 하기 위한 추출간격을 구하여라. 두 지역의 총 유권자 수는 $N = 280,000$명이라고 한다.

(풀이) 모비율에 대한 정보가 없으므로 p를 0.5로 놓고 식 (3.16)을 이용하면

$$n_0 = \frac{z^2 p(1-p)}{d_p^2} = \frac{(2^2)(0.5)(0.5)}{(0.03)^2} = 1111$$

이므로 필요한 표본의 크기는

$$n = \frac{1111}{1+1111/280000} \approx 1107$$

이 된다. 따라서 추출간격은 다음과 같이 구해진다.

$$k = \frac{280000}{1107} \approx 253.$$

6.4 분산의 추정

6.3절까지의 내용을 요약하면 단일 계통표본으로는 표본평균에 대한 분산의 추정이

원천적으로 불가능하다. 그런데 일반적으로 표본조사의 대상 모집단 크기 N은 상당히 크기 때문에 $\rho_W \approx 0$으로 가정하고 계통표본을 단순랜덤표본으로 간주하여 단순랜덤표집법에서의 모수 추론 방식을 차용하였다. 그러나 계통표본을 추출하여 조사한 자료가 추출 순서에 따른 선형 추세 또는 주기성을 보일 때 단순랜덤표집법에서의 추론 방식을 적용하게 되면 분산의 과대 또는 과소 추정을 피할 수 없게 된다. 일반적으로 증가 또는 감소 추세를 지닌 선형 모집단에 단순랜덤표집법에서의 추론 방식을 적용하면 분산이 과대 추정되고 주기성을 띠는 순환 모집단에 대해서는 과소 추정된다. 이 절에서는 그러한 문제를 해결할 수 있는 방안에 대하여 논의하고자 한다.

단일 계통표본이기 때문에 추정량에 대한 분산의 추정이 불가능하므로 여러 개의 계통표본을 독립적으로 추출하는 방법을 생각할 수 있다. 그러한 표집법을 **반복계통표집법** (repeated systematic sampling) 또는 상호관입(inter-penetrating) 계통표집이라고 부른다. 반복 계통표집법은 모집단의 유형과 관계없이 추정량의 분산을 추정하기 위하여 고안된 방법이다.

계통표집은 다음 장에서 설명하는 집락표집과 같은 것으로 크기 n인 k개의 집락에서 단 하나의 집락만을 추출하는 방법이다. 따라서 여러 개의 계통표본을 독립적으로 추출하는 반복 계통표집에서의 추론은 집락표집에서의 추론 형식과 같다.

[예제 6.2]에서 280,000명의 선거인 명부로부터 크기 1,400인 계통표본을 추출한다고 하자. 이 때, 추출간격을 $k=200$으로 하면 크기 $n=1,400$인 단일 계통표본을 얻을 수 있다. 하지만 크기 $n'=140$인 계통표본을 독립적으로 $n_s=10$개 추출하여도 최종표본의 크기는 여전히 $n=1,400$이다. 10개의 계통표본에서 추출간격은

$$k' = n_s k = (10)(200) = 2000$$

이 된다. 반복 계통표본을 추출할 때에는 각 계통표본에서의 추출간격이 서로 동일하도록 해야 한다. 반복 계통표집에서는 1에서 k' 사이의 난수 n_s개를 추출하고 각각의 난수를 시작점으로 하여 k'씩 더해 가면서 모두 n'개의 표지번호를 만들어서 n_s개의 반복 계통표본을 추출한다.

[예제 6.3] 진주시와 산청군을 하나의 행정단위로 통합하는 안에 대한 여론조사를 하기 위하여 두 지역 선거인 명부에서 크기 $n=1,400$인 계통표본을 추출하고자

한다. $n_s = 10$개인 반복 계통표본을 추출하기 위한 표지번호를 구하여라. 두 지역의 총 유권자 수는 $N = 280,000$명이라고 한다.

(풀이) 10개의 반복 계통표본을 추출하기 위한 추출간격이 $k' = 2,000$이므로 1에서 2,000 사이의 난수 10개를 추출하니

269, 890, 1156, 1366, 1446, 1299, 1926, 1007, 1950, 299

이었다. 따라서 구하는 반복 계통표본의 표지 번호는 다음과 같다.

랜덤 시작점	2번째 추출 표지번호	3번째 추출 표지번호	…	140번째 추출 표지번호
269	2269	4269	…	278269
299	2299	4299	…	278299
890	2890	4890	…	278890
1007	3007	5007	…	279007
1156	3156	5156	…	279156
1299	3299	5299	…	279299
1366	3366	5366	…	279366
1446	3446	5446	…	279446
1926	3926	5926	…	279926
1950	3950	5950	…	279950

크기 n'인 n_s개의 반복 계통표본에 대한 관측 자료는 [표 6.5]와 같다. [표 6.5]를 보면 서로 독립인 n_s개의 표본평균이 얻어지므로 이들을 이용하여 분산을 추정할 수 있다. 반복 계통표본에 의한 모평균의 추정량 및 추정 분산은 다음과 같이 주어진다.

$$\hat{\mu} = \frac{1}{n_s}\sum_{i=1}^{n_s}\overline{y}_i \, ,$$

$$\hat{V}(\hat{\mu}) = \frac{N-n}{N}\frac{s_r^2}{n_s} = \frac{k'-n_s}{k'}\frac{s_r^2}{n_s}, \quad s_r^2 = \frac{1}{n_s-1}\sum_{i=1}^{n_s}\left(\overline{y}_i - \hat{\mu}\right)^2.$$

[표 6.5] 크기 n'인 n_s개의 반복 계통표본

표본번호	1	…	i	…	n_s
관측값	y_{11} y_{12} $\vdots$ $y_{1n'}$	…	y_{i1} y_{i2} $\vdots$ $y_{in'}$	…	y_{k1} y_{k2} $\vdots$ $y_{kn'}$
표본평균	$\overline{y}_1$	…	$\overline{y}_i$	…	$\overline{y}_{n_s}$

[예제 6.4] 직원이 160명인 남강직물 직원 명부에서 크기 4인 반복 계통표본 5개를 추출하여 질병으로 인한 휴가 일수를 조사한 자료가 아래와 같았다. (1) 전체 직원의 질병으로 인한 총 휴가 일수를 추정하고 추정치에 대한 분산을 추정하여라. (2) 질병으로 인한 휴가 일수가 8일 이상인 직원의 비율을 구하고 이에 대한 95.4% 신뢰구간을 구하여라.

표본번호	1	2	3	4	5
관측값	8	4	5	8	8
	5	8	8	3	6
	3	11	0	2	5
	5	1	2	10	0
표본평균	5.25	6.0	3.75	5.75	4.75
표본비율(≥ 8)	0.25	0.5	0.25	0.5	0.25

(풀이) (1) 전체 직원의 총 휴가 일수를 추정하면

$$\hat{\tau} = N\hat{\mu} = (160)\frac{25.5}{5} = 816(\text{일})$$

이고

$$s_r^2 = \frac{1}{4}\{(5.25-5.1)^2 + (6.0-5.1)^2 + (3.75-5.1)^2 + (5.75-5.1)^2 + (4.75-5.1)^2\} = 0.8$$

이므로 $\hat{\tau}$의 추정 분산은 다음과 같이 구해진다.

$$\hat{V}(\hat{\tau}) = N^2\frac{N-n}{N}\frac{s_r^2}{n_s} = (160)(140)\frac{0.8}{5} = 3584.$$

(2) 휴가 일수가 8일 이상인 직원의 비율을 추정하면

$$\hat{p} = \frac{1.75}{5} = 0.35$$

이고 95.4% 신뢰구간은 다음과 같이 구해진다.

$$s_r^2 = \frac{1}{4}\{(3)(0.25-0.35)^2 + (2)(0.5-0.35)^2\} = 0.0188,$$

$$\hat{V}(\hat{p}) = \frac{N-n}{N}\frac{s_r^2}{n_s} = \frac{140}{160}\frac{0.188}{5} = 0.0329,$$

$$\hat{p} \pm z\sqrt{\hat{V}(\hat{p})} = 0.35 \pm (2)(0.181).$$

단일 계통표본으로 분산을 추정하는 방법으로는 i번째 집락 내의 j번째 조사단위에 대한 관측값을 확률변수 $Y_{ij} = \mu_i + \varepsilon_{ij}$의 한 관측값으로 간주하는 것이다. 여기서 μ_i는 각 집락에 대한 고유의 모평균을 나타낸다고 하고 $E(\varepsilon_{ij}) = 0$, $V(\varepsilon_{ij}) = \sigma^2$으로 가정하면 $D = Y_{ij} - Y_{ij'}\,(j \neq j')$는

$$\mu_d = E(D) = E(Y_{ij} - Y_{ij'}) = 0,$$

$$V(D) = V(Y_{ij} - Y_{ij'}) = 2\sigma^2$$

인 확률변수가 된다. 따라서 D에 대한 확률표본의 관측값을 $d_1, d_2 \cdots, d_{n_d}$라 하면 σ^2은

$$\hat{\sigma}^2 = \frac{1}{2}\frac{1}{n_d}\sum_{i=1}^{n_d}(d_i - \mu_d)^2 = \frac{1}{2n_d}\sum_{i=1}^{n} d_i^2$$

와 같은 식으로 추정할 수 있으므로 단일 계통표본에 의한 추정량의 추정 분산은 다음과 같이 구한다.

$$\hat{V}(\overline{y}_{sy}) = \frac{N-n}{N}\frac{s_d^2}{n} = \frac{N-n}{Nn}\frac{1}{2n_d}\sum_{i=1}^{n} d_i^2.$$

단일 계통표본에 의한 추정량의 분산을 추정할 때 차이에 대한 관측값으로 계통표본 내 서로 인접한 두 단위 간의 차이값

$$d_j = y_{i,j+1} - y_{ij}, \quad j = 1, 2, \cdots, (n-1)$$

을 이용한 추정 분산은

$$\hat{V}(\overline{y}_{sy}) = \frac{N-n}{Nn}\frac{1}{2(n-1)}\sum_{j=1}^{n-1}(y_{i,j+1} - y_{ij})^2$$

과 같다. 표집틀의 조사단위들이 순서를 띠는 것으로 판단될 때는 조사단위들 간의 연속적인 차이인 **계차**(繼差, successive difference)를 이용하여 분산을 추정하는 것이 실제로 유용하다고 알려져 있다.

[예제 6.5] 크기 120인 모집단에서 10% 계통표본을 추출하여 조사한 자료가 추출 순서대로 다음과 같았다. 모평균의 추정량에 대한 분산을 추정하여라.

4.0, 3.9, 3.5, 3.2, 4.0, 4.6, 5.6, 6.9, 5.5, 4.0, 3.3, 3.1

(풀이) 주어진 자료를 표본번호 순으로 나타낸 다음 쪽의 [그림 6.3]을 보면 계통표본이 추출 순서에 따라 주기성을 띠고 있음을 알 수 있다. 모집단에 실제

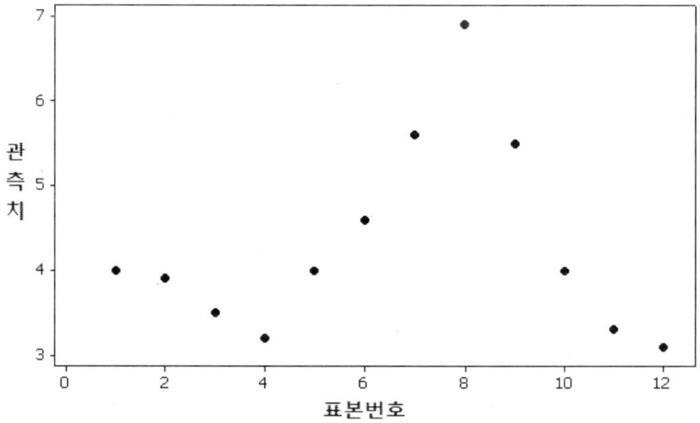

[그림 6.3] [예제 6.5] 자료의 산점도

로 이런 경향이 존재한다면 주어진 표본은 모집단의 주기성을 반영하고 있는 표본이므로 단순랜덤표집법에서의 분산 추정 공식을 사용해도 될 것으로 생각된다. 주어진 자료로 모평균의 추정치와 추정 분산을 구하면

$$\overline{y}_{sy} = 4.3,$$

$$\hat{V}(\overline{y}_{sy}) = \frac{120-12}{120}\frac{1.336}{12} = 0.10$$

이다. 한편, 랜덤 모집단으로 가정하기 어렵다면 계차를 이용한 분산 추정식을 이용하여

$$\hat{V}(\overline{y}_{sy}) = \frac{N-n}{Nn}\frac{1}{2(n-1)}\sum_{j=1}^{n-1}(y_{i,j+1}-y_{ij})^2$$

$$= \frac{108}{120}\frac{1}{12}\frac{8.69}{2(11)} = 0.03$$

과 같이 계산할 수 있다. 두 분산 추정값을 보면 계차를 이용한 추정값이 단순랜덤표집의 공식을 이용한 것보다 작은데 이것은 표본 자료에 나타난 주기성으로 인한 것이다. 따라서 표본이 순환 모집단의 특성을 잘 반영하고 있는데 단순랜덤표집의 공식을 이용하면 분산이 과대 추정될 수 있다.

[예제 6.6] Scheaffer et al.(1998)에서 인용

매 10일 간격으로 1977년 10~12월의 3달에 걸쳐 플로리다 주에 있는 어

떤 강에 하루 흘러가는 수량을 조사한 9개의 자료가 다음과 같았다. 관심 기간 동안의 하루 평균수량을 추정하고 추정치의 분산을 추정하여라.

38, 24, 17, 4.7 7.5 4.0 2.6 4.9

(풀이) 주어진 자료에 대한 산점도를 그려 보지 않아도 표본 번호가 커짐에 따라 관측값이 작아지는 경향을 보이고 있음을 알 수 있다. 이런 경우에 단순랜덤표집을 가정한 분산 추정식을 사용하게 되면 추정치에 대한 분산이 과대추정될 소지가 크다. 단순랜덤표집을 가정하고 추정해 보면

$$\overline{y}_{sy} = 12.63,$$

$$\hat{V}(\overline{y}_{sy}) = \frac{183}{92}\frac{139.838}{9} = 14.018$$

이다. 반면에 계차를 이용한 추정 분산은

$$\hat{V}(\overline{y}_{sy}) = \frac{83}{92}\frac{1}{9}\frac{348.03}{2(8)} = 2.180$$

으로 전자에 비하여 훨씬 작은 값임을 알 수 있다. 표본 자료들이 시간의 흐름에 따라 감소하는 경향을 보이는데 이러한 경향은 모집단에서도 마찬가지라 여겨지기 때문에 계차를 이용한 분산 추정은 현실적으로 타당하다 할 것이다.

연 습 문 제

1. 105㎜ 포탄을 제조하는 방산업체의 품질관리 부서에서는 포탄의 지름을 일정하게 관리하고 있다. 포탄은 매월 하루에 60개씩 24일 동안 제조된다고 한다. 랜덤하게 택한 6일 각각에서 10% 계통표본을 추출한 자료가 다음과 같다.

표본 1	표본 2	표본 3	표본 4	표본 5	표본 6
105.0	104.7	105.1	105.3	105.1	104.0
104.1	104.8	105.3	104.8	105.0	104.3
103.8	105.1	104.8	104.7	104.0	103.9
105.5	103.9	104.1	104.3	104.4	103.9
104.5	104.5	104.5	104.6	104.6	105.1
105.1	104.8	104.7	105.1	105.2	104.6

이 달에 생산된 전 제품의 평균을 추정하고 95% 신뢰구간을 구하여라.

[표 6.6] 모집단 자료

번호	휴가일수	번호	휴가일수	번호	휴가일수	번호	휴가일수
1	7	42	5	83	3	123	6
2	6	43	3	84	5	124	3
3	10	44	6	85	4	125	9
4	11	45	11	86	0	126	9
5	3	46	6	87	11	127	6
6	8	47	5	88	3	128	5
7	0	48	5	89	4	129	4
8	5	49	0	90	11	130	1
9	8	50	8	91	0	131	1
10	4	51	1	92	6	132	11
11	7	52	10	93	1	133	3
12	13	53	7	94	9	134	5
13	4	54	9	95	6	135	9
14	5	55	8	96	0	136	5
15	2	56	2	97	3	137	1
16	0	57	9	98	6	138	15
17	7	58	9	99	0	139	2
18	17	59	8	100	12	140	10
19	5	60	6	101	11	141	8
20	6	61	5	102	6	142	2
21	1	62	3	103	1	143	6
22	7	63	9	104	3	144	14
23	9	64	6	105	2	145	10
24	3	65	3	106	5	146	8
25	8	66	3	107	3	147	7
26	9	67	4	108	12	148	9
27	4	68	9	109	1	149	1
28	8	69	5	110	7	150	2
29	4	70	8	111	9	151	6
30	17	71	5	112	6	152	4
31	6	72	11	113	6	153	6
32	9	73	5	114	3	154	3
33	9	74	9	115	4	155	1
34	5	75	8	116	2	156	8
35	8	76	7	117	5	157	0
36	5	77	6	118	10	158	3
37	8	78	4	119	10	159	2
38	5	79	3	120	15	160	8
39	8	80	9	121	5	161	0
40	0	81	5	122	5	162	15
41	3	82	5				

출처: Levy and Lemeshow(1991)

2. 앞 쪽의 [표 6.6]은 직원이 $N=162$명인 어느 회사에서 지난 해 1년 동안 직원들이 질병으로 인하여 사용한 휴가일수이다. 이 자료를 모집단으로 간주하고 다음 물음에 답하여라.

   (1) 랜덤하게 정한 시작점이 6일 때 모집단에서 크기 18인 계통표본을 추출하여라.

   (2) 뽑힌 표본 자료를 이용하여 전체 직원에 대하여 질병으로 인한 평균 휴가일수 및 총 휴가일수를 추정하고 추정치에 대한 표준오차를 추정하여라.

   (3) 뽑힌 표본 자료를 이용하여 휴가일수가 8일 이상인 직원의 비율을 추정하고 이에 대한 95.4% 신뢰구간을 구하여라.

   (4) 크기 3인 반복계통표본 6개를 추출하여 (2)와 (3)을 다시 풀어라.

제 7 장

집락표집법

7.1 집락표집

단순랜덤표집법이나 층화표집법을 사용하기 위해서는 모집단에 속하는 모든 조사단위들이 나열된 표집틀을 작성해야 한다. 그러나 전국의 가구 집단과 같은 대규모 모집단을 대상으로 하는 표본설계에서는 전국 가구의 목록과 같은 표집틀을 작성하는 데에 엄청난 비용이 들거나 또는 현실적으로 표집틀의 확보가 불가능할 수 있다. 또한, 방대한 규모의 표집틀이 작성되었더라도 그 표집틀에서 직접 가구들을 단순랜덤표집법으로 추출하면 조사대상 가구들이 전국적으로 흩어지게 되어 표본가구들을 실사하는 데는 막대한 비용 및 시간이 소요된다. 이러한 문제를 극복하는 방편으로 우선 전국의 가구를 지역적으로 인접한 가구들끼리 묶어서 소규모 집단(조사구)을 만든 다음 이 조사구들의 집합에서 일정한 수의 조사구를 추출하고 선정된 조사구 내의 일부 또는 모든 가구를 조사하는 방법을 사용할 수 있는데 이러한 표집법을 집락표집법이라고 한다.

집락표집법(集落標集法, cluster sampling)이란 일부 조사단위들을 묶어서 만든 **집락**(cluster)을 표집단위로 사용하는 확률표집법이다. 즉, 모집단을 분할하여 만든 집락들 중에서 몇 개의 집락을 추출하고 추출된 집락에 속한 조사단위들의 일부 또는 전부를 최종 표본으로 추출하는 표집법이 집락추출법이다.

예를 들어, 서울시 고등학생들의 월평균 사교육비를 추정하려는 통계조사에서 표본을 선정하는 방법에 대하여 생각해 보자. 단순랜덤표집법으로 표본을 추출하려면 서울시의 모든 고등학생들이 나열되어 있는 학생 명단이 필요한데 이러한 표집틀을 작성하려면 많은 비용과 시간이 들게 되고 현실적으로 작성이 불가능할 수도 있다. 서울시의 각 구를 층으로 하는 층화표집법에서도 각 층에 속하는 학생들의 명단이 요구되기 때문에 이러한 문제를 피할 수는 없다. 이런 경우 조사단위에 해당하는 학생들을 직접 추출하기보다는 일단 고등학교를 추출하고 선정된 학교의 학생들 전체를 조사하거나 선정된 학교에서 일부 학생만을 다시 추출하여 조사하는 표본추출법을 사용하는 것이 효율적이다. 이 경우에 각 고등학교가 첫 번째 표집단위로 사용되는 집락에 해당되며, 일단계 추출과정에서 표집틀이 되는 서울시 전체 고등학교 명단은 확보가 용이하게 된다. 여기서 표본으로 선정된 고등학교의 전체 학생을 조사대상으로 삼는 표집법을 **일단집락표집법**(single stage cluster sampling)이라 하며, 추출된 고등학교에서 일부 학생들을 추출하여 조사하는 방법은 최종 표본이 두 단계에 걸쳐서 선정되기 때문에 **이단집락표집법**(two stage cluster sampling)이라 한다. 위의 예에서 이단집락표집법을 사용한다면 전체 고등학교가 아니라 표본으로 뽑힌 고등학교의 학생명단만이 추가적으로 필요하게 되므로 표본 추출에 필요한 표집틀의 확보가 용이해짐을 알 수 있다. 한편, 추출된 고등학교에서 다시 몇 개의 학급을 선정하고 선정된 학급에서 일부 학생들을 표본으로 뽑는다면 최종 표본은 세 단계에 걸쳐서 뽑히기 때문에 **삼단집락표집법**(three stage cluster sampling)이라 한다. 일반적으로 최종 표본이 여러 단계에 걸쳐서 선정되는 표집법을 **다단계 집락표집법**(multi-stage cluster sampling)이라 한다.

집락표집법을 사용하는 또 하나의 이유를 살펴보기 위해서 서울시 전체 고등학생들을 대상으로 단순랜덤표본을 추출하였다고 가정하자. 이 경우에 최종 표본은 서울시 전역에 흩어지게 될 것이고 따라서 표본으로 뽑힌 고등학생들을 조사하려면 조사원의 이동거리, 시간 등을 고려할 때 조사비용이 엄청나게 커지게 될 것이다. 그러나 집락(학교) 내의 조사단위(학생)들은 지역적으로 인접해 있을 것이므로 이동비용 등이 줄게 되어 조사비용을 경감할 수 있을 것이다.

요약하면, 모집단의 모든 조사단위들이 나열된 표집틀을 확보할 수 없거나 표집틀을 얻는 데는 많은 비용이 들지만 집락에 대한 표집틀은 저렴한 비용으로 쉽게 얻을 수 있는 경우 또는 조사단위들이 멀리 떨어져 있을수록 실사 비용이 크게 증가하는 경우에 최소의 비용으로 최대의 정보를 확보하기 위해 사용할 수 있는 효과적인 표집법이 집락표집법이다.

우리나라 통계청에서 사용하는 인구·주택 조사구(enumeration district)나 농업조사구 등이 대표적인 집락이다. 정부공식통계를 생산하기 위한 표본설계에서는 대부분 조사구를 집락으로 이용하는 집락추출법을 사용하고 있다. 그 밖에도 조사단위가 사람들인 경우에 가구를 집락으로 이용할 수 있으며, 대학생들을 대상으로 한 표본조사에서 전공 및 학년에 따른 학생들의 그룹이 집락표집을 위한 표집단위가 될 수 있다. 또한, 특정 질병에 대한 연구에서 평균 재발 횟수나 평균 입원일수를 조사하고자 하는 경우에 병원이 그 질병을 앓고 있는 환자들의 묶음이 집락으로 사용될 수 있다.

[사례] 2007 축산물 생산비 조사 표본설계 : 집락표집

축산물 생산비 조사 표본설계에서는 농업 조사구(집락)를 층화하여 6개 축종별로 3개씩 18개의 층을 구성하고 각 층에 배정된 개수만큼의 조사구(집락)를 추출하여 뽑힌 조사구를 실사(實査)하는 층화 집락표집법을 사용한다. 최종 표본 농가 선정을 위해 직접 축산농가를 뽑아 일차 표본을 구성하지 않고 층화 집락표집법으로 조사구를 추출하여 실사한 자료로 일차 표본을 구성하는 이유는 다음과 같다.

첫째, 본 표본설계에서 표집틀로 사용하는 농업 총조사 자료에는 축산농가의 사육목적 및 사육규모에 대한 정보가 없다. 따라서 최종 표본농가 선정을 위한 현재의 축산농가 현황을 파악하기 위해 일차 표본으로 추출된 조사구에 대한 실사 작업이 필요하다. 또한, 이러한 실사 작업을 통해 총조사 시점에서 약 2년 정도 경과하면서 발생한 모집단의 변동 상황을 반영할 수 있다.

둘째, 추출된 조사구에서 최종 표본을 선정하게 되므로 표본 농가가 지역적으로 집중되게 되어 조사 업무량을 줄일 수 있다는 점과 실제 조사원이 조사구 단위로 표본을 관리할 수 있다는 조사의 편의를 고려한 것이다.

이제, 집락표본을 추출하는 과정에 대하여 자세히 살펴보자. 집락표집에서 먼저 해야 할 가장 중요한 일은 어떤 조건에 따라 집락을 만들 것인가를 결정하는 것이다. 실제 표본설계에서는 조사비용을 줄이기 위하여 지역적으로 인접한 조사단위들을 묶어서 집락을 만드는 경우가 많은데 이런 경우에는 집락 내의 조사단위들이 여러 측면에서 상당히 유사한 특성을 지니게 된다. 예를 들어, 지리적으로 인접한 가구들을 묶어서 집락을 만들면 한 집락에 속해 있는 가구들의 소득, 교육수준, 정치적 성향 등은 동질적일 가능성이 높을 것이다. 따라서 집락 내에서 얻어지는 관측치들 사이에는 상당히 높은 상관관계가 존재할 수 있으므로 이런 경우에 집락 내에서 많은 가구들을 조사하는 것은 비효율적이다. 즉, 집락 내에서 뽑는 가구의 수를 늘린다고 해도 모수에 대한 정보의 양이 증가할 것으로 기대하기는 어렵기 때문에 이때는 1단계에서 뽑을 집락의 수를 늘리고 뽑힌 집락에서 추출할 가구의 수는 줄이는 것이 효율적이다. 그러나 집락 내의 개체들이 이질적이어서 집락 내 변동이 모집단과 비슷한 정도의 변동을 갖는다면 1단계에서 뽑을 집락의 수를 줄이고 2단계에서 추출할 표집단위의 수를 늘려야 한다. 표집단계별 표본의 크기 결정 문제에 대하여는 7.5절에서 논의한다.

층화표집법과 집락표집법에서 모집단을 서로 중복되지 않는 그룹으로 분할한다는 측면만을 보면 두 표집법은 유사하다. 그러나 그룹의 구성 방법이나 사용목적 등에서 보면 층화표집법의 층과 집락표집법의 집락은 전혀 다르다. 층화표집에서는 되도록이면 동질적인 조사단위들로 층이 만들어져야 추정의 정밀도가 향상되지만 집락표집법에서는 집락을 구성하는 조사단위들이 이질적일수록 집락간 변동이 줄어들어서 동일한 조사비용으로 보다 효율적인 추정이 가능해진다. 그 이유는 층화표집의 경우 모든 층에서 표본을 추출하여 정보를 확보하지만 집락표집에서는 표본으로 추출된 일부의 집락에서만 정보가 얻어지기 때문이다.

집락이 결정되면 모집단에 속하는 모든 집락들을 나열한 표집틀을 작성하여 표본 집락을 추출한다. 다단계 집락표집에서는 각 추출단계별 표집틀이 만들어져야 한다. 집락표집에서 사용되는 단계별 표집법은 균등확률 표집법과 불균등확률 표집법으로 나눌 수 있는데 우선 각 단계별 표집에서 모두 균등확률 표집법을 사용하는 집락표집법에 대하여 논의한다. 각 표집단계에서 균등확률 표집법(단순랜덤표집법)을 사용하는 집락추출법을 **단순집락표집**(simple cluster sampling)이라 한다.

집락표집에서는 각 단계별로 표집단위가 정해져야 한다. 따라서 이후의 집락표집에 관한 논의에서는 일단계 표집단위를 **일차표집단위** 또는 **psu**(primary sampling unit)로, 이단계 표집단위를 **이차표집단위** 또는 **ssu**(secondary sampling unit)로 표기하고, 삼단계 표집단위가 필요하면 **삼차표집단위** 또는 **tsu**(third sampling unit)로 나타내겠다. 또한, N개의 psu들로 구성된 psu-모집단을 U, U에서 추출된 크기 n인 psu-표본을 S로 표기하고 S에 속하는 i번째 psu에서 추출된 ssu-표본은 S_i로 나타낸다. 그리고 i번째 psu에 속하는 j번째 ssu에 대한 관측값은 y_{ij}로 나타낸다.

7.2 단순일단집락표집

모집단을 구성하는 N개의 psu 중에서 n개의 psu를 단순랜덤표집법으로 추출하고 추출된 psu 내의 모든 ssu들을 대상으로 관심변수를 조사하는 표집법이 단순 또는 등확률 일단집락표집이다. 일단집락표집에서는 뽑힌 psu 내의 모든 ssu들을 조사하기 때문에 ssu를 조사하는 비용이 아주 작아서 거의 무시할 수 있을 때 사용할 수 있는 표집법이다. 일단집락표집에서 사용하게 될 모수와 통계량에 대한 기호는 다음과 같다.

$$N = \text{모집단에 속하는 psu의 수}$$

$$M_i = i\text{번째 집락의 크기}(i\text{번째 psu에 속하는 ssu들의 개수})$$

$$M = \sum_{i=1}^{N} M_i = \text{모집단의 크기(모집단에 속하는 ssu들의 총수)}$$

$$\overline{M} = \frac{1}{N}\sum_{i=1}^{N} M_i = \frac{M}{N} = \text{모집단의 평균 집락크기}$$

$$\tau_i = \sum_{j=1}^{M_i} y_{ij} = i\text{번째 psu-총합}(i\text{번째 psu에 속하는 ssu들의 합})$$

$$\mu_i = \frac{\tau_i}{M_i} = \frac{1}{M_i}\sum_{j=1}^{M_i} y_{ij} = i\text{번째 psu에 속하는 ssu들의 평균}$$

$$\tau = \sum_{i=1}^{N} \tau_i = \sum_{i=1}^{N}\sum_{j=1}^{M_i} y_{ij} = \text{ssu들에 대한 모총합}$$

$$\mu_\tau = \frac{\tau}{N} = \frac{1}{N}\sum_{i=1}^{N} \tau_i = \text{모집단 psu-총합들에 대한 모평균}$$

$$S_b^2 = \frac{1}{N-1}\sum_{i=1}^{N} (\tau_i - \mu_\tau)^2 = \text{psu-총합들에 대한 모분산}$$

일단집락표집에서는 집락이 표집단위이기 때문에 집락총합이나 집락평균을 표집단위에 대응하는 관측으로 취급하면 일단집락표집은 단순랜덤표집과 동일하다. 즉, 크기 n인 일단집락표본에 의하여 얻게 되는 데이터

$$\{\tau_i,\ i\in \mathrm{S}\} = \{\tau_1, \tau_2, \cdots, \tau_n\}$$

은 크기 n인 단순랜덤표본에서 얻어지는 데이터와 동일한 형태가 된다. 여기서 τ_i는 psu i내의 모든 ssu들에 대한 총합으로 일단집락표집에서는 알 수 있는 값이다. 따라서

$$\bar{\tau} = \frac{1}{n}\sum_{i\in \mathrm{S}}\tau_i$$

는 집락총합들에 대한 모평균 μ_τ에 대한 비편향 추정량이다. 따라서 단순랜덤표집 이론에 의하면

$$\hat{\tau} = N\bar{\tau} = \frac{N}{n}\sum_{i\in \mathrm{S}}\tau_i$$

은 모총합 τ에 대한 비편향 추정량이고 $\hat{\tau}$의 분산은

$$V(\hat{\tau}) = N^2\left(1-\frac{n}{N}\right)\frac{S_b^2}{n}$$

이 된다. 또한 S_b^2에 대한 비편향 추정량은

$$s_b^2 = \frac{1}{n-1}\sum_{i\in \mathrm{S}}\left(\tau_i - \bar{\tau}\right)^2$$

이다. 일단집락표집에서 모수에 대한 비편향 추정량을 정리하면 다음과 같다.

[정리 7.1] 일단집락표본에 의한 비편향 추정(M이 알려져 있는 경우)

(i) 모평균 μ의 추정

$$\hat{\mu} = \frac{\hat{\tau}}{M} = \frac{1}{n\overline{M}}\sum_{i\in \mathrm{S}}\tau_i, \quad \hat{V}(\hat{\mu}) = \frac{1}{\overline{M}^2}\frac{N-n}{N}\frac{s_b^2}{n}.$$

(ii) 모총합 τ의 추정

$$\hat{\tau} = \frac{N}{n}\sum_{i\in \mathrm{S}}\tau_i, \quad \hat{V}(\hat{\tau}) = N^2\left(1-\frac{n}{N}\right)\frac{s_b^2}{n}.$$

단순집락표본에 의하여 모비율을 추정할 경우에 집락의 크기가

$$M_1 = M_2 = \cdots = \overline{M}$$

로 동일할 때는 [정리 7.1]의 모평균 추정식을 그대로 적용하면 된다. 따라서 집락별 비율 p_i들의 평균

$$\hat{p} = \frac{1}{n}\sum_{i=1}^{n} p_i\,, \quad p_i = \frac{\tau_i}{\overline{M}}$$

가 모비율 추정량이 된다. 하지만 추정량에 대한 분산을 계산할 때는 일반적인 이항 자료에 관한 이론을 적용할 수 없으므로 집락별 비율 p_i들을 연속적인 변량으로 간주하여 단순랜덤표집에서 사용하는 공식을 이용한다. 즉, 집락별 비율 자료 $\{p_1, p_2, \cdots, p_n\}$는 크기 N인 모집단 $\{p_1, p_2, \cdots, p_N\}$에서 추출한 단순랜덤표본에 불과하고 모비율의 추정량 $\hat{p}$은 p_i들의 평균이므로 단순랜덤표본의 표본평균에 대한 추정분산 공식을 적용한

$$\widehat{V}(\hat{p}) = \frac{N-n}{N}\frac{s_p^2}{n}\,, \qquad s_p^2 = \frac{1}{n-1}\sum_{i=1}^{n}(p_i - \hat{p})^2$$

이 $\hat{p}$에 대한 추정분산이 된다.

[예제 7.1] 어느 도시의 지리적으로 인접해 있는 초등학교 4개씩을 묶어서 12개 조사구를 구성하였다. 12개 조사구에서 3개 조사구를 단순랜덤표집법으로 추출하여 색맹인 학생 수를 조사한 자료가 다음과 같았다. 이 도시의 총 색맹 학생 수와 색맹인 학생의 비율을 추정하고 추정치에 대한 표준오차를 추정하여라. 단, 비율 추정 시에 집락의 크기는 $\overline{M} = 486$으로 동일하다고 가정한다.

표본 조사구	초등학교	학생 수	색맹학생 수
1	1	120	2
	2	150	3
	3	158	3
	4	140	4
2	1	100	2
	2	120	4
	3	120	0
	4	100	1
3	1	100	4
	2	100	2
	3	110	0
	4	140	2

(풀이) $M_1 = 568,\ M_2 = 440,\ M_3 = 450,\ \widehat{\overline{M}} = 486$

$$\tau_1 = 12,\ \tau_2 = 7,\ \tau_3 = 8,\ \bar{\tau} = 9$$

이므로

$$\hat{\tau} = \frac{N}{n}\sum_{i=1}^{3}\tau_i = \frac{12}{3}(27) = 108,$$

$$s_b^2 = \frac{1}{2}\{(12-9)^2 + (7-9)^2 + (8-9)^2\} = 7,$$

$$\widehat{V}(\hat{\tau}) = N^2\left(1 - \frac{n}{N}\right)\frac{s_b^2}{n} = (12)^2\frac{12-3}{12}\frac{7}{3} = 252,$$

$$\widehat{s.e}(\hat{\tau}) = \sqrt{252} = 15.87$$

이고 비율은 모평균과 같으므로 다음과 같이 추정한다.

$$p_1 = \frac{12}{486} = 0.0247,$$

$$p_2 = \frac{7}{486} = 0.0144,$$

$$p_3 = \frac{8}{486} = 0.0165,$$

$$\hat{p} = \hat{\mu} = \frac{0.0247 + 0.0144 + 0.0165}{3} = 0.01853,$$

$$\widehat{V}(\hat{p}) = \frac{N-n}{N}\frac{s_p^2}{n} = \frac{12-3}{12}\frac{0.0000296}{3} = 0.0000074,$$

$$\widehat{s.e}(\hat{p}) = 0.00272.$$

일단집락표집에 의한 비편향 추정량들은 기본적으로 모집단의 크기 M을 알아야 사용할 수 있다. M을 모른다면 수집된 데이터를 이용하여 추정할 수도 있지만 이런 경우에는 비추정법을 사용하는 것이 바람직하다. 그리고 집락의 크기들이 서로 매우 다르면 psu-평균들이 상수로 동일하다 하여도 s_b^2이 커지게 되어서 비편향 추정량의 추정오차가 커지게 된다. 즉, 집락의 크기에서 심한 차이를 보이는 경우에는 집락의 크기가 같거나 비슷한 경우에 비하여 추정량의 효율이 낮아진다. 그런데, 집락의 크기가 크면 클수록 집락총합도 커질 것이므로 집락의 크기 M_i와 집락총합 τ_i는 밀접한 양의 상관관계가 있을 것으로 기대된다. 따라서 이와 같은 경우에도 집락의 크기 M_i를 보조변수로 사용하는 비추정법을 이용하는 것이 바람직하다.

N개의 집락에서 n개를 랜덤하게 추출하여 관심변수에 대한 데이터 $\{\tau_1, \tau_2, \cdots, \tau_n\}$과 보조변수에 대한 데이터로 $\{M_1, M_2, \cdots, M_n\}$을 함께 관측하여 얻었다면 $\overline{M}$는

$$\widehat{\overline{M}} = \frac{1}{n}\sum_{i=1}^{n} M_i$$

로 추정할 수 있고

$$\tilde{\mu}_R = \frac{1}{n\widehat{\overline{M}}}\sum_{i\in S}\tau_i = \frac{\sum_{i\in S}\tau_i}{\sum_{i\in S}M_i}$$

와 같은 식의 모평균 μ에 대한 추정량을 얻을 수 있다. 이는 전형적인 비추정량으로 위의 추정식은 5장에서의 표본비 r에 해당되며 s_e^2은

$$s_e^2 = \frac{1}{n-1}\sum_{i=1}^{n}\left(\tau_i - \tilde{\mu}_R M_i\right)^2 = \frac{1}{n-1}\sum_{i=1}^{n} M_i^2\left(\mu_i - \tilde{\mu}_R\right)^2$$

과 같은 식으로 주어진다.

단순일단집락표본에 의한 모수의 비추정량을 정리하면 다음과 같다. 모비율에 대한 비추정량은 모평균에 대한 비추정량과 동일하다.

[정리 7.2] 일단집락표본에 의한 비추정

(i) 모평균 μ의 비추정량과 추정분산

$$\tilde{\mu}_R = \frac{\sum_{i\in S}\tau_i}{\sum_{i\in S}M_i}, \quad \widehat{V}(\hat{\mu}_R) = \frac{1}{\widehat{\overline{M}}^2}\frac{N-n}{N}\frac{s_e^2}{n}.$$

(ii) 모총합 τ의 비추정량과 추정분산

$$\hat{\tau}_R = \widehat{M}\tilde{\mu}_R, \quad \widehat{V}(\hat{\tau}_R) = N^2\left(1-\frac{n}{N}\right)\frac{s_e^2}{n}.$$

[예제 7.2] [예제 7.1]을 비추정법으로 다시 풀어라.

(풀이) p와 τ에 대한 비추정량의 값은

$$\tilde{p} = \tilde{\mu}_R = \frac{27}{1458} = 0.0185,$$

$$\begin{aligned} s_e^2 &= \frac{1}{n-1}\sum_{i=1}^{n}\left(\tau_i - \tilde{\mu}_R M_i\right)^2 \\ &= \frac{1}{2}\{(12-0.0185 \cdot 568)^2 + (7-0.0185 \cdot 440)^2 + (8-0.0185 \cdot 450)^2\} \\ &= \frac{3.631}{2} = 1.8155, \end{aligned}$$

$$\widehat{V}(\tilde{p}) = \frac{1}{\widehat{\overline{M}}^2}\frac{N-n}{N}\frac{s_e^2}{n} = \frac{1}{486^2}\frac{12-3}{12}\frac{1.8155}{3} = 0.00000576,$$

$$\widehat{s.e}(\tilde{p}) = 0.0024,$$

$$\hat{\tau}_R = \widehat{M}\tilde{\mu}_R = (12)(486)(0.0185) = 107.9$$

$$\widehat{V}(\hat{\tau}) = N^2\left(1-\frac{n}{N}\right)\frac{s_e^2}{n} = (12)^2\frac{12-3}{12}\frac{1.8155}{3} = 65.36$$

$$\widehat{s.e}(\tilde{\tau}) = 8.1$$

인데 [예제 7.1]에서 추정한 비편향 추정량들에 비하여 비추정량들의 효율이 좋음을 알 수 있다.

[정리 7.1]과 [정리 7.2]의 추정분산 공식을 보면 일단집락표집에 의한 추정의 정밀도는 집락총합들 사이의 변동을 나타내는 s_b^2 또는 s_e^2과 추출하는 집락의 수 n에 의하여 결정됨을 알 수 있다. s_b^2은 집락의 크기 및 집락총합들의 유사성에 달려 있다. 이와 관련한 집락표집의 효율에 대하여는 7.7절에서 논의한다.

7.3 단순집락표본의 크기

단순집락표본의 크기 n은 주어지는 정밀도에 의하여 결정된다. 주어진 정밀도를 만족하는데 필요한 집락의 수 n을 결정하는 식은 다음과 같이 구해진다.

모평균 μ에 대한 비추정량 $\tilde{\mu}_R$의 분산은 근사적으로

$$V(\tilde{\mu}_R) = \frac{1}{\overline{M}^2}\frac{N-n}{N}\frac{S_e^2}{n}$$

이다. 따라서 신뢰도 $100(1-\alpha)\%$에서 주어진 정도를 d_μ라 하면

$$d_\mu = z_{\alpha/2}\sqrt{V(\tilde{\mu}_R)}$$

의 관계식에서 n을 결정하는 식은 다음과 같다.

$$n = \frac{n_0}{1+\dfrac{n_0}{N}}, \quad n_0 = \left(\frac{z_{\alpha/2}S_e}{\overline{M}d_\mu}\right)^2$$

또, 추정의 정도가 모총합 τ에 대한 d_τ로 주어질 때는

$$n_0 = \left(\frac{z_{\alpha/2}NS_b}{d_\tau}\right)^2 \text{ 또는 } n_0 = \left(\frac{z_{\alpha/2}NS_e}{d_\tau}\right)^2$$

을 이용하여 n이 결정된다.

[예제 7.3] [예제 7.1]에서 500개의 조사구가 있다고 할 때 색맹학생 비율 p를 신뢰도 99.7%에서 오차의 한계가 0.2%이내로 추정하고자 한다. [예제 7.2]의 결과가 선행 조사결과라고 할 때 필요한 표본의 크기를 구하여라.

(풀이) $z=2,\ d_p = d_\mu = 0.005$이므로

$$n_0 = \left(\frac{z_{\alpha/2}S_e}{\overline{M}d_\mu}\right)^2 = \left[\frac{(3)(1.8155)}{(486)(0.002)}\right]^2 = 31.36,$$

$$n = \frac{31.36}{1+31.36/500} = 29.51$$

이므로 필요한 집락의 수는 30개이다.

7.4 크기비례확률에 의한 일단집락표집

모총합 τ에 대한 i번째 집락총합 τ_i의 비율을 ϕ_i, 즉,

$$\phi_i = \frac{\tau_i}{\tau}$$

라 하면 다음과 같은 모총합 τ의 추정량

$$\hat{\tau} = \frac{\tau_i}{\phi_i}$$

는 모총합 τ와 정확히 일치한다. 즉,

$$\hat{\tau} = \frac{\tau_i}{\phi_i} = \frac{\tau_i}{\tau_i/\tau} = \tau$$

이므로 ϕ_i에 대한 적절한 근사값 z_i가 주어진다면

$$\hat{\tau} = \frac{1}{n}\sum_{i=1}^{n}\frac{\tau_i}{z_i}$$

는 모총합 τ에 대한 좋은 추정량이 될 수 있다.

집락총합 τ_i와 집락의 크기 M_i 사이에 밀접한 양의 상관관계가 있다면 z_i에 대한 적절한 근사값으로

$$z_i = \frac{M_i}{M}$$

를 생각할 수 있다. 따라서 N개의 집락에서 n개의 집락을 추출할 때 각 집락이 표본으로 추출될 확률이 집락의 크기에 비례하도록 집락을 추출하는 방법을 고려한다. 이런 표집법을 **크기비례확률표집**(sampling with probabilities proportional to size: **pps 표집**)이라 한다. 앞에서 논의했던 모든 표집법들은 하나의 추출단위가 선택될 확률이 모두 동일한 등확률 표집법(sampling with equal probabilities)으로 항상 비복원추출만을 고려하였다. 그러나 pps 표집은 한 추출단위가 뽑힐 확률이 서로 다른 전형적인 불균등 확률 표집법(sampling with unequal probabilities)이다. 불균등 확률로 비복원추출을 하게 되면 동일한 추출단위가 선정될 확률이 뽑히는 순서에 따라 달라지는 문제가 발생하기 때문에 먼저 복원추출만을 고려한다.

일단집락표집에서 크기비례확률표집법으로 집락을 복원추출하는 방법으로는 **누적크기법**(cumulative-size method)과 **기각법**(rejective method)이 있는데 집락의 수가 클 때 기각법을 주로 사용한다. 누적크기법으로 집락을 복원추출하기 위해서는 먼저 다음 쪽의 [표 7.1]과 같은 표를 작성한다. 다음으로 랜덤하게 뽑은 난수

$$1 \le r_i \le M,\ i = 1, 2, \cdots, n$$

이

[표 7.1] 누적크기법을 사용하기 위한 표

집락번호	집락크기	누적집락크기
1	M_1	C_1
2	M_2	C_2
⋮	⋮	⋮
k	M_k	C_k
⋮	⋮	⋮
N	M_N	C_N
$C_k = \sum_{i=1}^{k} M_i, \quad k = 1, 2, \cdots, N$		

$$C_{k-1} < r_i \leq C_k$$

일 때 집락 k를 표본 집락으로 추출하면 된다.

기각법으로 집락을 추출하는 과정은 다음과 같다. 여기서 $\max\{M_i\}$는 집락들 중에서 크기가 최대인 집락의 크기를 나타낸다.

1) 1에서 N 사이의 난수 r_1을 추출하여 이 난수에 해당하는 집락을 선정한다.
2) 1에서 $\max\{M_i\}$ 사이의 난수 r_2를 추출하여 r_2가 M_{r_1} 이하이면 집락 r_1을 표본에 포함시키고 아니면 1)로 되돌아간다.
3) 원하는 크기의 표본이 얻어질 때 까지 1)과 2)를 반복한다.

[예제 7.4] 12개의 초등학교 학생 수를 조사한 자료가 다음과 같다. 12개 초등학교에서 3개의 초등학교를 pps 표집법으로 추출하여 결식학생 수를 조사하려한다. 누적크기법과 기각법으로 표본을 추출하여라.

초등학교 번호	학생 수(M_i)	누적학생 수
1	120	120
2	230	350
3	180	530
4	354	884
5	196	1080
6	220	1300
7	408	1708
8	142	1850
9	330	2180
10	100	2280
11	120	2400
12	200	2600

(풀이) 누적크기법으로 표본을 추출하기 위하여 1에서 2600 사이의 난수를 3개 추출하였더니 634, 2207, 1589이었다면 4번, 10번, 7번 초등학교를 표본으로 추출한다. 또, 난수를 추출하여 기각법을 적용한 결과가 다음과 같으므로 4번, 10번, 9번 초등학교를 표본으로 추출한다.

$1 \le r_1 \le 12$(집락 i)	4	10	1	2	8	9
$1 \le r_2 \le 408$	329	37	384	392	335	309
M_i	354	100	120	230	142	330
표본추출 여부	O	O	X	X	X	O

일반적으로 추출단위 i가 추출될 확률이 z_i일 때 추출확률의 역수 $w_i = 1/z_i$를 표집가중치(sampling weight)라 한다. 그리고 추출단위 i의 관측치가 y_i일 때 모총합 τ에 대한 추정량은

$$\hat{\tau}_{z_i} = w_i y_i = \frac{y_i}{z_i}$$

가 된다. 따라서 추출확률이 $z_1, z_2, \cdots, z_n$인 표본의 관측치가 $y_1, y_1, \cdots, y_n$이면 모총합 τ에 대한 n개의 추정치가 구해지므로 τ의 추정량은

$$\hat{\tau}_z = \frac{1}{n}\sum_{i=1}^{n}\hat{\tau}_{z_i} = \frac{1}{n}\sum_{i=1}^{n} w_i y_i$$
$$= \frac{1}{n}\sum_{i=1}^{n}\frac{y_i}{z_i}$$

가 되는데

$$E(\hat{\tau}_z) = \frac{1}{n}\sum_{i=1}^{n} E\left(\frac{y_i}{z_i}\right) = \frac{1}{n}\sum_{i=1}^{n}\left[\sum_{k=1}^{N} z_k \frac{y_k}{z_k}\right]$$
$$= \frac{1}{n}\sum_{i=1}^{n}\tau = \tau$$

이므로 추정량 $\hat{\tau}_z$는 모총합 τ에 대한 비편향 추정량이다. 또한,

$$V(\hat{\tau}_{z_i}) = E\left[\left(\hat{\tau}_{z_i} - \tau\right)^2\right] = \sum_{i=1}^{N} z_i\left(\frac{y_i}{z_i} - \tau\right)^2, \quad i = 1, 2, \cdots, n$$

이고 $\hat{\tau}_{z_i}$들은 서로 독립이므로 $\hat{\tau}_z$의 분산은

$$V(\hat{\tau}_z) = \frac{1}{n^2}\sum_{i=1}^{n} V(\hat{\tau}_{z_i})$$

$$= \frac{1}{n}\sum_{i=1}^{N} z_i\left(\frac{y_i}{z_i} - \tau\right)^2$$

이 된다. $V(\hat{\tau}_z)$에 대한 추정량으로는 $\hat{\tau}_z$가 $\hat{\tau}_{z_i}$들의 표본평균이므로 $\hat{\tau}_{z_i}$들의 표본분산을 표본의 크기 n으로 나눈

$$\hat{V}(\hat{\tau}_z) = \frac{1}{n(n-1)}\sum_{i=1}^{n}\left(\frac{y_i}{z_i} - \hat{\tau}_z\right)^2$$

을 이용한다. 이 추정량은 $V(\hat{\tau}_z)$에 대한 비편향추정량이다.(7.8절 1.)

일단집락표집에서 pps 표집법으로 집락을 추출하면 집락 i가 표본으로 추출될 확률이

$$z_i = \frac{M_i}{M}$$

이므로 모총합 τ에 대한 비편향 추정량은

$$\hat{\tau}_{\text{pps}} = \frac{1}{n}\sum_{i=1}^{n}\frac{\tau_i}{z_i} = \frac{1}{n}\sum_{i=1}^{n}\frac{\tau_i}{M_i/M}$$

$$= \frac{M}{n}\sum_{i=1}^{n}\frac{\tau_i}{M_i}$$

$$= \frac{M}{n}\sum_{i=1}^{n}\mu_i$$

이다. 따라서 모평균 μ에 대한 비편향 추정량은

$$\hat{\mu}_{\text{pps}} = \frac{\hat{\tau}_{\text{pps}}}{M} = \frac{1}{n}\sum_{i=1}^{n}\mu_i$$

이고 이에 대한 추정분산은

$$\hat{V}(\hat{\mu}_{\text{pps}}) = \frac{1}{M^2}\hat{V}(\hat{\tau}_{\text{pps}}) = \frac{1}{n(n-1)}\frac{1}{M^2}\sum_{i=1}^{n}\left(\frac{\tau_i}{z_i} - \hat{\tau}_{\text{pps}}\right)^2$$

$$= \frac{1}{n(n-1)}\frac{1}{M^2}\sum_{i=1}^{n}\left(M\mu_i - M\hat{\mu}_{\text{pps}}\right)^2$$

$$= \frac{1}{n(n-1)}\sum_{i=1}^{n}\left(\mu_i - \hat{\mu}_{\text{pps}}\right)^2$$

이 된다.

[정리 7.3] pps-일단집락표본에 의한 모수추정

(i) 모평균 μ의 비편향 추정량과 추정분산

$$\hat{\mu}_{\text{pps}} = \frac{1}{n}\sum_{i=1}^{n}\mu_i, \quad \hat{V}(\hat{\mu}_{\text{pps}}) = \frac{1}{n(n-1)}\sum_{i=1}^{n}(\mu_i - \hat{\mu}_{\text{pps}})^2.$$

(ii) 모총합 τ의 비편향 추정량과 추정분산

$$\hat{\tau}_{\text{pps}} = \frac{M}{n}\sum_{i=1}^{n}\mu_i, \quad \hat{V}(\hat{\tau}_{\text{pps}}) = \frac{M^2}{n(n-1)}\sum_{i=1}^{n}(\mu_i - \hat{\mu}_{\text{pps}})^2.$$

[예제 7.5] [예제 7.4]에서 뽑힌 세 초등학교에서 결식학생 수를 조사한 자료가 다음과 같았다. 12개 초등학교의 총 결식학생 수와 비율을 추정하고 추정치에 대한 표준오차를 추정하여라.

표본 초등학교	결식학생 수(τ_i)	M_i
4	34	354
9	31	330
10	10	100

(풀이) [예제 6.4]에서 $M = 2600$이므로 모비율 p의 추정치는

$$\hat{p}_{\text{pps}} = \frac{1}{3}\left(\frac{34}{354} + \frac{31}{330} + \frac{10}{100}\right) = 0.0966$$

이고 표준오차의 추정치는

$$\widehat{s.e}(\hat{p}_{\text{pps}}) = \sqrt{\hat{V}(\hat{p}_{\text{pps}})} = \sqrt{\frac{0.0000103}{3}} = 0.00185$$

이다. 또, 총 결식학생 수 τ에 대한 추정치와 추정 표준오차는 다음과 같다.

$$\hat{\tau}_{\text{pps}} = M\hat{p}_{\text{pps}} = (2600)(0.0966) = 251.16,$$

$$\widehat{s.e}(\hat{\tau}_{\text{pps}}) = M\sqrt{\hat{V}(\hat{p}_{\text{pps}})} = (2600)(0.00185) = 4.81.$$

일단집락표집에서 가능한 추정량은 비편향 추정량, 비추정량 및 pps 추정량이 있는데 어떤 추정량이 제일 좋은 추정량인가는 상황에 따라 다르다. 추정량의 선택은 집락의 평균 μ_i와 집락의 크기 M_i 사이의 관계 및 μ_i들의 분산에 달려있다. 집락평균과 집락의 크기 간에 밀접한 상관관계가 존재할 때는 비추정량 또는 pps 추정량을 선택하는데 통상적으로 보면 pps 추정량이 비추정량보다 더 나은 결과를 보여준다.

7.5 단순이단집락표집

일단집락표집에서는 추출된 집락(psu)에 속하는 모든 개체(ssu)들을 조사한다. 그러나 ssu에 대한 조사비용이 psu의 표집비용에 비하여 상대적으로 너무 비싸다면 모든 ssu를 다 조사할 수는 없다. 이러한 상황 하에서는 추출된 각 psu로부터 적절한 크기의 부표본(subsample)을 추출하는 것이 조사비용을 경감할 수 있다.

1단계로 psu들의 모집단에서 psu 표본을 추출한 후 2단계로 1단계에서 표집된 각 psu에서 ssu 부표본을 추출하는 표집법이 이단집락표집법인데 각 표집단계에서 단순랜덤표집법을 사용하는 이단집락표집을 단순 또는 등확률 이단집락표집법이라 한다. [그림 7.1]은 이단집락표집 과정을 보여주고 있다. 이단집락표집에서 사용하게 될 psu에 관한 모수와 통계량들의 기호는 7.2절에 제시된 것과 동일하다. ssu와 관련된 모수와 통계량들의 기호는 다음과 같다.

$$\mu = \frac{\tau}{M} = \text{모평균}$$

$$\mu_i = \frac{\tau_i}{M_i} = i\text{번째 psu-평균}(i\text{번째 psu 내의 ssu들에 대한 모평균})$$

집락	집락표집	표본집락	부표본의 관측값	표본합	표본평균	표본분산
M_1						
M_2	$1 \Rightarrow$	m_1	$y_{11}, y_{12}, \cdots, y_{1m_1}$	y_1	$\bar{y}_1$	s_1^2
M_3						
M_4	$2 \Rightarrow$	m_2	$y_{21}, y_{22}, \cdots, y_{2m_2}$	y_2	$\bar{y}_2$	s_2^2
$\vdots$	$\vdots$	$\vdots$	$\vdots$	$\vdots$	$\vdots$	$\vdots$
M_k	$n \Rightarrow$	m_n	$y_{n1}, y_{n2}, \cdots, y_{nm_n}$	y_n	$\bar{y}_n$	s_n^2
$\vdots$						
M_N						

[그림 7.1] 이단집락표본의 추출 과정

$$S_i^2 = \frac{1}{M_i - 1}\sum_{j=1}^{M_i}(y_{ij} - \mu_i)^2 = i\text{번째 psu 내의 ssu들에 대한 모분산}$$

$$S^2 = \frac{1}{M-1}\sum_{i=1}^{N}\sum_{j=1}^{M_i}(y_{ij} - \mu)^2 = \text{ssu들에 대한 모분산}$$

$n =$ 표본 내의 psu 개수

$m_i = i$번째 psu에서 추출하는 ssu-표본의 크기

$$\bar{y}_i = \frac{y_i}{m_i} = \frac{1}{m_i}\sum_{j \in \mathrm{S}_i} y_{ij} = i\text{번째 psu의 표본평균}$$

$$\hat{\tau}_i = \frac{M_i}{m_i}\sum_{j \in \mathrm{S}_i} y_{ij} = i\text{번째 psu-총합에 대한 추정량}$$

$$\hat{\tau} = \frac{N}{n}\sum_{i \in \mathrm{S}} \hat{\tau}_i = \text{모총합에 대한 추정량}$$

$$\bar{y}_{\mathrm{t}} = \frac{\hat{\tau}}{N} = \frac{1}{n}\sum_{i \in \mathrm{S}} \hat{\tau}_i = \text{psu-총합들의 평균에 대한 추정량}$$

$$s_b^2 = \frac{1}{n-1}\sum_{i \in \mathrm{S}} \left(\hat{\tau}_i - \bar{y}_{\mathrm{t}}\right)^2 = \text{psu-총합들에 대한 추정분산}$$

$$s_i^2 = \frac{1}{m_i - 1}\sum_{j \in \mathrm{S}_i} \left(y_{ij} - \bar{y}_i\right)^2 = i\text{번째 psu의 표본분산}$$

일단집락표집에서는 추출된 psu의 집락총합 τ_i를 알 수 있기 때문에

$$\hat{\tau} = \frac{N}{n}\sum_{i \in \mathrm{S}} \tau_i$$

를 모총합 τ에 대한 비편향 추정량으로 사용할 수 있다. 그러나 이단집락표집에서는 표집된 psu 내의 모든 ssu들을 다 조사하지 않기 때문에 추출된 각 psu의 집락총합 τ_i를 추정하여야 한다. 크기 M_i인 psu에서 크기 m_i개인 ssu를 단순랜덤표집법으로 추출하였을 때 집락총합 τ_i의 비편향 추정량이

$$\hat{\tau}_i = \frac{M_i}{m_i}\sum_{j=1}^{m_i} y_{ij} = M_i \frac{y_i}{m_i} = M_i \bar{y}_i$$

이므로 이단집락표집에서 모총합 τ에 대한 추정량으로

$$\hat{\tau} = \frac{N}{n}\sum_{i \in S}\hat{t}_i = \frac{N}{n}\sum_{i \in S}M_i\bar{y}_i$$

를 생각할 수 있다. 위와 같은 τ의 추정량 $\hat{\tau}$은 τ에 대한 비편향 추정량이다. 그리고 $\hat{\tau}$의 분산은

$$V(\hat{\tau}) = N^2\frac{N-n}{N}\frac{S_b^2}{n} + \frac{N}{n}\sum_{i=1}^{N}M_i^2\frac{M_i - m_i}{M_i}\frac{S_i^2}{m_i}$$

으로 주어진다.(7.8절 2.) 단순이단집락표본에서 모수에 대한 비편향 추정량을 정리하면 다음과 같다.

[정리 7.4] 단순이단집락표본에 의한 비편향 추정

(i) 모평균 μ의 추정

$$\hat{\mu}_{2\text{cl}} = \frac{\hat{\tau}}{M} = \frac{1}{n\overline{M}}\sum_{i \in S}M_i\bar{y}_i,$$

$$\hat{V}(\hat{\mu}_{2\text{cl}}) = \frac{1}{\overline{M}^2}\left[\frac{N-n}{N}\frac{s_b^2}{n} + \frac{1}{Nn}\sum_{i \in S}M_i^2\frac{M_i - m_i}{M_i}\frac{s_i^2}{m_i}\right].$$

(ii) 모총합 τ의 추정

$$\hat{\tau}_{2\text{cl}} = \frac{N}{n}\sum_{i \in S}M_i\bar{y}_i,$$

$$\hat{V}(\hat{\tau}_{2\text{cl}}) = N^2\frac{N-n}{N}\frac{s_b^2}{n} + \frac{N}{n}\sum_{i \in S}M_i^2\frac{M_i - m_i}{M_i}\frac{s_i^2}{m_i}.$$

[정리 7.4]를 보면 이단집락표집에서는 표집 또는 추정이 두 단계에 걸쳐서 이루어지기 때문에 $\hat{\tau}$의 분산이 집락간 변동과 집락내 변동을 나타내는 두 성분의 합으로 표현됨을 알 수 있다. 그리고 $m_i = M_i$이면 [정리 7.4]의 추정분산 식에서 두 번째 항이 소멸되고 $n = N$이면 첫 번째 항이 없어진다. 이는 $m_i = M_i$인 이단집락표집이 일단집락표집과 같고 $n = N$인 이단집락표집은 모든 psu에서 부차 표집을 하는 형태가 되어 층화랜덤표집과 같아짐을 의미한다.

일단집락표집에서와 마찬가지로 이단집락표집에서도 모집단의 크기 M을 모르거나 집락의 크기에 심한 차이가 나는 경우에는 비추정량을 고려한다.

N개의 집락에서 n개를 랜덤하게 추출하여

$$\{(\hat{\tau}_1, M_1), (\hat{\tau}_2, M_2), \cdots, (\hat{\tau}_n, M_n)\}$$

과 같은 자료를 얻었다면

$$\tilde{\mu}_R = \frac{\sum_{i\in S}\hat{\tau}_i}{\sum_{i\in S}M_i} = \frac{\sum_{i\in S}M_i\,\overline{y}_i}{\sum_{i\in S}M_i}$$

와 같은 식의 모평균 μ에 대한 비추정량을 얻을 수 있다. 단순이단집락표집에서 모수에 대한 비추정량과 추정분산을 정리하면 다음과 같다.

[정리 7.5] 단순이단집락표본에 의한 비추정

(i) 모평균 μ의 추정

$$\tilde{\mu}_{2\text{clR}} = \frac{\sum_{i\in S}\hat{\tau}_i}{\sum_{i\in S}M_i} = \frac{\sum_{i\in S}M_i\,\overline{y}_i}{\sum_{i\in S}M_i},$$

$$\widetilde{V}(\tilde{\mu}_{2\text{clR}}) = \frac{1}{\overline{M}^2}\left[\frac{N-n}{N}\frac{s_r^2}{n} + \frac{1}{Nn}\sum_{i\in S}M_i^2\frac{M_i-m_i}{M_i}\frac{s_i^2}{m_i}\right],$$

$$s_r^2 = \frac{1}{n-1}\sum_{i=1}^{n}M_i^2(\overline{y}_i - \tilde{\mu}_{2\text{clR}})^2.$$

(ii) 모총합 τ의 추정

$$\hat{\tau}_{2\text{clR}} = \widehat{M}\tilde{\mu}_{2\text{clR}},$$

$$\widehat{V}(\hat{\tau}_{2\text{clR}}) = N^2\frac{N-n}{N}\frac{s_r^2}{n} + \frac{N}{n}\sum_{i\in S}M_i^2\frac{M_i-m_i}{M_i}\frac{s_i^2}{m_i}.$$

[예제 7.6] 어느 도의 소규모 축산농가에서 사육되고 있는 한우의 총 두수와 가구당 평균 두수를 추정하고자 한다. 20개 군에서 4개 군을 단순랜덤표집법으로 추출하고 추출된 군에서 일부 축산농가를 단순랜덤표집법으로 선정하여 조사한 자료가 다음과 같다. 자료에서 y_{ij}는 i번째 군의 j번째 소규모 축산농가에서 사육하는 한우의 마리수이다. 모평균과 모총합을 추정하고 추정치에 대한 표준오차를 추정하여라.

군 번호	축산농가 수	y_{ij}
1	20	12, 15, 18, 19, 11
2	35	13, 10, 17, 16, 14
3	30	16, 17, 15, 12
4	25	14, 19, 13, 11, 12, 15

(풀이) 미니탭을 이용하여 구한 [표 7.2]에 의하면 모수에 대한 추정치는 다음과 같이 구해진다.

(1) 비편향 추정법

$$\hat{\tau}_{cl2} = \frac{N}{n}\sum_{i \in S} M_i \bar{y}_i = \frac{20}{4}(1590) = 7950,$$

$$s_b^2 = \frac{1}{n-1}\sum_{i \in S}\left(\hat{\tau}_i - \bar{y}_t\right)^2 = 7691.7,$$

$$\widehat{V}\left(\hat{\tau}_{cl2}\right) = N^2 \frac{N-n}{N}\frac{s_b^2}{n} + \frac{N}{n}\sum_{i \in S} M_i^2 \frac{M_i - m_i}{M_i}\frac{s_i^2}{m_i}$$

$$= (20)(10-4)\frac{7691.7}{4} + \frac{20}{4}(3868.98) = 634680.9,$$

$$\widehat{s.e}\left(\hat{\tau}_{cl2}\right) = \sqrt{634680.9} = 796.7$$

$$\widehat{M} = \frac{20}{4}(110) = 550,$$

$$\hat{\mu}_{cl2} = \frac{\hat{\tau}}{\widehat{M}} = \frac{7950}{550} = 14.45,$$

$$\widehat{s.e}\left(\hat{\mu}_{cl2}\right) = \frac{\widehat{s.e}\left(\hat{\tau}_{cl2}\right)}{\widehat{M}} = \frac{796.7}{550} = 1.45.$$

[표 7.2] [예제 7.6]에 대한 계산표

	y_{1j}	y_{2j}	y_{3j}	y_{4j}	M_i	m_i	Sum	$\bar{y}_i$	$M_i\bar{y}_i$	s_i^2	$M_i(M_i - m_i)\frac{s_i^2}{m_i}$	$M_i^2(\bar{y}_i - \tilde{\mu}_{Rcl2})^2$
	12	13	16	14	20	5	75	15	300	12.50	750.00	119.008
	15	10	17	19	35	5	70	14	490	7.50	1575.00	253.099
	18	17	15	13	30	4	60	15	450	4.67	910.65	267.769
	19	16	12	11	25	6	84	14	350	8.00	633.33	129.132
	11	14		12								
				15								
합	75	70	60	84	110				1590		3868.98	769.008

(2) 비추정법

$$\tilde{\mu}_{Rcl2} = \frac{1590}{110} = 14.45,$$

$$\hat{\tau}_{Rcl2} = \widehat{M}\tilde{\mu}_{Rcl} = (550)\frac{1590}{110} = 7950,$$

$$s_r^2 = \frac{1}{n-1}\sum_{i=1}^{n} M_i^2\left(\overline{y}_i - \tilde{\mu}_R\right)^2 = \frac{769.00}{3} = 256.33,$$

$$\widehat{V}\left(\hat{\tau}_{Rcl2}\right) = N^2\frac{N-n}{N}\frac{s_r^2}{n} + \frac{N}{n}\sum_{i\in S} M_i^2\frac{M_i - m_i}{M_i}\frac{s_i^2}{m_i}$$

$$= (20)(10-4)\frac{256.33}{4} + \frac{20}{4}(3868.98) = 39851.3,$$

$$\widehat{s.e}\left(\hat{\tau}_{Rcl2}\right) = \sqrt{39851.3} = 199.63,$$

$$\widehat{s.e}\left(\hat{\mu}_{Rcl2}\right) = \frac{\widehat{s.e}\left(\hat{\tau}_{Rcl2}\right)}{\widehat{M}} = \frac{199.63}{550} = 0.36.$$

단순이단집락표본으로 모비율 p를 추정할 때는 [정리 7.5]의 모평균 추정식에

$$\overline{y}_i = \hat{p}_i, \qquad \frac{s_i^2}{m_i} = \frac{\hat{p}_i\left(1-\hat{p}_i\right)}{m_i - 1}$$

을 대입한 식을 사용하면 된다. 여기서 $\hat{p}_i$는 표본집락 i에서 추출된 조사단위(ssu)들이 관심있는 범주에 속하는 비율을 나타낸다.

[예제 7.7] 50개 조사구가 있는 어느 시에서 4개 조사구를 단순랜덤표집법으로 추출하고 추출된 조사구에서 일부 가구를 랜덤하게 추출하여 특정 가전기기를 보유하고 있는가를 조사한 자료가 다음과 같았다. 이 시의 특정 가전기기 보유비율을 추정하고 추정치에 대한 표준오차를 추정하여라.

조사구 번호	가구 수	조사가구 수	특정 가전기기 보유 가구수
1	120	40	8
2	135	45	18
3	130	45	15
4	125	40	12

(풀이) 미니탭을 이용하여 구한 [표 7.3]에 의하면 모수에 대한 추정치는 다음과 같

[표 7.3] [예제 7.7]에 대한 계산표

	M_i	m_i	y_i	$\hat{p}_i$	$M_i\hat{p}_i$	$\hat{p}_i(1-\hat{p}_i)$	$M_i(M_i-m_i)\dfrac{\hat{p}_i(1-\hat{p}_i)}{m_i-1}$	$M_i^2(\hat{p}_i-\hat{p}_R)^2$
	120	40	8	0.200	24.000	0.160000	39.385	178.825
	135	45	18	0.400	54.000	0.240000	66.273	142.943
	130	45	15	0.333	43.333	0.222222	55.808	8.102
	125	40	12	0.300	37.500	0.210000	57.212	2.044
합	510	170	53		158.833		218.677	331.914

이 구해진다.

$$\hat{p}_R = \frac{\sum_{i\in S} M_i\,\hat{p}_i}{\sum_{i\in S} M_i} = \frac{158.333}{510} = 0.311,$$

$$s_r^2 = \frac{1}{n-1}\sum_{i=1}^{n} M_i^2\left(\hat{p}_i-\hat{p}_R\right)^2 = \frac{331.914}{3} = 110.638,$$

$$\hat{V}\left(\hat{p}_R\right) = \frac{1}{\overline{M}^2}\left[\frac{N-n}{N}\frac{s_r^2}{n} + \frac{1}{Nn}\sum_{i\in S} M_i^2\frac{M_i-m_i}{M_i}\frac{s_i^2}{m_i}\right]$$

$$= \frac{1}{(127.5)^2}\left[\frac{40-4}{40}\frac{110.638}{4} + \frac{218.677}{(40)(4)}\right] = 0.00162,$$

$$\widehat{s.e}\left(\hat{p}_R\right) = \sqrt{0.00162} = 0.040.$$

이단집락표집에 필요한 추출단계별 표본의 크기에 대하여 살펴보자. 실제 표본설계에서는 집락의 크기가 비슷하도록 집락을 구성하기 때문에 여기서는

$$M_1 = M_2 = \cdots = M_N \equiv \overline{M}$$

으로 가정한다. 또한, 뽑힌 집락에서 추출할 ssu 표본의 크기도

$$m_1 = m_2 = \cdots = m$$

으로 같다고 가정하면 모평균 μ에 대한 추정량은

$$\hat{\mu} = \frac{1}{n}\sum_{i=1}^{n}\overline{y}_i = \frac{1}{nm}\sum_{i=1}^{n}\sum_{j=1}^{m} y_{ij}$$

이 된다. 여기서 y_{ij}는 i번째 표본 집락 내에 있는 j번째 관측치를 나타낸다. 그리고 $\hat{\mu}$의 분산에 대한 추정량은

$$\widehat{V}(\hat{\mu}) = \frac{1}{\overline{M}^2}\frac{N-n}{N}\frac{s_b^2}{n} + \frac{1}{Nn}\sum_{i=1}^{n}\frac{\overline{M}-m}{\overline{M}}\frac{s_i^2}{m}$$

과 같다. 여기서 분산분석 개념을 도입하면 집락간 변동 MSB와 집락내 변동 MSW는

$$\text{MSB} = \frac{m}{n-1}\sum_{i=1}^{n}\left(\overline{y}_i - \hat{\mu}\right)^2,$$

$$\text{MSW} = \frac{1}{n(m-1)}\sum_{i=1}^{n}\sum_{j=1}^{m}\left(y_{ij} - \overline{y}_i\right)^2$$

으로 쓸 수 있으므로

$$s_b^2 = \frac{1}{n-1}\sum_{i=1}^{n}\left(\hat{\tau}_i - \frac{1}{n}\sum_{k=1}^{n}\hat{\tau}_k\right)^2$$

$$= \frac{\overline{M}^2}{n-1}\sum_{i=1}^{n}\left(\overline{y}_i - \hat{\mu}\right)^2 = \overline{M}^2\frac{\text{MSB}}{m},$$

$$\sum_{i=1}^{n}s_i^2 = \sum_{i=1}^{n}\frac{1}{m-1}\sum_{j=1}^{m}\left(y_{ij} - \overline{y}_i\right)^2 = n\text{MSW}$$

가 된다. 따라서

$$\widehat{V}(\hat{\mu}) = \frac{N-n}{N}\frac{\text{MSB}}{nm} + \frac{1}{N}\frac{\overline{M}-m}{\overline{M}}\frac{\text{MSW}}{m}$$

인데 이 식을 보면 이단집락표집에서 집락의 개수 N이 매우 큰 경우에

$$\widehat{V}(\hat{\mu}) \approx \frac{\text{MSB}}{nm}$$

가 된다. 이는 추정량의 분산이 집락평균의 동질성 여부에 달려 있음을 나타내는 것으로 집락평균들이 동질적이서 MSB가 작아야 추정의 정도가 높아지며 이런 경우에는 집락내 ssu들 간의 변동이 커도 전체적인 추정의 정도에 거의 영향을 주지 못한다.

이제, 추출단계별 최적 표본의 크기를 결정하여 보자. 표본조사에 소요되는 고정비용을 c_0, psu 한 단위를 표집하는데 드는 비용을 c_1, ssu 한 단위를 조사하는데 드는 비용을 c_2라 하면 총 비용은

$$c = c_0 + c_1 n + c_2 nm$$

이 된다. 한편, 집락평균들 간의 모분산을 σ_b^2, 집락내 ssu들 간의 합동 모분산을 σ_w^2이라 하고 유한 모집단 수정항을 모두 무시하면

$$V(\hat{\mu}) = \frac{\sigma_b^2}{n} + \frac{\sigma_w^2}{nm}$$

으로 쓸 수 있다. 따라서 고정된 비용 하에서 위의 $V(\hat{\mu})$를 최소로 하는 m 또는 고정된 정도 하에서 비용을 최소로 하는 m은

$$m = \sqrt{\frac{c_1}{c_2}\frac{\sigma_w^2}{\sigma_b^2}}$$

이 된다.(7,8절 4.) 여기서 σ_b^2과 σ_w^2은 예비 표본조사 자료를 분산분석한 결과로부터

$$\hat{\sigma}_b^2 = \frac{1}{m}(\text{MSB} - \text{MSW}),$$

$$\hat{\sigma}_w^2 = \text{MSW}$$

와 같은 식으로 추정한다. m이 결정되면 비용함수식 또는 분산 식에 m값을 대입하여 n을 구한다. 최적 m을 결정하는 식을 보면 psu 표집비용이 많이 들면 ssu 개수가 늘어나고 psu 내의 ssu들이 동질적이면 ssu 개수가 작아진다.

7.6 크기비례확률에 의한 이단집락표집

1단계에서 집락의 크기에 비례하는 확률로 n개의 집락을 추출하고 ssu의 크기가 M_i인 각 표본집락에서 m_i개의 ssu를 단순랜덤표집법으로 추출하면

$$\hat{\tau}_i = \frac{M_i}{m_i}\sum_{j=1}^{m_i} y_{ij}$$

는 τ_i에 대한 비편향 추정량이다. 따라서

$$\hat{\tau}_{\text{pps}} = \frac{1}{n}\sum_{i=1}^{n}\frac{M}{M_i}\hat{\tau}_i = \frac{1}{n}\sum_{i=1}^{n}\frac{M}{M_i}\left(\frac{M_i}{m_i}\sum_{j=1}^{m_i} y_{ij}\right) = \frac{M}{n}\sum_{i=1}^{n}\overline{y}_i$$

와

$$\hat{\mu}_{\text{pps}} = \frac{\hat{\tau}}{M} = \frac{1}{M}\frac{M}{n}\sum_{i=1}^{n}\overline{y}_i = \frac{1}{n}\sum_{i=1}^{n}\overline{y}_i$$

는 모총합 τ 및 모평균 μ에 대한 비편향 추정량이 된다. 모평균 μ에 대한 pps 추정량 $\hat{\mu}_{\text{pps}}$는 서로 독립인 n개의 집락평균 $\{\overline{y}_1, \overline{y}_2, \cdots, \overline{y}_n\}$의 표본평균이므로 $\hat{\mu}_{\text{pps}}$의 분산은

표본분산을 표본의 크기로 나누는 표본평균의 분산 추정 형식, 즉,

$$\widehat{V}(\hat{\mu}_{\text{pps}}) = \frac{1}{n(n-1)} \sum_{i=1}^{n} (\overline{y}_i - \hat{\mu}_{\text{pps}})^2$$

으로 추정할 수 있다. 7.8절에서 $V(\hat{\mu}_{\text{pps}})$를 유도하고 $\widehat{V}(\hat{\mu}_{\text{pps}})$가 비편향추정량임을 증명하였다. pps에 의한 이단집락표집에서 모수에 대한 비편향추정량과 추정분산을 정리하면 다음과 같다. 집락표집에서 기본 표집단위는 집락합들이기 때문에 [정리 7.6]을 보면 부표본의 크기 m_i는 추정식에 직접적으로 반영되지 않음을 알 수 있다

[정리 7.6] pps-이단집락표본에 의한 추정

(i) 모평균 μ의 추정

$$\hat{\mu}_{\text{pps}} = \frac{1}{n}\sum_{i \in S} \overline{y}_i, \quad \widehat{V}(\hat{\mu}_{\text{pps}}) = \frac{1}{n(n-1)} \sum_{i=1}^{n} (\overline{y}_i - \hat{\mu}_{\text{pps}})^2.$$

(ii) 모총합 τ의 추정

$$\hat{\tau}_{\text{pps}} = M\hat{\mu}_{\text{pps}}, \quad \widehat{V}(\hat{\tau}_{\text{pps}}) = \frac{M^2}{n(n-1)} \sum_{i=1}^{n} (\overline{y}_i - \hat{\mu}_{\text{pps}})^2.$$

[예제 7.8] [예제 7.6]에서 4개 군을 pps로 추출하였을 때 모평균과 모총합을 추정하고 추정치에 대한 표준오차를 추정하여라.

(풀이) [표 7.2]의 $\overline{y}_i$들에 대한 평균과 분산을 구하면 14.5와 1/3이므로 모수에 대한 추정치와 추정 표준오차는 다음과 같이 구해진다.

$$\hat{\mu}_{\text{pps}} = 14.5,$$

$$\widehat{V}(\hat{\mu}_{\text{pps}}) = \frac{1}{4} \cdot \frac{1}{3} = \frac{1}{12},$$

$$\widehat{s.e}(\hat{\mu}_{\text{pps}}) = \frac{1}{\sqrt{12}},$$

$$\hat{\tau}_{\text{pps}} = \widehat{M}\hat{\mu}_{\text{pps}} = (550)(14.5) = 7975,$$

$$\widehat{s.e}(\hat{\tau}_{\text{pps}}) = \frac{550}{\sqrt{12}} = 158.77.$$

7.7 집락표집의 효율

통상적으로 층화표집은 단순랜덤표집에 비하여 추정량의 효율이 높다. 그러나 집락표집은 거의 언제나 단순랜덤표집에 비하여 추정량의 효율이 떨어진다. 여기서는 집락표집에 의한 추정량의 효율에 대하여 논의하여 보자. 그런데, 집락의 크기들 간에 심한 차이를 보이면 S_b^2이 아주 커져서 집락표집 자체에 문제가 있을 수 있으므로 집락의 크기 M_i들이 모두 $\overline{M}$로 동일하고 선정된 각 집락에서 추출되는 부표본의 크기 m_i도 m으로 모두 동일한 이단집락표집의 효율에 대하여 논의하여 보자.

크기 $\overline{M}$인 N개의 집락으로 이루어진 모집단에 대하여 분산분석을 실시하면 [표 7.4]와 같은 분산분석표를 구할 수 있다. [표 7.4]에서 SST는 총변동을, SSB는 집락간 변동을, SSW는 집락내 변동을 각각 나타내며 MSB와 MSW는 각각 집락간 및 집락내 변동에 대한 평균제곱을 나타낸다. 우선, 집락을 층으로 간주하여 [표 7.4]를 살펴보자. 층화랜덤표집에서 모총합 τ에 대한 추정량의 분산은 층내 변동에 의존한다. 식 (4.2)와 분산분석표에 의하면 SSW가 SST에 비하여 상대적으로 작을수록 층화랜덤표집에서 추정량의 분산이 작아진다. 사실 층화랜덤표집에서는 모든 층 각각에서 표본을 추출하기 (정보를 표집하기) 때문에 추출되지 않은 층으로 인한 변동은 없다. 따라서 층 평균들 사이의 변동(층간변동)이 층내 변동에 비하여 크면 클수록, 즉,

$$F=\frac{MSB}{MSW}$$

가 클수록 층화랜덤표집법의 정밀도는 증가한다. 그러나 집락표집에서는 정 반대 현상이

[표 7.4] 모집단 분산분석표

요인	자유도	제곱합	제곱평균
집락간	$N-1$	$SSB=\overline{M}\sum_{i=1}^{N}(\mu_i-\mu)^2$	MSB
집락내	$N(\overline{M}-1)$	$SSW=\sum_{i=1}^{N}\sum_{j=1}^{\overline{M}}(y_{ij}-\mu_i)^2$	MSW
총합	$N\overline{M}-1$	$SST=\sum_{i=1}^{N}\sum_{j=1}^{\overline{M}}(y_{ij}-\mu)^2$	S^2

나타난다. 집락총합들에 대한 모분산 S_b^2은

$$S_b^2 = \frac{1}{N-1}\sum_{i=1}^{N}\left(\tau_i - \frac{\tau}{N}\right)^2 = \frac{1}{N-1}\sum_{i=1}^{N}(\overline{M}\mu_i - \overline{M}\mu)^2 = \overline{M}(MSB)$$

이므로 일단집락표집에서 모총합 τ에 대한 비편향 추정량 $\hat{\tau}_{1\text{cl}}$의 분산은

$$V(\hat{\tau}_{1\text{cl}}) = N^2\left(1-\frac{n}{N}\right)\frac{\overline{M}(MSB)}{n} \tag{7.1}$$

와 같은 식으로 표현된다. 한편, 모집단의 크기가 $N\overline{M}$이고 표본의 크기가 $n\overline{M}$인 단순랜덤표집에서 모총합 τ의 비편향 추정량 $\hat{\tau}_{\text{srs}}$의 분산은

$$V(\hat{\tau}_{\text{srs}}) = (N\overline{M})^2\frac{N\overline{M}-n\overline{M}}{N\overline{M}}\frac{S^2}{n\overline{M}} = N^2\left(1-\frac{n}{N}\right)\frac{\overline{M}S^2}{n} \tag{7.2}$$

이 된다. 식 (7.1)과 (7.2)를 비교해 보면 $MSB > S^2$일 때 집락표집의 효율이 단순랜덤표집에 비하여 떨어짐을 알 수 있다. 그리고 식 (7.1)을 보면 일단집락표집에서 $\hat{\tau}_{1\text{cl}}$의 분산은 전적으로 집락 간 변동 MSB에 종속되어 있다. 그러므로 집락총합 또는 집락평균들의 값이 비슷하여 별 차이가 없다면, 즉, 집락들이 서로 동질적이면 MSB가 작아져서 집락표집의 정밀도는 증가하게 된다. MSB가 작아지면 MSW는 상대적으로 커지게 되고 MSW가 크다는 것은 집락 내의 개체들이 서로 이질적임을 의미한다. 결국, 집락표집의 정밀도는 집락 내 개체들의 유사성에 달려 있다. 6.2절에서 설명한 바와 같이 집락 내 개체들의 유사성에 대한 측도로는 급내상관계수 ρ_W가 이용된다. 식 (6.7)을 이용하면 집락표집을 위한 모집단 구조 하에서

$$\rho_W = 1 - \frac{\overline{M}}{\overline{M}-1}\frac{SSW}{SST}$$

이므로 MSB를 ρ_W의 식으로 나타내면

$$MSB = \frac{N\overline{M}-1}{\overline{M}(N-1)}S^2\left[1+(\overline{M}-1)\rho_W\right] \tag{7.3}$$

가 된다. 위 식에서 보면 ρ_W가 양의 큰 값을 갖게 될 때 집락표본에 의한 추정량의 분산은 급격히 증가한다. 단순랜덤표집에 대한 일단집락표집의 효율은 식 (7.1), (7.2) 및 (7.3)으로부터

$$\frac{V(\hat{\tau}_{1\text{cl}})}{V(\hat{\tau}_{\text{srs}})} = \frac{MSB}{S^2} = \frac{N\overline{M}-1}{\overline{M}(N-1)}\left[1+(\overline{M}-1)\rho_W\right]$$

와 같은 식으로 주어진다. 따라서 N이 충분히 크다면

$$V(\hat{\mu}_{1\mathrm{cl}}) \approx V(\hat{\mu}_{\mathrm{srs}})\left[1+(\overline{M}-1)\rho_W\right] \tag{7.4}$$

와 같이 쓸 수 있다. 또한,

$$S_b^2 = \frac{N\overline{M}-1}{N-1}S^2\left[1+(\overline{M}-1)\rho_W\right],$$

$$\frac{1}{N}\sum_{i=1}^{N} S_i^2 = \frac{N\overline{M}-1}{N\overline{M}}S^2(1-\rho_W)$$

이고(7.8절 5.~6.) 이들을 이단집락표집에서 모평균 μ의 비편향추정량 $\hat{\mu}_{2\mathrm{cl}}$에 대한 분산

$$V(\hat{\mu}_{2\mathrm{cl}}) = \frac{1}{\overline{M}^2}\frac{N-n}{N}\frac{S_b^2}{n} + \frac{1}{nN}\frac{\overline{M}-m}{\overline{M}}\sum_{i=1}^{N}\frac{S_i^2}{m}$$

에 대입하면

$$V(\hat{\mu}_{2\mathrm{cl}}) = \frac{N\overline{M}-1}{N\overline{M}}\frac{S^2}{nm}(A+B\rho_W)$$

와 같은 식으로 쓸 수 있다. 여기서 $N \gg n$, $\overline{M} \gg \overline{m}$라 하면

$$A = \frac{\overline{M}-\overline{m}}{\overline{M}} + \frac{N-n}{N-1}\frac{\overline{m}}{\overline{M}} = 1 - \frac{\overline{m}}{\overline{M}}\frac{n-1}{N-1} \doteq 1,$$

$$B = \frac{N-n}{N-1}\frac{\overline{m}}{\overline{M}}(\overline{M}-1) - \frac{\overline{M}-\overline{m}}{\overline{M}}$$

$$= \frac{N-n}{N-1}\left(m - \frac{m}{\overline{M}}\right) - \left(1 - \frac{m}{\overline{M}}\right) \doteq m-1$$

이 된다. 그리고 크기 nm인 단순랜덤표본에 의한 비편향 추정량 $\hat{\mu}_{\mathrm{srs}}$의 분산은

$$V(\hat{\mu}_{\mathrm{srs}}) = \frac{N\overline{M}-nm}{N\overline{M}}\frac{S^2}{nm} \doteq \frac{S^2}{nm}$$

이다. 따라서 이상의 내용을 정리하면

$$V(\hat{\mu}_{2\mathrm{cl}}) \approx \frac{S^2}{nm}\left[1+(m-1)\rho_W\right]$$

$$\approx V(\hat{\mu}_{\mathrm{srs}})\left[1+(m-1)\rho_W\right] \tag{7.5}$$

과 같은 식을 얻을 수 있는데 식 (7.5)는 식 (7.4)와 같은 의미를 지닌 식이다. 식 (7.5)에서 표본의 크기 고정되었을 때 $\rho_W > 0$이면 m이 클수록 집락표집에 의한 추정량의 분산이 단순랜덤표집에 의한 그것보다 커짐을 알 수 있다. 예컨대, $m=6$이고 $\rho_W = 0.4$

일 때

$$1+(m-1)\rho_W=1+5\times 0.4=3$$

이므로 집락표집법을 사용하면 추정량의 분산이 200% 증가한다. 즉, 집락표집의 정밀도는 급내상관계수 및 psu에서 추출하는 ssu의 수에 의하여 결정됨을 알 수 있다.

식 (7.5)에서 표본의 크기 nm이 고정되어 있으면

$$\frac{V(\overline{\mu}_{2\mathrm{cl}})}{V(\hat{\mu}_{\mathrm{srs}})}=1+(m-1)\rho_W$$

만이 변한다. 따라서 $\rho_W<0$이면 추정량의 분산이 작아지겠지만 대부분 $\rho_W>0$이므로 집락표집법은 단순랜덤표집법에 비해서 추정의 효율이 떨어진다.

일반적으로 특정한 표집법 D 하에서의 모수 θ에 대한 추정량을 $\hat{\theta}$라 할 때

$$Deff(\hat{\theta})=\frac{Var(\hat{\theta}_{\mathrm{D}})}{Var(\hat{\theta}_{\mathrm{srs}})}$$

를 표집법 D에 대한 **설계효과**(design effect)라 한다. 여기서 $Var(\hat{\theta}_{\mathrm{srs}})$는 단순랜덤표본으로 구한 추정량의 분산이다. 설계효과는 각 분산에 추정 분산 값을 대입하여 추정한다. 설계효과가 1보다 크다는 것은 표본의 크기가 동일할 때 표집법 D에 의한 추정량의 분산이 단순랜덤표본에 의한 것보다 커져서 추정의 효율이 떨어짐을 의미한다. 앞에서 보인 $1+(m-1)\rho_W$는 집락의 크기 및 부표본의 크기가 모두 동일한 단순이단집락표집법에 대한 설계효과이다. 일반적으로 층화랜덤표집법의 설계효과는 1보다 작고 집락표집법의 설계효과는 1보다 크다.

7.8 공식의 증명

1. $E\left[\hat{V}(\hat{\tau}_z)\right]=V(\hat{\tau}_z)$

   S를 표본 표지집합이라 할 때 i가 S에 나타나는 횟수를 확률변수 Q_i라 하면

$$\sum_{i=1}^{N}Q_i=n,$$

$$E(Q_i)=nz_i$$

이고

$$\hat{V}(\hat{\tau}_z) = \frac{1}{n(n-1)} \sum_{i=1}^{N} Q_i \left(\frac{y_i}{z_i} - \hat{\tau}_z \right)^2$$

으로 쓸 수 있다. 따라서

$$\begin{aligned} E[\,\hat{V}(\hat{\tau}_z)] &= \frac{1}{n(n-1)} \sum_{i=1}^{N} E\left[Q_i \left(\frac{y_i}{z_i} - \hat{\tau}_z \right)^2 \right] \\ &= \frac{1}{n(n-1)} \sum_{i=1}^{N} E\left[Q_i \left(\frac{y_i}{z_i} - \tau \right)^2 - Q_i (\hat{\tau}_z - \tau)^2 \right] \\ &= \frac{1}{n(n-1)} \left[\sum_{i=1}^{N} n z_i \left(\frac{y_i}{z_i} - \tau \right)^2 - n V(\hat{\tau}_z) \right] \\ &= V(\hat{\tau}_z). \end{aligned}$$

2. $V(\hat{\tau}_{2\text{cl}}) = N^2 \dfrac{N-n}{N} \dfrac{S_b^2}{n} + \dfrac{N}{n} \displaystyle\sum_{i=1}^{N} M_i^2 \dfrac{M_i - m_i}{M_i} \dfrac{S_i^2}{m_i}$

두 확률변수 X, Y에 대하여

$$V(Y) = E[V(Y|X)] + V[E(Y|X)]$$

가 성립한다. 이단집락표집에서의 기댓값은 이와 같은 조건부 기댓값의 성질을 이용하여 두 단계에 걸쳐서 구한다. 먼저 $X = i$라는 조건, 즉, i번째 psu가 고정되었다는 조건 하에서 i번째 psu에서 표집 가능한 ssu 표본들에 대한 기댓값(E_2)을 구한 다음 일단 표집에서 가능한 psu 표본들에 대한 기댓값(E_1)을 구한다. 따라서 이단집락표집에서 모수 θ의 추정량 $\hat{\theta}$에 대한 기댓값은

$$E(\hat{\theta}) = E_1\left[E_2(\hat{\theta}) \right]$$

와 같이 구하고 $\hat{\theta}$의 분산은

$$V(\hat{\theta}) = E_1\left[V_2(\hat{\theta} \,|\, i) \right] + V_1\left[E_2(\hat{\theta} \,|\, i) \right].$$

와 같은 식으로 구한다. 이제

$$\hat{\tau}_{2\text{cl}} = \frac{N}{n} \sum_{i \in \text{S}} M_i \bar{y}_i$$

가 모총합 τ에 대한 비편향추정량임을 보이고 그 분산을 유도하여 보자.

$$E(\hat{\tau}_{2cl}) = E_1\left[\frac{N}{n}E_2\left(\sum_{i=1}^{n}M_i\bar{y}_i\middle| i\right)\right]$$
$$= E_1\left[\frac{N}{n}\sum_{i=1}^{n}M_iE_2(\bar{y}_i)\right]$$
$$= E_1\left[\frac{N}{n}\sum_{i=1}^{n}M_i\mu_i\right]$$
$$= \frac{N}{n}\sum_{i=1}^{n}E_1(\tau_i)$$
$$= \frac{N}{n}\sum_{i=1}^{n}\left(\frac{1}{N}\sum_{k=1}^{N}\tau_i\right) = \tau.$$

$\hat{\tau}_{2cl}$의 분산은

$$E(\hat{\tau}_{2cl}) = V_1\left[\frac{N}{n}E_2\left(\sum_{i=1}^{n}M_i\bar{y}_i\middle| i\right)\right] + E_1\left[\left(\frac{N}{n}\right)^2V_2\left(\sum_{i=1}^{n}M_i\bar{y}_i\middle| i\right)\right]$$

으로 나타낼 수 있다. 먼저, 첫 번째 항에서

$$\frac{1}{n}E_2\left(\sum_{i=1}^{n}M_i\bar{y}_i\middle| i\right) = \frac{1}{n}\sum_{i=1}^{n}\tau_i = \hat{\mu}_\tau$$

는 N개의 $\{\tau_1, \tau_2, \cdots, \tau_N\}$에서 추출한 크기 n인 단순랜덤표본의 표본평균이므로

$$V_1(N\hat{\mu}_\tau) = N^2\frac{N-n}{N}\frac{S_b^2}{n}$$

이 된다. 여기서 S_b^2은 $\{\tau_1, \tau_2, \cdots, \tau_N\}$들 간의 모분산으로

$$S_b^2 = \frac{1}{N-1}\sum_{i=1}^{N}(\tau_i - \mu_\tau)^2, \quad \mu_\tau = \frac{\tau}{N} = \frac{1}{N}\sum_{i=1}^{N}\tau_i$$

와 같이 정의한다. 다음으로 두 번째 항에서

$$V_2\left(\sum_{i=1}^{n}M_i\bar{y}_i\middle| i\right) = \sum_{i=1}^{n}M_i^2V_2(\bar{y}_i)$$

인데 $V_2(\bar{y}_i)$는 크기 M_i인 i번째 psu에서 단순랜덤표집법으로 추출한 m_i개 ssu들의 표본평균에 대한 분산이므로

$$V_2(\bar{y}_i) = \frac{M_i - m_i}{M_i}\frac{S_i^2}{m_i}$$

이 된다. 여기서 S_i^2은 i번째 psu 내의 ssu들에 대한 모분산이므로

$$S_i^2 = \frac{1}{M_i - 1}\sum_{i=1}^{M_i}(y_{ij} - \mu_i)^2, \quad \mu_i = \frac{\tau_i}{M_i}$$

와 같이 정의한다. 그리고

$$E_1\left[\left(\frac{N}{n}\right)^2 \sum_{i=1}^{n} M_i^2 V_2(\overline{y}_i)\right] = \left(\frac{N}{n}\right)^2 \sum_{i=1}^{n} E_1(X_i), \quad X_i = M_i^2 \frac{M_i - m_i}{M_i}\frac{S_i^2}{m_i}$$

에서 X_i의 가능한 경우는 N가지이고 각 X_i가 선정될 확률은 $1/N$로 동일하므로

$$\begin{aligned}\left(\frac{N}{n}\right)^2 \sum_{i=1}^{n} E_1(X_i) &= \left(\frac{N}{n}\right)^2 \sum_{i=1}^{n}\left(\frac{1}{N}\sum_{k=1}^{N} X_i\right) \\ &= \left(\frac{N}{n}\right)^2 n\left(\frac{1}{N}\sum_{k=1}^{N} X_i\right) \\ &= \frac{N}{n}\sum_{k=1}^{N} M_i^2 \frac{M_i - m_i}{M_i}\frac{S_i^2}{m_i}\end{aligned}$$

이 된다.

3. $E\left[\hat{V}(\hat{\tau}_{2\mathrm{cl}})\right] = V(\hat{\tau}_{2\mathrm{cl}})$

$$\hat{V}(\hat{\tau}_{2\mathrm{cl}}) = N^2 \frac{N-n}{N}\frac{s_b^2}{n} + \frac{N}{n}\sum_{i=1}^{n} M_i^2 \frac{M_i - m_i}{M_i}\frac{s_i^2}{m_i}$$

에서

$$\begin{aligned} s_b^2 = \frac{1}{n-1}\sum_{i=1}^{n}\left(\hat{\tau}_i - \hat{\overline{\tau}}\right)^2 &= \frac{1}{n-1}\sum_{i=1}^{n}\left(\hat{\tau}_i - \frac{1}{n}\sum_{k=1}^{n}\hat{\tau}_k\right)^2 \\ &= \frac{1}{n-1}\sum_{i=1}^{n}\left(\hat{\tau}_i - \frac{1}{N}\frac{N}{n}\sum_{k=1}^{n}\hat{\tau}_k\right)^2 \\ &= \frac{1}{n-1}\sum_{i=1}^{n}\left(\hat{\tau}_i - \frac{\hat{\tau}}{N}\right)^2, \end{aligned}$$

$$\frac{n-1}{n}s_b^2 = \frac{1}{n}\sum_{i=1}^{n}\left(\hat{\tau}_i - \frac{\hat{\tau}}{N}\right)^2 = \frac{1}{n}\sum_{i=1}^{n}\hat{\tau}_i^2 - \left(\frac{\hat{\tau}}{N}\right)^2$$

이므로

$$E\left(\frac{n-1}{n}s_b^2\right) = E_1\left[\frac{1}{n}\sum_{i=1}^{n}E_2\left(\hat{\tau}_i^2\right)\right] - \frac{1}{N^2}E\left(\hat{\tau}^2\right)$$

$$= \frac{1}{n} \cdot n \cdot \frac{1}{N}\sum_{i=1}^{N} E_2\left(\hat{\tau}_i^2\right) - \frac{1}{N^2} E\left(\hat{\tau}^2\right)$$

$$= \frac{1}{N}\sum_{i=1}^{N}\left[V_2\left(\hat{\tau}_i\right) + \left\{E_2\left(\hat{\tau}_i\right)\right\}^2\right] - \frac{1}{N^2}\left[V\left(\hat{\tau}\right) + \left\{E\left(\hat{\tau}\right)\right\}^2\right]$$

$$= \frac{1}{N}\sum_{i=1}^{N}\left[V_2\left(\hat{\tau}_i\right) + \tau_i^2\right] - \frac{1}{N^2}\left[V\left(\hat{\tau}\right) + \tau^2\right]$$

$$= \frac{A}{N} + \frac{1}{N}\sum_{i=1}^{N}\tau_i^2 - \frac{1}{N^2}\left[N^2 \frac{N-n}{N}\frac{S_b^2}{n} + \frac{N}{n}A + \tau^2\right]$$

$$= \frac{A}{N}\left(1 - \frac{1}{n}\right) + \frac{1}{N}\sum_{i=1}^{N}\tau_i^2 - \left(\frac{\tau}{N}\right)^2 - \frac{N-n}{N}\frac{S_b^2}{n}$$

$$= \frac{A}{N}\left(1 - \frac{1}{n}\right) + \frac{N-1}{N}S_b^2 - \frac{N-n}{N}\frac{S_b^2}{n}$$

$$= \frac{A}{N}\left(1 - \frac{1}{n}\right) + \frac{n-1}{n}S_t^2, \quad A = \sum_{i=1}^{N} M_i^2 \frac{M_i - m_i}{M_i}\frac{S_i^2}{m_i}$$

가 된다. 따라서

$$E\left(s_b^2\right) = S_b^2 + \frac{1}{N}\sum_{i=1}^{N} M_i^2 \frac{M_i - m_i}{M_i}\frac{S_i^2}{m_i}$$

이 된다. 다음으로

$$E\left(\frac{N}{n}\sum_{i=1}^{n} M_i^2 \frac{M_i - m_i}{M_i}\frac{s_i^2}{m_i}\right) = \frac{N}{n} \cdot n \cdot \frac{1}{N}\sum_{i=1}^{N} M_i^2 \frac{M_i - m_i}{M_i}\frac{S_i^2}{m_i} = B$$

이므로 다음이 성립한다.

$$E\left[\hat{V}\left(\hat{\tau}_{2\mathrm{cl}}\right)\right] = N^2 \frac{N-n}{N}\frac{E\left(s_b^2\right)}{n} + E\left(\frac{N}{n}\sum_{i=1}^{n} M_i^2 \frac{M_i - m_i}{M_i}\frac{s_i^2}{m_i}\right)$$

$$= N^2 \frac{N-n}{Nn}\left(S_b^2 + \frac{B}{N}\right) + B$$

$$= N^2 \frac{N-n}{N}\frac{S_b^2}{n} + \frac{N}{n}B$$

$$= N^2 \frac{N-n}{N}\frac{S_b^2}{n} + \frac{N}{n}\sum_{i=1}^{N} M_i^2 \frac{M_i - m_i}{M_i} = V\left(\hat{\tau}_{2\mathrm{cl}}\right).$$

4. $m=\sqrt{\dfrac{c_1}{c_2}\dfrac{\sigma_w^2}{\sigma_b^2}}$

조건 $c=c_1n+c_2nm$ 하에서

$$V(\hat{\mu})=\frac{\sigma_b^2}{n}+\frac{\sigma_w^2}{nm}$$

을 최소로 하는 m과 n을 결정하기 위하여 라그랑지 승수법을 사용한다. 라그랑지 승수를 λ라 할 때 라그랑지 함수

$$L=V(\hat{\mu})+\lambda(c_1n+c_2nm-c)$$

를 m과 n에 대하여 각각 편미분하여 0으로 두면

$$\frac{\partial L}{\partial n}=-\frac{\sigma_b^2}{n^2}-\frac{\sigma_w^2}{mn^2}+\lambda(c_1+c_2m)=0,$$

$$\frac{\partial L}{\partial m}=-\frac{\sigma_w^2}{nm^2}+\lambda c_2 n=0$$

이 된다. 따라서

$$m\sigma_b^2+\sigma_w^2=\lambda mn^2c_1+\lambda n^2m^2c_2,$$

$$\sigma_w^2=\lambda n^2m^2c_2$$

이므로 m은 다음과 같이 구해진다.

$$\frac{\sigma_w^2}{m\sigma_b^2}=\frac{c_2m}{c_1}\quad\Rightarrow\quad m=\sqrt{\frac{c_1}{c_2}\frac{\sigma_w^2}{\sigma_b^2}}\,.$$

5. $S_b^2=\dfrac{N\overline{M}-1}{N-1}S^2\left[1+(\overline{M}-1)\rho_W\right]$

$$S_b^2=\frac{1}{N-1}\sum_{i=1}^{N}\left(\tau_i-\frac{\tau}{N}\right)^2$$

에서 $\tau/N=\overline{M}\mu$이므로

$$\tau_i-\frac{\tau}{N}=\sum_{j=1}^{\overline{M}}(y_{ij}-\mu)$$

이 된다. 따라서

$$\sum_{i=1}^{N}\left(\tau_i-\frac{\tau}{N}\right)^2=\sum_{i=1}^{N}\left[\sum_{j=1}^{\overline{M}}(y_{ij}-\mu)\right]^2=\sum_{i=1}^{N}\sum_{j=1}^{\overline{M}}(y_{ij}-\mu)^2+2\sum_{i=1}^{N}\sum_{j<j'}^{\overline{M}}(y_{ij}-\mu)(y_{ij'}-\mu)$$

이고 6.3절에서 제시한 급내상관계수의 정의

$$\rho_W = \frac{2}{(n-1)} \frac{\sum_{i=1}^{k}\sum_{j<j'}^{n}(y_{ij}-\mu)(y_{ij'}-\mu)}{\sum_{i=1}^{k}\sum_{j=1}^{n}(y_{ij}-\mu)^2}$$

을 이용하면

$$\rho_W = \frac{2}{(\overline{M}-1)(N\overline{M}-1)S^2}\sum_{i=1}^{N}\sum_{j<j'}^{\overline{M}}(y_{ij}-\mu)(y_{ij'}-\mu)$$

이 된다. 또,

$$\sum_{i=1}^{N}\sum_{j=1}^{\overline{M}}(y_{ij}-\mu)^2 = (N\overline{M}-1)S^2$$

이므로 다음과 같은 식이 구해진다.

$$\begin{aligned}\sum_{i=1}^{N}\left(\tau_i - \frac{\tau}{N}\right)^2 &= (N\overline{M}-1)S^2 + \rho(\overline{M}-1)(N\overline{M}-1)S^2 \\ &= (N\overline{M}-1)S^2\left[1+\rho(\overline{M}-1)\right]\end{aligned}$$

6. $\frac{1}{N}\sum_{i=1}^{N}S_i^2 = \frac{N\overline{M}-1}{N\overline{M}}S^2(1-\rho_W)$

$$\begin{aligned}\sum_{i=1}^{N}\sum_{j=1}^{\overline{M}}(y_{ij}-\mu)^2 &= \sum_{i=1}^{N}\sum_{j=1}^{\overline{M}}\left[(y_{ij}-\mu_i)+(\mu_i-\mu)\right]^2 \\ &= \sum_{i=1}^{N}\sum_{j=1}^{\overline{M}}(y_{ij}-\mu_i) + \overline{M}\sum_{i=1}^{N}(\mu_i-\mu)^2\end{aligned}$$

에서

$$\sum_{i=1}^{N}\sum_{j=1}^{\overline{M}}(y_{ij}-\mu_i) = (\overline{M}-1)\sum_{i=1}^{N}S_i^2,$$

$$\begin{aligned}\overline{M}\sum_{i=1}^{N}(\mu_i-\mu)^2 &= \frac{1}{\overline{M}}\sum_{i=1}^{N}\left(\overline{M}\mu_i - \overline{M}\mu\right)^2 \\ &= \frac{1}{\overline{M}}(N\overline{M}-1)S^2\left[1+(\overline{M}-1)\rho_W\right]\end{aligned}$$

이므로

$$(N\overline{M}-1)S^2=(\overline{M}-1)\sum_{i=1}^{N}S_i^2+\frac{N\overline{M}-1}{\overline{M}}S^2\left[1+(\overline{M}-1)\rho_W\right]$$

가 된다. 따라서 다음 식이 얻어진다.

$$\frac{1}{N}\sum_{i=1}^{N}S_i^2=\frac{N\overline{M}-1}{N\overline{M}}S^2(1-\rho_W).$$

7. $\boldsymbol{V(\hat{\mu}_{\text{pps}})=\frac{1}{nM}\sum_{i=1}^{N}(M_i-m_i)\frac{S_i^2}{m_i}+\frac{1}{nM}\sum_{i=1}^{N}M_i(\mu_i-\mu)^2}$

$$\begin{aligned}E(\hat{\mu}_{\text{pps}})&=E_1\left[\frac{1}{n}\sum_{i=1}^{n}E_2(\overline{y}_i)\right]=\frac{1}{n}\sum_{i=1}^{n}E_1(\mu_i)\\&=\frac{1}{n}\cdot n\cdot\sum_{i=1}^{N}\frac{M_i}{M}\mu_i=\frac{1}{M}\sum_{i=1}^{N}\tau_i=\mu\end{aligned}$$

이므로 $\hat{\mu}_{\text{pps}}$ 는 모평균 μ에 대한 비편향추정량이다. $V(\hat{\mu}_{\text{pps}})$는

$$\begin{aligned}V(\hat{\mu}_{\text{pps}})&=E\left(\frac{1}{n}\sum_{i=1}^{n}\overline{y}_i-\mu\right)^2\\&=E\left(\frac{1}{n}\sum_{i=1}^{n}\overline{y}_i-\frac{1}{n}\sum_{i=1}^{m}\mu_i+\frac{1}{n}\sum_{i=1}^{n}\mu_i-\mu\right)^2\\&=\frac{1}{n^2}E\left[\left\{\sum_{i=1}^{n}(\overline{y}_i-\mu_i)+\sum_{i=1}^{n}(\mu_i-\mu)\right\}^2\right]\\&=\frac{1}{n^2}E\left[\left\{\sum_{i=1}^{n}(\overline{y}_i-\mu_i)\right\}^2\right]+\frac{1}{n^2}E\left[\left\{\sum_{i=1}^{n}(\mu_i-\mu)\right\}^2\right]\\&\quad+\frac{2}{n^2}E\left[\left\{\sum_{i=1}^{n}(\overline{y}_i-\mu_i)\right\}\left\{\sum_{i=1}^{n}(\mu_i-\mu)\right\}\right]\end{aligned}$$

와 같이 표현된다. 여기서 세 번째 항은 0이고

$$\begin{aligned}\frac{1}{n^2}E\left[\left\{\sum_{i=1}^{n}(\overline{y}_i-\mu_i)\right\}^2\right]&=\frac{1}{n^2}E\left[\sum_{i=1}^{n}(\overline{y}_i-\mu_i)^2\right]\\&=\frac{1}{n^2}E_1\left[\sum_{i=1}^{n}E_2\left\{(\overline{y}_i-\mu_i)^2\right\}\right]\\&=\frac{1}{n^2}\cdot n\cdot\sum_{i=1}^{N}\frac{M_i}{M}V(\overline{y}_i)\end{aligned}$$

$$= \frac{1}{n}\sum_{i=1}^{N}\frac{M_i}{M}\frac{M_i - m_i}{M_i}\frac{S_i^2}{m_i} = \frac{1}{nM}\sum_{i=1}^{N}(M_i - m_i)\frac{S_i^2}{m_i},$$

$$\frac{1}{n^2}E\left[\left\{\sum_{i=1}^{n}(\mu_i - \mu)\right\}^2\right] = \frac{1}{n^2}E_1\left[\sum_{i=1}^{n}(\mu_i - \mu)^2\right]$$

$$= \frac{1}{n^2}\cdot n\cdot\sum_{i=1}^{N}\frac{M_i}{M}(\mu_i - \mu)^2 = \frac{1}{nM}\sum_{i=1}^{N}M_i(\mu_i - \mu)^2$$

이므로 $V(\hat{\mu}_{\text{pps}})$는 다음과 같다.

$$V(\hat{\mu}_{\text{pps}}) = \frac{1}{nM}\sum_{i=1}^{N}(M_i - m_i)\frac{S_i^2}{m_i} + \frac{1}{nM}\sum_{i=1}^{N}M_i(\mu_i - \mu)^2$$

8. $\boldsymbol{E[\hat{V}(\hat{\mu}_{\text{pps}})] = V(\hat{\mu}_{\text{pps}})}$

$\hat{V}(\hat{\mu}_{\text{pps}})$는

$$\frac{1}{n(n-1)}\sum_{i=1}^{n}(\bar{y}_i - \hat{\mu}_{\text{pps}})^2 = \frac{1}{n(n-1)}\sum_{i=1}^{n}\left(\bar{y}_i - \frac{1}{n}\sum_{k=1}^{n}\bar{y}_k\right)^2$$

$$= \frac{1}{n(n-1)}\sum_{i=1}^{n}\left(\bar{y}_i - \frac{\bar{y}_i}{n} - \frac{1}{n}\sum_{k\neq i}^{n}\bar{y}_k\right)^2$$

$$= \frac{1}{n}\left[\frac{1}{n-1}\sum_{i=1}^{n}\left\{\left(\frac{n-1}{n}\bar{y}_i\right)^2 + \left(\frac{1}{n}\sum_{k\neq i}^{n}\bar{y}_k\right)^2 - 2\left(\frac{n-1}{n}\bar{y}_i\right)\left(\frac{1}{n}\sum_{k\neq i}^{n}\bar{y}_k\right)\right\}\right]$$

와 같이 표현된다. 여기서

$$\frac{1}{n-1}\sum_{i=1}^{n}\left(\frac{n-1}{n}\bar{y}_i\right)^2 = \frac{n-1}{n^2}\sum_{i=1}^{n}\bar{y}_i^2, \qquad (1)$$

$$\frac{1}{n-1}\sum_{i=1}^{n}\left(\frac{1}{n}\sum_{k\neq i}^{n}\bar{y}_k\right)^2 = \frac{1}{(n-1)n^2}\sum_{i=1}^{n}\left(\sum_{k=1}^{n}\bar{y}_k - \bar{y}_i\right)^2$$

$$= \frac{1}{(n-1)n^2}\sum_{i=1}^{n}\left[\left(\sum_{k=1}^{n}\bar{y}_k\right)^2 - 2\bar{y}_i\left(\sum_{k=1}^{n}\bar{y}_k\right) + \bar{y}_i^2\right]$$

$$= \frac{1}{(n-1)n^2}\left[n\left(\sum_{i=1}^{n}\bar{y}_i\right)^2 - 2\left(\sum_{i=1}^{n}\bar{y}_i\right)^2 + \sum_{i=1}^{n}\bar{y}_i^2\right]$$

$$= \frac{1}{(n-1)n^2}\left[(n-2)\left(\sum_{i=1}^{n}\bar{y}_i\right)^2 + \sum_{i=1}^{n}\bar{y}_i^2\right]$$

$$= \frac{1}{(n-1)n^2}\left[(n-2)\left(\sum_{i=1}^{n}\bar{y}_i^2 + \sum_{k\neq i}^{n}\bar{y}_i\bar{y}_k\right) + \sum_{i=1}^{n}\bar{y}_i^2\right]$$

$$= \frac{1}{(n-1)n^2}\left[(n-1)\sum_{i=1}^{n}\bar{y}_i^2 + (n-2)\sum_{k\neq i}^{n}\bar{y}_i\bar{y}_k\right], \qquad (2)$$

$$-\frac{2}{n-1}\sum_{i=1}^{n}\left[\left(\frac{n-1}{n}\bar{y}_i\right)\left(\frac{1}{n}\sum_{k\neq i}^{n}\bar{y}_k\right)\right] = -\frac{2}{n^2}\sum_{i=1}^{n}\bar{y}_i\sum_{k\neq i}^{n}\bar{y}_k$$

$$= -\frac{2}{n^2}\sum_{k\neq i}^{n}\bar{y}_i\bar{y}_k \qquad (3)$$

이므로

$$(1)+(2)+(3) = \frac{1}{n}\sum_{i=1}^{n}\bar{y}_i^2 - \frac{1}{n(n-1)}\sum_{k\neq i}^{n}\bar{y}_i\bar{y}_k$$

이 된다. 따라서

$$E\left(\frac{1}{n}\sum_{i=1}^{n}\bar{y}_i^2\right) = E_1\left[\frac{1}{n}\sum_{i=1}^{n}E_2\left(\bar{y}_i^2\right)\right]$$

$$= E_1\left[\,V_2(\bar{y}_i) + \mu_i^2\right]$$

$$= E_1\left[\,V_2(\bar{y}_i)\right] + \left[E_1(\mu_i)\right]^2 + V_1\left(\mu_i^2\right)$$

$$= \sum_{i=1}^{N}\frac{M_i}{M}\frac{M_i-m_i}{M_i}\frac{S_i^2}{m_i} + \mu^2 + \sum_{i=1}^{N}\frac{M_i}{M}(\mu_i-\mu)^2, \qquad (4)$$

$$E\left[\frac{1}{n(n-1)}\sum_{k\neq i}^{n}\bar{y}_i\bar{y}_k\right] = \frac{1}{n(n-1)}\cdot n(n-1)\cdot E(\bar{y}_i)E(\bar{y}_k) = \mu^2 \qquad (5)$$

이므로 $\hat{V}(\hat{\mu}_{\text{pps}})$의 기댓값은 다음과 같이 구해진다.

$$E\left[\,\hat{V}(\hat{\mu}_{\text{pps}})\right] = \frac{1}{n}\{\,(4)-(5)\,\}$$

$$= \frac{1}{nM}\sum_{i=1}^{N}\frac{M_i}{M}\frac{M_i-m_i}{M_i}\frac{S_i^2}{m_i} + \frac{1}{nM}\sum_{i=1}^{N}M_i(\mu_i-\mu)^2$$

$$= V(\hat{\mu}_{\text{pps}})$$

연 습 문 제

1. 어느 지역 의료보험조합에서 의료보험에 가입한 40,000가구를 대상으로 지난해의 총 비보험 치료비를 추정하려고 한다. 한 가구는 하나의 카드에 정리되어 있고 의료보험에 가입한 가구의 카드는 가구의 주소에 따라 정리되어 있다. 10가구씩을 묶어서 4,000개의 집락을 구성하고 여기서 40개의 집락을 단순랜덤표집법 추출하여 집락 내 10가구에서 지출한 비보험 치료비의 합계를 구한 자료가 다음과 같다.(단위: 10만원) 물음에 답하여라.

10.4	8.7	6.0	5.2	9.0	8.2	8.2	5.4	9.2	9.4
9.0	10.7	4.5	3.2	1.7	2.5	3.3	4.0	0.9	6.4
3.3	5.0	0.4	3.4	0.6	0.8	4.0	0.7	8.6	0.5
10.0	5.0	6.0	1.4	3.8	3.7	1.2	5.4	5.8	4.5

(1) 총 비보험 치료비 및 가구당 평균 비보험 치료비를 추정하고 추정치에 대한 표준오차를 추정하여라.

(2) 적용된 집락표집법에 대한 설계효과를 구하여라.

2. 다음과 같은 가상 자료에 대하여 물음에 답하여라.

집락	M_i	τ_i	집락	M_i	τ_i
1	8	2160	14	10	2750
2	12	3300	15	9	2460
3	4	1140	16	3	1010
4	5	820	17	6	1420
5	6	1410	18	5	1330
6	6	1170	19	5	1230
7	7	2050	20	4	1010
8	5	1780	21	6	1390
9	8	1520	22	10	2290
10	3	1360	23	7	1060
11	2	640	24	3	750
12	6	1540	25	8	2110
13	5	1470			

(1) (M_i, τ_i)에 대한 산점도를 그려라.

(2) 적절한 추정법을 정하여 모평균을 추정하고 95% 신뢰구간을 구하여라.

3. 400개 집락에서 단순랜덤표집법으로 20개 집락을 추출하여 집락 내 가구 수 M_i와 특정 TV를 보유하고 있는 가구 수 τ_i를 조사한 자료가 다음과 같다.

표본집락	M_i	τ_i	표본집락	M_i	τ_i
1	15	9	11	29	17
2	9	5	12	31	14
3	18	6	13	25	15
4	68	52	14	22	10
5	32	21	15	34	14
6	48	34	16	102	54
7	11	4	17	20	11
8	21	10	18	15	12
9	31	14	19	31	17
10	14	6	20	29	21

(1) 특정 TV를 보유하고 있는 가구의 비율을 추정하고 추정치의 표준오차를 추정하여라.

(2) 특정 TV를 보유하고 있는 전체 가구 수를 추정하고 추정치의 표준오차를 추정하여라.

4. 문제 3번에 주어진 자료를 모집단이라 할 때 다음 물음에 답하여라.

(1) 20개 집락에서 집락의 크기에 비례하는 확률로 5개의 표본집락을 복원 추출하여라.

(2) (1)에서 얻은 표본 자료를 이용하여 특정 TV를 보유하고 있는 가구의 비율을 추정하고 추정치의 표준오차를 추정하여라.

5. 남강직물회사는 전국적으로 20개의 봉제공장을 가동하고 있다. 이 회사는 지난 6개월 동안 재봉틀의 평균 고장 시간을 추정하고자 한다. 단순랜덤표집법으로 4개의 공장을 추출하고 추출된 공장에서 보유하고 있는 재봉틀의 20%를 랜덤하게 추출하여 조사한 자료가 다음과 같다. 물음에 답하여라.

표본 공장	재봉틀 수(M_i)	m_i	y_{ij}
1	55	11	5, 7, 9, 11, 0, 5, 3, 4, 8, 6, 2
2	65	13	9, 4, 3, 10, 4, 7, 3, 2, 5, 3, 2, 1, 6
3	45	9	8, 6, 5, 3, 0, 4, 7, 1, 2
4	50	10	6, 5, 7, 10, 5, 3, 8, 1, 4, 9

(1) 총 고장 시간 및 평균 고장 시간을 추정하고 추정치의 표준오차를 추정하여라.

(2) 공장을 재봉틀 보유 수에 비례하는 확률로 뽑혔다고 할 때 (1)을 다시 풀어라.

(3) 이 표집법에서의 추출단위들에 대하여 기술하여라.

참 고 문 헌

· 김영원, 류제복, 박진우, 홍기학 역(2006), 표본조사의 이해와 활용, Thomson Korea.

· 남궁평, 박옥희, 홍종선(2001), 조사방법과 엑셀을 이용한 자료분석, 박영사.

· 박재수(1989), 표본조사법(이론과 실제), 박영사.

· 박진우, 이기재(2007), 표본조사론, 한국방송통신대학출판부.

· 박홍래(2000), 통계조사론, 영지문화사.

· 배규환, 이태림, 이기재, 조사방법론과 사회통계, SPSS 아카데미.

· 조사통계연구회(2000), 무응답 오차, 자유아카데미.

· 조사통계연구회(1996), 통계조사방법, 자유아카데미.

· Cochran, W. G.(1977), *Sampling Techniques*, 3rd. ed., John Wiley.

· Dalenius, T. and Hodges, J. L.(1957), Minimum Variance Stratification, *Journal of American Statistical Association*, Vol.54, pp. 88-101.

· Hansen, M. H. and Hurwitz, W. N.(1946) The Problem of Nonresponse in Sample Survey, *Journal of American Statistical Association*, Vol.41, pp. 517-529.

· Levy, P. S. and Lemeshow, S.(1999), *Sampling Populations: Methods and Applications*, John Wiley.

· Lohr, P. S.(1998), *Sampling: Design and Analysis*, Duxbury Press.

· Scheaffer, R. L., Mendenhall III, W. and Ott, R. L.(2006), *Elementary Survey Sampling*, Duxbury Press.

· Som, R. K.(1996), *Practical Sampling Techniques*, Marcel Dekker, Inc.

· Thompson, S. K.(1992), Sampling, Wiley

부 록

[표 1] 난수표

[표 2] 표준정규분포표

[표 3] t-분포표

[표 1] 난수표

Line	01~05	06~10	11~15	16~20	21~25	26~30	31~35	36~40	41~45	46~50
001	63629	81091	79636	58711	67063	74553	01869	44807	51263	92081
002	94181	69418	93450	51420	64078	86131	30111	20870	31701	15614
003	38489	15287	13206	09982	79485	61621	27048	54530	30895	91249
004	25568	71430	05233	69922	03013	53161	70383	14784	94458	57569
005	06393	26190	58188	28174	24170	97455	61358	52739	81513	87385
006	45887	09763	47724	32942	79058	56346	31519	31313	28974	01907
007	92394	19938	23411	22594	67362	29593	18738	61954	65760	34938
008	57228	22019	84660	97955	46867	40599	53286	91502	01505	07850
009	24162	09376	33345	12899	44739	31232	65173	52075	20178	78611
010	06693	52050	49642	68449	32817	57497	57870	50545	02049	32286
011	25769	12117	49152	72612	86235	64363	15593	15876	75031	79774
012	24752	78220	89275	22942	20761	05607	93156	29050	23059	33240
013	22794	64174	59281	89874	21727	75075	75758	67146	00988	65173
014	89690	16755	55683	58216	21186	40336	27231	18587	55618	44805
015	71618	67152	00244	93356	03731	32964	48450	22051	32178	74824
016	30745	40716	71086	07695	68724	60076	28340	63351	32497	93400
017	80234	34820	56614	72960	14848	46862	20911	73734	53185	11288
018	98802	80176	57207	60440	28199	81926	23925	15454	67320	60426
019	00391	42815	73641	25233	47173	41928	09608	74582	28457	90850
020	92924	41351	38782	62613	27647	73182	83002	02003	37169	88292
021	55566	71272	95740	41931	18265	98866	48373	24457	66398	70096
022	12219	30961	69863	15784	05461	79568	62422	59873	50416	50494
023	53492	70345	24415	77281	61246	17797	14348	03263	82148	28884
024	98036	99089	27617	65134	77566	53589	13878	82138	87073	23833
025	57146	73198	15753	12480	82896	88818	88556	76893	68889	67900
026	71253	64026	16276	79964	83321	09799	41438	13733	60172	16985
027	10807	42816	77792	54775	85837	40166	08217	19477	37945	52423
028	51398	96757	00068	45395	38742	73510	83542	57391	55056	27455
029	75143	39350	32838	95012	62113	70967	40025	17366	79801	68714
030	57973	92797	72592	65543	05001	51989	30548	10827	31619	24150
031	68288	41081	25985	89130	96054	60464	92234	94002	18821	63324
032	46647	86349	26421	36222	41557	60552	10849	63571	08313	86474
033	07767	18886	73867	39619	33422	92223	47913	78768	94772	07067
034	80104	73304	71995	17213	20586	73662	25837	09466	35527	08048
035	12189	78473	96621	52143	22324	00170	17608	24983	70565	56143
036	32619	62749	91412	78887	66846	60583	74931	05013	92492	88080
037	18973	25350	89950	12700	82231	48489	14342	70890	22512	93782
038	64741	75723	51039	38824	08541	68298	18442	52252	45592	28349
039	91126	06987	33033	05386	15139	66181	01325	62211	98226	32975
040	39548	77971	71483	23844	62193	82274	32375	65229	65956	55867
041	21069	03105	89869	24956	40718	33682	12697	41515	71937	84663
042	94777	41234	52405	44588	03230	39271	40118	81355	32616	24028
043	18206	46937	02046	16885	41684	25650	45027	56755	36179	26212
044	97516	44957	12794	09773	92907	87046	54278	96025	02091	07053
045	32024	51831	50328	89936	02127	88981	02267	13028	30976	84610
046	41659	30055	28218	24333	07602	15887	63708	25982	58916	16462
047	56612	84519	37145	93674	25232	15470	54859	42432	69207	96908
048	17174	00669	82408	94498	38300	22807	27068	16903	10463	27132

[표 2] 표준정규분포표

$$P(Z \le z) = \int_{-\infty}^{z} \frac{1}{\sqrt{2\pi}} e^{-x^2/2} dx$$

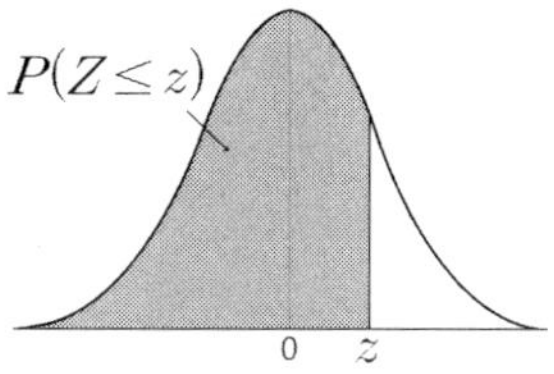

z	0	0.01	0.02	0.03	0.04	0.05	0.06	0.07	0.08	0.09
0.1	0.5000	0.5040	0.5080	0.5120	0.5160	0.5199	0.5239	0.5279	0.5319	0.5359
0.2	0.5398	0.5438	0.5478	0.5517	0.5557	0.5596	0.5636	0.5675	0.5714	0.5754
0.3	0.5793	0.5832	0.5871	0.5910	0.5948	0.5987	0.6026	0.6064	0.6103	0.6141
0.4	0.6179	0.6217	0.6255	0.6293	0.6331	0.6368	0.6406	0.6443	0.6480	0.6517
0.5	0.6554	0.6591	0.6628	0.6664	0.6700	0.6736	0.6772	0.6808	0.6844	0.6879
0.6	0.6915	0.6950	0.6985	0.7019	0.7054	0.7088	0.7123	0.7157	0.7190	0.7224
0.7	0.7258	0.7291	0.7324	0.7357	0.7389	0.7422	0.7454	0.7486	0.7518	0.7549
0.8	0.7580	0.7612	0.7642	0.7673	0.7704	0.7734	0.7764	0.7794	0.7823	0.7852
0.9	0.7881	0.7910	0.7939	0.7967	0.7996	0.8023	0.8051	0.8079	0.8106	0.8133
1.0	0.8159	0.8186	0.8212	0.8238	0.8264	0.8289	0.8315	0.8340	0.8365	0.8389
1.1	0.8413	0.8438	0.8461	0.8485	0.8508	0.8531	0.8554	0.8577	0.8599	0.8621
1.2	0.8643	0.8665	0.8686	0.8708	0.8729	0.8749	0.8770	0.8790	0.8810	0.8830
1.3	0.8849	0.8869	0.8888	0.8907	0.8925	0.8944	0.8962	0.8980	0.8997	0.9015
1.4	0.9032	0.9049	0.9066	0.9082	0.9099	0.9115	0.9131	0.9147	0.9162	0.9177
1.5	0.9192	0.9207	0.9222	0.9236	0.9251	0.9265	0.9279	0.9292	0.9306	0.9319
1.6	0.9332	0.9345	0.9357	0.9370	0.9382	0.9394	0.9406	0.9418	0.9430	0.9441
1.7	0.9452	0.9463	0.9474	0.9485	0.9495	0.9505	0.9515	0.9525	0.9535	0.9545
1.8	0.9554	0.9564	0.9573	0.9582	0.9591	0.9599	0.9608	0.9616	0.9625	0.9633
1.9	0.9641	0.9649	0.9656	0.9664	0.9671	0.9678	0.9686	0.9693	0.9700	0.9706
2.0	0.9713	0.9719	0.9726	0.9732	0.9738	0.9744	0.9750	0.9756	0.9762	0.9767
2.1	0.9773	0.9778	0.9783	0.9788	0.9793	0.9798	0.9803	0.9808	0.9812	0.9817
2.2	0.9821	0.9826	0.9830	0.9834	0.9838	0.9842	0.9846	0.9850	0.9854	0.9857
2.3	0.9861	0.9865	0.9868	0.9871	0.9875	0.9878	0.9881	0.9884	0.9887	0.9890
2.4	0.9893	0.9896	0.9898	0.9901	0.9904	0.9906	0.9909	0.9911	0.9913	0.9916
2.5	0.9918	0.9920	0.9922	0.9925	0.9927	0.9929	0.9931	0.9932	0.9934	0.9936
2.6	0.9938	0.9940	0.9941	0.9943	0.9945	0.9946	0.9948	0.9949	0.9951	0.9952
2.7	0.9953	0.9955	0.9956	0.9957	0.9959	0.9960	0.9961	0.9962	0.9963	0.9964
2.8	0.9965	0.9966	0.9967	0.9968	0.9969	0.9970	0.9971	0.9972	0.9973	0.9974
2.9	0.9974	0.9975	0.9976	0.9977	0.9977	0.9978	0.9979	0.9980	0.9980	0.9981
3.0	0.9981	0.9982	0.9983	0.9983	0.9984	0.9984	0.9985	0.9985	0.9986	0.9986
3.1	0.9987	0.9987	0.9987	0.9988	0.9988	0.9989	0.9989	0.9989	0.9990	0.9990
3.2	0.9990	0.9991	0.9991	0.9991	0.9992	0.9992	0.9992	0.9992	0.9993	0.9993
3.3	0.9993	0.9993	0.9994	0.9994	0.9994	0.9994	0.9994	0.9995	0.9995	0.9995
3.4	0.9995	0.9995	0.9996	0.9996	0.9996	0.9996	0.9996	0.9996	0.9996	0.9997
3.5	0.9997	0.9997	0.9997	0.9997	0.9997	0.9997	0.9997	0.9997	0.9998	0.9998

[표 3] t-분포표

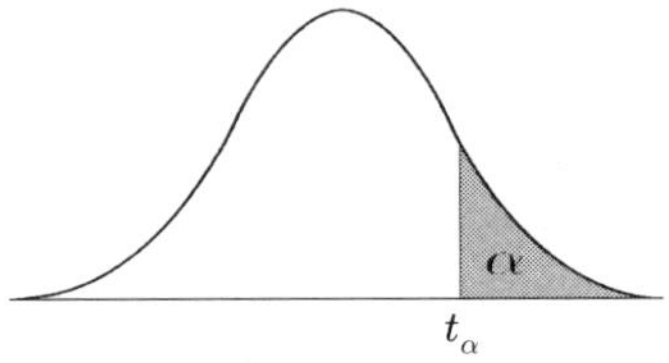

d.f.	α							
	0.25	**0.1**	**0.05**	**0.025**	**0.01**	**0.00833**	**0.00625**	**0.005**
1	1.000	3.078	6.314	12.706	31.821	38.204	50.923	63.657
2	0.816	1.886	2.920	4.303	6.965	7.650	8.860	9.925
3	0.765	1.638	2.353	3.182	4.541	4.857	5.392	5.841
4	0.741	1.533	2.132	2.776	3.747	3.961	4.315	4.604
5	0.727	1.476	2.015	2.571	3.365	3.534	3.810	4.032
6	0.718	1.440	1.943	2.447	3.143	3.288	3.521	3.707
7	0.711	1.415	1.895	2.365	2.998	3.128	3.335	3.499
8	0.706	1.397	1.860	2.306	2.896	3.016	3.206	3.355
9	0.703	1.383	1.833	2.262	2.821	2.934	3.111	3.250
10	0.700	1.372	1.812	2.228	2.764	2.870	3.038	3.169
11	0.697	1.363	1.796	2.201	2.718	2.820	2.981	3.106
12	0.695	1.356	1.782	2.179	2.681	2.780	2.934	3.055
13	0.694	1.350	1.771	2.160	2.650	2.746	2.896	3.012
14	0.692	1.345	1.761	2.145	2.624	2.718	2.864	2.977
15	0.691	1.341	1.753	2.131	2.602	2.694	2.837	2.947
16	0.690	1.337	1.746	2.120	2.583	2.673	2.813	2.921
17	0.689	1.333	1.740	2.110	2.567	2.655	2.793	2.898
18	0.688	1.330	1.734	2.101	2.552	2.639	2.775	2.878
19	0.688	1.328	1.729	2.093	2.539	2.625	2.759	2.861
20	0.687	1.325	1.725	2.086	2.528	2.613	2.744	2.845
21	0.686	1.323	1.721	2.080	2.518	2.602	2.732	2.831
22	0.686	1.321	1.717	2.074	2.508	2.591	2.720	2.819
23	0.685	1.319	1.714	2.069	2.500	2.582	2.710	2.807
24	0.685	1.318	1.711	2.064	2.492	2.574	2.700	2.797
25	0.684	1.316	1.708	2.060	2.485	2.566	2.692	2.787
26	0.684	1.315	1.706	2.056	2.479	2.559	2.684	2.779
27	0.684	1.314	1.703	2.052	2.473	2.553	2.676	2.771
28	0.683	1.313	1.701	2.048	2.467	2.547	2.669	2.763
29	0.683	1.311	1.699	2.045	2.462	2.541	2.663	2.756
30	0.683	1.310	1.697	2.042	2.457	2.536	2.657	2.750
40	0.681	1.303	1.684	2.021	2.423	2.499	2.616	2.704
60	0.679	1.296	1.671	2.000	2.390	2.463	2.575	2.660
120	0.677	1.289	1.658	1.980	2.358	2.428	2.536	2.617
∞	0.675	1.282	1.645	1.960	2.327	2.395	2.498	2.576

찾아보기

| 저자 소개 |

김수택
서울대학교 계산통계학과 이학사
서울대학교 계산통계학과 이학석사
부산대학교 통계학과 이학박사
현: 국립 경상대학교 자연과학대학 정보통계학과 교수

저서
통계학을 위한 미적분과 행렬대수
수리/통계적 사고
조사방법의 이해와 활용
수리통계학
외 다수

표본조사설계

| 저　　자 김 수 택
| 발 행 인 주 정 희
| 발 행 처 자유아카데미
| 주　　소 경기도 파주시 회동길 37-42
파주출판도시
| 전　　화 031-955-1321
| F A X 031-955-1322
| 홈페이지 www.freeaca.com
| 전자우편 main@freeaca.com(대표)
editor@freeaca.com(편집)
| 등　　록 제406-2003-017호, 1980. 7. 12
| 제1판1쇄 2010년 6월 30일 발행
| 제1판2쇄 2015년 2월 10일 발행
| 정　　가 15,000원

ISBN 978-89-7338-834-9 93310